法之思·思无疆
黑骏马法学漫丛

张海斌 著

法象与法意

知识产权出版社
全国百佳图书出版单位
—北京—

图书在版编目（CIP）数据

法象与法意/张海斌著．--北京：知识产权出版社，2020.8
ISBN 978-7-5130-6984-7

Ⅰ.①法… Ⅱ.①张… Ⅲ.①法学—文集 Ⅳ.①D90-53

中国版本图书馆 CIP 数据核字（2020）第 099022 号

责任编辑：唐仲江　　　责任校对：谷　洋
封面设计：黄慧君　　　责任印制：刘译文

法象与法意

张海斌　著

出版发行：	知识产权出版社 有限责任公司	网　址：	http://www.ipph.cn
社　　址：	北京市海淀区气象路 50 号院	邮　编：	100081
责编电话：	010-82000860 转 8726	责编邮箱：	pangcongrong@163.com
发行电话：	010-82000860 转 8101/8102	发行传真：	010-82000893/82005070
印　　刷：	三河市国英印务有限公司	经　销：	各大网上书店、相关专业书店等
开　　本：	880mm×1230mm　1/32	印　张：	12
版　　次：	2020 年 8 月第 1 版	印　次：	2020 年 8 月第 1 次印刷
字　　数：	300 千字	定　价：	58.00 元
ISBN 978-7-5130-6984-7			

出版权专有　侵权必究
如有印装质量问题，本社负责调换。

代 序

关于上海的雪

关于上海的雪

终于下雪了
上海的雪
和北方一样
纷纷扬扬地下
教科书一样地下
按照剧本
我们可以吟诗作对
可以堆雪人滚雪球
可以自拍和他拍
可以隔着窗户发呆
或像害病的公主一样
莫名地伤感

天黑了
就取毡笠子戴上
揣好身份证
花枪挑着酒葫芦

顶风冒雪
到街角的酒肆打酒
就打酒,绝不和卖酒的印度小哥寻衅滋事
回到家里,燃起一堆柴火
或把暖气调到最高
和朋友们——不
和兄弟们,围成一圈
大碗喝酒,大块吃肉
猜酒划拳,推杯换盏
酒必须是土烧的,纯粮烧刀子
不能是葡萄酒或香槟
菜必须是烤肉,烤牛肉
不能清蒸鱼
或清炒菠菜

酒意阑珊时
便西装革履
套上雪地靴
挑着红灯笼
踉踉跄跄出门
踏着碎琼乱玉
吟着太白的诗
东坡的词
去敲栊翠庵的门
就讨几枝梅花
就讨几枝梅花

一枝也行
不给不行
回来就斜插在鱼缸里
再泡壶滚烫滚烫的茶
红着眼睛，吐着粗气
一面喝茶
一面赏梅
大多时间
一言不发
默默地盯着水里的鱼
甩着剩下的半根尾巴
欢天喜地
游来游去

夜深了，就起身
顶盔贯甲，罩袍束带
手持雌雄双股剑
意气风发地出门
梨花当头　柳絮扑面
穿过柴门的犬吠
穿过沿街醉醺醺的流浪汉
到卧龙岗去看看
那个书呆子今天醒了没有
再不醒来
就得宣布脑死亡了
早饭前还得赶回来

约齐各路兄弟
拿好钉耙和铲子
在村头的岔路口守着
五百年了
东土的那个和尚也该来了

2018 年 1 月 26 日于五祺斋

目录

上篇·文章

我思·003

  唯命　　003

  性与命　　004

  相与缘　　006

  正与邪　　008

  吹牛皮　　010

  论喝彩　　012

  谈相声　　014

  吃路饭　　016

  雕虫小记　　018

  菜市记闲　　020

  君子之泽　　022

  附庸风雅　　024

  未来已来　　026

  娱与自娱　　028

  文明为名　　030

  受害之害　　031

  意外之善　　033

胸次浮尘　　035

开学随想　　037

若无所思　　039

相忘于江湖　　041

人性与宽容　　043

检讨与真理　　045

法律依赖症　　047

游泳的字母　　049

抽象的信任　　051

他者的目光　　054

法律的神话　　056

送客的艺术　　058

教师节随想　　060

陈果读错字　　062

为何官僚化　　064

孩子的语言学　　066

黑暗童话之惑　　069

愈少，愈自由　　072

技术消解道德　　074

基本法律神话　　077

为什么要排队　　079

关于教师的事儿　　083

疫苗立法的浮想　　085

明星案与法律威吓　　087

宫廷剧的九大情结　　090

从唐德刚的感叹说起　　092

西方衡平思想的演变　　094

审判中的裁量与限制　　097

拿破仑与法国民法典　　100

古希腊的哲学与法学　　103

中世纪英国的律师学院　　106

西方自然法思想的演变　　110

假疫苗、信仰与底线意识　　114

华为事件与法律人的沉默　　116

大学的预备　118

新的时间开始了！　　121

存在于彼此的存在　　127

感受法律之美　　132

我忆·137

伤与逝　137

广播操　139

吉光片羽　142

秋的况味　145

冬的遐想　147

我的父亲　149

我们的爱　153

老人片段　155

成东书记　157

鱼的故事　159

伊的独白　161

元旦献词　165

等待戈多　167

老赵其人　169

端午意味　172

中元杂忆　174

中秋随想　　176
念与不念　　178
今夕，何夕　　180
岁除的余想　　181
时间真疯狂　　183
风起正清明　　185
香烟的故事　　187
海边的大姐　　190
向晚的趣味　　193
孩子的兵法　　195
飘浮的羽毛　　197
给孩子的信　　200
依旧水连天碧　　202
父亲的无名诗　　204
关于吃面的事儿　　206
当时只道是寻常　　209

我读 · 212

格物之后　　212
养心妙物　　214
吃摩擦饭　　216
刘馥之死　　217
知识前传　　219
锅里翻饼　　221
和珅之道　　223
死屋手记　　225
公正何以难行　　227
勤勉的闲散　　230

托翁的忏悔　231

掩饰的掩饰　233

身份的焦虑　235

致命的躲闪　237

赵高的流派　239

赵母的教诲　241

子高的逻辑　243

文人与藤葛　245

八卦与虚构　247

奥卡姆的剃刀　249

辟幕起家的逻辑　251

地下室里的居士　253

"五四"的魅力　254

迈向德性的法治　256

布罗茨基如是说　259

辩，还是不辩　261

庄绰的"小人观"　264

古代书生的释放与升华　266

孟子曰：论饮食　268

孟子曰：论诛一夫　270

孟子曰：论君子道　272

孟子曰：论士与仕　274

孟子曰：论爱与敬　277

孟子曰：位卑言高　281

孟子曰：饮食之正　283

孟子曰：论君子三乐　285

孟子曰：论耻不若人　288

孟子曰：论仁义与利　291

孟子曰：大勇和小勇　　293
孟子曰：言与不言　　295
孟子曰：养心与寡欲　　297
孟子曰：东鳞西爪　　299

下篇·随想与随记

五祺斋·语　　307
五祺斋·读　　335

后　记　　367

上篇·文章

我思	003
我忆	137
我读	212

唯 命

曾在东北的一个地儿逛，有个中年人神神道道地挨到身边，低声对我说："看先生的面相，最近会有一段好运，你想不想知道？"俺闻之，淡淡地瞥了他一眼，笑了笑，走开了。

现在想想，这个算命先生的营销心理学该补一补了。既有好运，静候即是，该来的还是会来的，是你的总是你的，知不知道，又有何妨。倘要去算，竟或还有泄露天机之虞呢，可见其之不智。

记得很多年前，在西湖边逛，亦有人凑过来，神秘地对我说："看你面相晦暗，近日会有一大劫。要不要禳一下？"我听后，乃不屑地投之以革命乐观主义的一笑。但这人的路子，倒是对的。

按照卡尔·波普尔的理论，相术及命数之类，因为不能证伪，所以自然是伪科学了。出门遇车祸，是命；被救回来，是命；最后落了残疾，是命；残疾后中大奖，是命；大奖后罹了癌，也是命。

伪科学相较于科学，就是它可以解释一切，立于不败之地。任何遭遇，最后皆一命了之，一招鲜，吃遍天，不服不行。而且，心诚则灵，不灵则不诚。诚与不诚，不是你说了算，看结果。

历史上的相面达人是吕公，看刘邦面相奇特，运命非凡，把女儿嫁给他，就像赌石头，最后赢了。曾国藩也看面相嫁女，可惜走了眼。但能把亲闺女搭进去相面的，无疑都是真诚的。

性 与 命

纪晓岚的《阅微草堂笔记》里有一则故事，说：海宁陈文勤公曾扶乩，向先贤询问涉世之道。降坛的高人，乃安溪李文贞公，他指点道："得意时毋太快意，失意时毋太快口，则永保终吉。"陈公心领神会，"终身诵之"，受益匪浅，可谓谁用谁知道。

在今人看来，李公的处世哲学，并无甚高妙之处。其中之利害，随便翻翻曾国藩家书，或各式箴与训，对此皆念兹在兹，千叮万嘱，不在话下。问题的关键，端在人世间的处世哲学，大抵属于实践理性，知道了是非对错，没啥大不了，唯有一生能维谨维慎，"深入贯彻落实"，方能真正受益。然，古今中外，"微斯人，吾与谁归？"

亚里士多德曾对苏格拉底有个评价，说祖师爷的迂腐，或可爱之处，端在老人家毕生与人论争何为美德。殊不知，知道了关于美德的知识，亦不必然会去做有德之人——按休谟的说法，价值是一回事，事实又是一回事。德性这东西，作为知识，人人得而诵背如流，一旦进入具体情境，便或德将不德矣。人世间的各式悲剧，无知固是其荦荦大端，更多的，恐怕是不能知行合一。

性格即命运——赫拉克利特的名言，以前我总不以为然，如今年岁渐长，阅事渐多，便能渐渐体认其精妙。人生之进退成败，大抵不是，或不主要是认识不到位、不充分的问题，而在不能一以贯之地实践，真正做到"深入贯彻"。苏格拉底在这点上就很糊涂，以为发现了美德，就能自动实践美德，其实差得远。

当年读《世说新语》，读到王戎评价嵇康的一句话"与嵇康居二十年，未尝见其喜愠之色"，颇为嵇康的定力折服。但嵇康的修行究竟不能彻底，在吕安一案中，他按捺不住，哓哓跳出来辩护，横遭杀身之祸。一曲广陵散，竟成断肠散。无他，但性格尔。

真正的高人，应是孙登。《晋书》卷九四《孙登传》里说，老孙头从来不发怒，也从不与人争论，永远笑呵呵的。有人想看看他发怒的样子，便把他扔到河里，他老人家从容地从水里爬起来，浑身湿漉漉，脸上依旧笑嘻嘻：咱就不生气！嵇康很崇拜孙登，曾跟他学了三年，问他各种问题，老孙从来不回答他，将耍酷进行到底。这种道行，靠后天修炼，恐怕难。

西人讲性格决定命运，或性格即命运。《中庸》第一句话，即"天命之谓性"。翻译成大白话，就是"你的性格（气质）就是老天赋予你的命"。可见，这个问题是中外相通的。窃以为，国人讲究"命"，乃是一种极高的哲学立场与人生境界，这意味着人生中的有些东西，是自己不能真正改变的。即便一厢情愿戮力去改变，却不知这竟已是命的一部分。所以，不妨就此率性一些，认命吧。——反正我认。

相 与 缘

评书、戏剧或各类演义听多了，看多了，便渐渐发觉，古代一些开明的人士——大抵是员外老财之类吧，给闺中女儿招婿，大多是看面相，而不唯出身唯学历的。许多历史上的落难英雄，或落魄书生，在未发之际，穷困潦倒，不名一文，按照桥段或套路，都是因为面相好或命相好而被未来的岳父看中，不仅女儿白送，还各种倒贴，最后的结果，证明丈人们都是巨眼英雄。相应地，也成就了一段段佳话。

倘要举出这样的例子来，实在是不胜枚举。遥想当年，刘邦落魄之际，终日游荡，不务生产，四处骗吃骗喝。吕公第一次见到，见邦哥"日角斗胸，龟背龙骨"，便极欣赏，径直探问："我少时即喜相人，状貌奇异，无一如季（刘邦，字季），敢问季已娶妇否？"又道"我有小女，愿奉箕帚，请季勿嫌"，把个刘邦喜得不要不要的，当场翻身下拜，行舅甥礼。后来证明人家老吕头眼睛毒，没走眼。当然，这种发现帝王之相的概率，还是极低的。其概率，粗略算一下，大略和一块陨石直接砸到我老张的书桌上差不多。

以面相或命相，来作为招婿的基准，按照马克斯·韦伯的说法，这属于形式非理性，未必靠谱，或非常不靠谱。但这种做派，毕竟超越了传统的家庭背景、学历学位、经济基础等的考量,即便与今日相较,也算得开明了。——至于高明与否,倒见仁见智。现在的准岳父岳母们,似乎渐渐别具画风了。一旦探觉女儿恋爱之舆情,便把头急急抵过去,悄问"男孩是做什么的?"或"家里是做什么的?"及"什么大学毕业的?"等,至于长相、面相甚至命相,倒或是次要,但未必是不重要的了。

记得以前看新闻,说北京有个"五套房大妈",开出来的招婿标准,便是不要房不要车,就看面相八字。这做派,巍巍然有古风矣。但如何评判面相之好坏,便不免要落入玄虚一派了。按说呢,异人必有异相,如古人之重瞳之眼或狼顾之相等,也是有些道理的。但一个人倘若长得过于独特,不符合或超越常人之审美,倒也让人颇费踌躇的。譬如马云或凤姐,异相倒都异相,至于是不是异人,得看面相学的功力了。当然,还要看未来的发展。——毕竟,人家凤姐还年轻着呢。

上面的这些话,都是茶余戏说,自然做不得真。何况,古人以面相择婿,譬如吕公的做法,大有包办婚姻的嫌疑,与咱们的核心价值观不合,推崇不得。更何况,面相与命相之类,其理性程度,与学历证书、房产证书等相较,实在太低。一个小伙子,面相再好,印堂再发亮,在今日看来,也是抵不过内环三套房的。以之为凭,风险太大。众所周知,曾国藩算是命相学高手了,其看面相用人,顺风顺水。但看面相嫁女,却经常走眼。五个女儿,除小女儿外,其他四个都过得不幸福,甚至悲惨。——你看。

正 与 邪

偶尔看看古装官场剧,渐渐发现,剧里的坏人们总是特别强大,好人经常中招儿、着道儿,出现阶段性的被动。倘不是因为皇上圣明,或间歇性圣明,或先昏聩后圣明,好人们最终竟可能要落个妻离子散、身陷囹圄乃至白骨冤沉的下场。仔细探微索隐,这里面竟还有些规律可循。

首先,坏人做事的风格,按照马克斯·韦伯的分类,是工具理性。为了达到既定目的,实现既定目标,往往不择手段,什么办法好使、有效、经济,就上什么办法,且无所不用其极。各种点子,鬼点子、坏点子、馊点子层出不穷,无敬畏之心,无底线思维、红线意识。好人则讲究价值理性,"吾道一以贯之",做事堂堂正正,讲阳谋不讲阴谋,有所为有所不为,绝不下三烂,绝不歪门邪道,对抗方法和手段相对有限,斗争起来,竟格外艰难。

其次,"小人喻于利",坏人们团结起来的基础是利。利这个东西很现实、很强大、很唯物,古人说了:"天下熙熙,皆为利来;天下攘攘,皆为利往。"英国人也说了:"没有永恒的朋友,也没有永恒的敌人,只有永恒的利益。"因为结党乃是为了营私,利益共同体也是命运共同体,以致你中有我,我中有你,一荣俱荣,一损俱损,勾结起来尤为彻底,同进同退，动辄一拥而上打群架，战斗指数不低。当然，这种利益共同体也有致命伤，即"以利相交，利尽则散"也。而好人团结的基础是义，群而不党，周而不比，浩然独立，以致常被坏人围攻。

再次，坏人只关心一己私利，目标清晰，发力集中，进退有据，与己无关的事与物，只要无利可图，死人不管，"拔一毛以利天下而不为"。就像以赛亚·伯林笔下的刺猬，心心念念只关心一件事：私利。好人则讲究利他，讲究奉献，追求超越，追求卓越，"苟利国家生死以"，既忧国忧民忧天下，又守道守仁守信义，"衙斋卧听萧萧竹，疑是民间疾苦声"，睡个觉也不踏实。在正与邪的对抗中，坏人是无孔不入地攻，好人则防不胜防地守，以致左支右绌，在战术上很是被动。

最后，坏人喜欢织网。三教九流，黑道白道，无远弗届，一律网罗。官商勾结，官匪勾结，官黑勾结，以利为媒，沆瀣一气，能动用的关系资源丰富。而且坏人熟稔并善于利用各种黑规则、白规则、灰规则、潜规则，使坏路子多，能量大，污力强，以致坏人作恶，往往能兴风作浪，常有"黑云压城城欲摧"之气势。好人则讲究洁身自好，道不同不相为谋，人格独立，"慎其独也"。交友谨慎小心，不苟且，不滥交，且"君子之交淡如水"。因此在斗争初期，常出现阶段性吃亏。

这是古装官场剧里好人与坏人斗争的特点，但每部电视剧最后笑傲胜出的，无疑都是好人。毕竟，"正义从来不会缺席，只会迟到"。从历史和哲学的角度看，好人都善于走群众路线，有深厚的群众基础，而"群众的眼睛是雪亮的""人民群众是我们力量的源泉"，因而坏人无论如何作恶，最后还是被好人一一识破，拆穿，彻底消灭，正义最终得到伸张——即便中间常要出现迂回曲折，并付出沉重的代价。根源还是毛主席说的那句话："我们的事业是正义的，正义的事业是任何敌人也攻不破的。"

吹 牛 皮

记得小时候，有一种扑克牌玩法，叫吹牛皮。各地的叫法或不一，有的地方叫懵秃子，有的叫唬牌、蒙牌或说瞎话，也有的径直叫"信不信"，等等，总之，意思大抵是一个字：吹。

牌法是：先抽几张牌，咣地反扣在桌上，吹道"三个老K"，信不信？信，就说"过"，下家再出。下家或更狠，也抽出几张牌，反扣于上，也吹"俺再来三个老K"，信不信？不信，翻开，倘不是，牌由扣牌者统统收回；是，则牌全归翻牌者。有时候，两副牌，八个老K，咣咣咣，一圈牛吹下来，桌上竟有十五个老K——你爱信不信。按牌法，最快将手中的牌"吹"出去的，胜出。人送外号"吹牛大王"。

这种牌法，光明正大，拼的是演技。考验的，是牌友吹牛皮的技艺和水平。具体而微，包括吹牛的声音、表情、眼神、手势、气场等。或气势如虹，声色俱厉；或悠然自若，不动声色；或一惊一乍，虚张声势；或欲言又止，将出又罢。总之，各种表演，坑蒙拐骗，逗引埋伏，不一而足。目的端在迷惑牌友，让其信，或不信。高段位的牌友，其演技与表演系相较，亦不遑多让，甚或骎骎乎直逼资深政客矣。

扑克玩法，在全国，乃至全世界，该有数百种吧。每一种玩法，皆有其训练与考察的侧重之处。有考察记忆力的，有考察推理能力的，有考察心理素质的，有考察心算能力的，有考察合作能力的。甚至，还有考察人性的，比如二十一点，等等，不一而足。专门考察吹牛皮能力的，算得独出心裁而另辟蹊径了。这牌法，便像《动物世界》里小狮子们的"游戏"，玩着玩着，便个个身怀绝技了——可惜它们是不会打牌的。

荷兰文化史家约翰·赫伊津哈曾在《游戏的人》一书里，对"游戏"进行了哲学与文化的阐释，颇为精彩。当然，赫伊津哈视域里的"游戏"，范围更广，关涉战争、法律、语言、宗教、艺术等。在他看来，游戏具有特殊之社会功能，与文明具有相同的结构、策动力和动力学。但游戏并无道德功能，"善恶评价不适用于游戏"。因此，人类在诸游戏机制的实践中，必将变得越来越强，但未必会越来越善，甚或相反。无疑，扑克牌就是。

论 喝 彩

国人是很喜欢喝彩的。记得以前欣赏过老一辈表演艺术家们的模仿,各地的喝彩,无论是语声,还是语调,都各具特色,精彩至极。按戏曲界的说法,这叫捧。

为何要捧?心态各异。或是自己能力不逮,见别人能做到,乃发自内心的激赏。或因自己的懦弱,不敢做,别人却勇毅地做到了,便由衷地敬仰。这似乎与礼节,并不总是相关。捧的心态,除褒扬外,自然还有希望别人继续演下去的意思。"倘能把最后的外衣也脱掉,那便妙极。"

自己做不到,或惮于做,而以"轰"的一片捧声,冠以各色令誉,激励别人去做,去演,并愈演愈烈。这情形,骨子底里泛出的,依旧是一番看客心态。一旦表演者因难度过大,或兴奋过甚,甚或因各色可抗或不可抗之力干扰,而演砸了,受伤了。大家便管着手,且惋且叹地散了。

喝彩,总比鸦雀无声的沉默,要好一些,据说常能给人以信心与力量。但有时候——我说的是有时候,沉默的关注,较之沸反盈天的喝彩,似乎更多一些真诚和温情。因为热烈地捧,常给人以错觉,似乎自己有了登高一呼应者云集的伟力,自兹或超越了自身,而迷失起来了。而历史与现实的经验，留给我们的，常是痛与憾。

　　见识了嘉言懿行，要表达内心的欣赏与敬仰，最好的方式，除了喝彩，便是亦步亦趋，甚或前赴后继地去说，去做，去同声相求地奋斗，这或许才是我们最高的致敬与礼赞。毕竟，夹杂在喝彩者里的，除了同道，更多的，是看客。而这些人的袖里，是早就预备好了温热的馒头的。

谈 相 声

晚上，习惯听着几段相声入睡。有段时间经常听的，是刘宝瑞先生的相声。比较一下，感觉不同人、不同种类的相声，其层次和境界，还是有一些区别的——如果不是高下的话。刘先生的每个相声，要么是知识类的，以相声的手段去介绍一个专门的知识，比如《当行论》，一段相声下来，听众对于典当的关键知识，能了解个大概，这就很好；要么是故事型的，通过讲故事，针砭时弊，激浊扬清，批评某类丑恶现象，提倡文明风尚和积极的价值观，比如《值班医生》《奉承人》等。当然，还有其他类型，比如评论型等，不赘。照样是学说逗唱，照样是抖机灵抖包袱，照样是捧腹大笑、哄堂大笑，但这样的相声给听众以消遣之余，亦常常给人以教益和启发，同时也有一种艺术的熏陶。

值得注意的是，当下有些人，往往以解构的态度来理解相声，主张相声就是逗人一乐，就是下里巴人，就是一伙人热热闹闹，插科打诨，落个热乎劲儿；还主张市场就是王道，主张票房就是王道。这其实是一种误解。下里巴人固然也对，但说的是相声的主题和对象，并非内容就一定要粗俗或庸俗不堪，或需要打马赛克。另外，卖得出票房的东西，也并非一定就是好东西，优秀的东西，健康的东西。这样的例子，就不必去胪举吧。窃以为，在这方面，刘宝瑞先生等老一辈相声表演艺术家的路子，可能更可取一些。相声如果抽掉了内容和价值，纯粹沦为了一种庸俗、肤浅的形式，其实死掉了，又如何？

吃路饭

有一日打的，的哥是个老头儿，练达，老成，健谈。据他说，二十世纪九十年代就开始跑出租。聊起上海的出租车史，娓娓道来，如数家珍。一路较堵，不时有车变道进来，他总轻点住了车，耐心礼让。这种做派，在的哥里颇为少见。因问，他便淡淡答道：大家都是吃路饭的，不容易。

吃路饭这个词儿，我第一次听到，颇觉新奇。众所周知，国人形容从事某一行业，辄曰：吃哪一碗饭，或吃哪一行饭。做公务员的，叫吃公务员这碗饭——按民间的说法，又叫吃官饭；做教师的，叫吃教书这碗饭；做演员的，吃的自然是演戏这碗饭；等等。干不了某一行，便是吃不了这碗饭，或这碗饭不好吃。

吃哪碗饭，总是和某行业勾连在一起的。而这的哥的境界，似乎更高一些，已经超越了具体的行业与职业，超越了具体的阶级和阶层，进入了更为开放的领域——路。

吃路饭的人，顾名思义，乃是靠路吃饭，自然也因路结缘。因为都使用了或正在使用路，相互间便有了利益勾连，也就形成了某种利益共同体，并具有了一定的伦理规范：尊重、礼让与互助等。

而且，从吃饭这个生存底线的角度，来界定利益共同体，以及相互间的伦理规范，无疑具有本体性、一般性，并透着浓厚的人情味儿，易于激发认同与共鸣。的确是个好词儿！

雕虫小记

　　技术改变社会，改变生活，改变人，这种进程在悄悄地进行着。大的方面，高上的方面，就不去说了。对我来说，最细微和贴近的，就是每天早上去买菜，菜场内的每个摊点，以及菜场外的每个流动或不流动的摊点，都无一例外地张悬着支付宝和微信的收款码，几元几角几分，扫码即可，真正实现了无币化生活，颇为方便。当然，偶尔会遇到信号不好的角落，也经常急得跳脚，便拿着手机，像小时候移动黑白电视的天线一样，东南西北上下求索地找信号。

　　于我而言，最为切身的体会，便是以前买菜回来，口袋里总是各色硬币叮叮当当地齐奏交响乐。情形常常是，一枚一元的硬币递过去，找回来八九枚一角硬币，哗啦啦地接在手里，令人胸闷上火。有时候抓一把硬币出门，竟揣两把硬币回家，可谓旧账未销，又添新账，端的恚从中来。

　　另一个贴切的妙处是，自打有了手机支付，便再不必为了几块几毛的一把鸡毛菜，捏着一张百元大钞，在菜场四处转悠找人换钱了。——有时候为免于愧怍，达致双赢，还特地买人家一把韭菜，但心下却又开始犯愁了：这韭菜炒什么呢？总之，折腾。现在好了，一切无币化，回家路上，轻轻松松，自由自在。

当然，有了手机支付，对于那些惯于与善于讨价还价的人来说，倒失去了一个绝佳的机会。在以前，倘计算出了几角几分的零头，买卖双方都嫌麻烦，可能也就径直免了。当然，偶尔也有摊主一分也不肯让的，大妈们便戏精发作，用鲁迅《故乡》里"豆腐西施"的口气说："阿呀阿呀，真是愈有钱，便愈是一毫不肯放松，愈是一毫不肯放松，便愈有钱……"一面扔下大头，自顾自地小碎步走开了。卖主见了，只好摊手苦笑。

但，"事情正在起变化"，手机支付横空出世，豆腐西施们的美好时代也就宣告结束了。如今即便小数点后面有十位百位，亦可轻易输入，似乎再无请求免除的理由了。这大约算是一个小小的不利吧。

菜市记闲

● 家禽摊点，热火朝天。一位老太太拎着一串新买的葡萄，拨开了人群，进来。问：老板，有没有乌骨鸡卖？答：有。又问：我能不能自己进去挑一只？摊主犹豫了一下，答：好吧。老太太便推开了摊案的挡板，径直走向里面的鸡笼。她先冷静地把葡萄袋放在鸡笼的铁丝架上，再弯了腰，低下头，小心翼翼地打开鸡笼门，将手伸进去。从里到外，把鸡一只一只摸过去。鸡胸、鸡腿、鸡骨架，一处一处先后摸之，捏之，赛如禽类专家做体检，神情专注而严肃，手势精准而稳定。鸡在笼里发出一阵阵慌乱的嘈音。判断，比较，反复，最后老太太眉头一舒，手指着一只白羽乌骨鸡，坚定地对摊主说：就这只。便敏捷地抄起鸡笼上的那袋葡萄，反身淡定而威严地踱出了作坊。旁边的人在一厢痴痴地看着，个个肃然起敬，自惭形秽。酷。

● 西红柿摊点。一位中年男摊主气势汹汹地嚷：你老人家行行好，走开吧，我这西红柿宁愿烂掉，也再不卖给你。一位老太太在旁诘道：我照样花钱，凭啥不能买？答：我就不卖给你。再诘：我凭啥不能买？再答：我就不卖给你。此时，围观的人渐渐多了，摊主便愤愤地四向解释道：这老人家真是奇了，上趟来我这儿买西红柿，从外到内，把我的西红柿用手指头个个捏过来，捏了老长辰光，最后嫌我的西红柿不新鲜，竟一个没买，嘀咕着走人了。乖乖，我好一摊西红柿，都被糟蹋完了，个个表面都有指凹，没人愿意买，你说光火不光火？今朝她老人家又来，又开始捏。摊主边说，边举起一个西红柿，朝大家转：你们看，这指凹，还新鲜的。一看，表面果然有个深深的指凹，仿如梅超风女士的九阴白骨爪刚刚抓过。老太太喋喋地继续争：我不捏一下，怎么知道西红柿是新鲜的？答：我就不卖给你。再诘：你们做生意怎么能看不起人？再答：我偏不卖给你。——这个怎么破？

法象与法意

君子之泽

当当网又送来了一些书,大多是塑封的,特别好。在我看来,塑封的妙处就在于,只要你不去拆开它,便可一直撂在一旁,而绝无积灰生蠹之虞。日后倘若有闲,兼有兴致,自可拆而阅之。当然,即便被彻底地忘到了九霄云外,今后,甚至在身后,亦可留待孩子们,或孩子的孩子们去看去读。如果他们愿意。

《礼记·玉藻》里有云:"父没而不能读父之书,手泽存焉尔。"意即,父亲百年以后留下来的藏书,因为上面有乃父手汗沾润的痕迹,按照礼,孩子们是不能再去翻去读的——按照《颜氏家训》的说法,叫"不忍读用"。如今因为有了塑封,书上的"手泽"断然是没有的,指纹恐怕也不会留下一枚,孩子们倒可以放心地去读。这竟是一件意外的妙事了。

但从经验看,无论塑封与否,这些藏书最后的命运或下场,大抵是在路边的地摊上,被人齐齐地摊开,指堆论斤地向路人兜售吧。当然,有塑封的,价格或许能高一些。但这也未必,甚或相反,毕竟它们没有藏书者的"手泽"。

我家附近有一家旧书店,里面的书品相颇优,许多书竟成套在售,题签与印章赫然,该是私藏流出的吧。遥想主人当年,搜罗弥苦,读书弥勤,藏书弥笃,而其百年之后,后人竟改父道,以白菜价论斤贱售之,斯文堕于尘土,令人太息。孟子曰:君子之泽,五世而斩。窃以为,于书,二世则已矣。

但,也不能怪孩子们不孝。按上海的房价,一平动辄七八万,倘藏书甚富,洋洋数千数万册,竟占了十数平,乃至整个房间,便不啻将数十万乃至上百万的财产虚置,对于寻常人家,端的是一件极奢侈的事儿。倘孩子们既不事研究,亦不爱阅读,为改善住房起见,而将其处理掉,似乎也算不得大逆不道。

况之,书本来就是用来读的,不是用来藏的。现在的情形倒有些是,藏来藏去,最后竟把这藏字,变成第一位的了。动辄扬扬自得:这本书我有,那本书我亦有。读与不读,倒在其次,这便不免本末倒置了。后来竟被孩子们论堆论斤地贱卖掉,让喜爱读书的人有缘买到,读到,物尽其用,亦不失为一件善事。

对待书,明代藏书家陈第的态度,便极开明。他曾自陈:"吾买书,盖自娱。子孙之读与不读,听其自然。至于守与不能守,亦数有必至,吾虽不欲听之,其可得耶?"另一藏书家杨循吉则更豁达,直接散书与人,其赋诗云:"朋友有读者,悉当相奉捐;胜付不孝子,持去相鬻钱。"此人此说,皆通透之至。

附庸风雅

突然觉得，附庸风雅也是一件挺好的事儿。

记得十多年前，一个暑假，我特地买了一套古龙全集，集中时间通读了一遍。发现小说里的主人公李寻欢、傅红雪等，喝的酒，都是竹叶青，便也买了一些竹叶青，放在冰箱里冰着。晚餐之际，自酌自饮，那番感觉，亦极惬意。入夜，微醺，伫立于书房的窗前，迎风远眺，层云荡胸矣。此番情形，算得附庸风雅之一种吧。

还有一次，是十多年前吧，德国有个芭蕾舞团来沪演出。朋友刚好有票，邀我一起去看，坐在第一排。一幕下来，目光便迷离起来了，环顾一下旁边的老外，个个兴致盎然，心内愧怍之极，便挣扎着继续看，但最后还是不争气地睡过去了。可恼的是，芭蕾剧分好几幕，中间还醒了好几回。这亦算一次附庸风雅的经历吧，虽然不甚美妙。

钱钟书先生曾经说"我们每一个人都免不了这种附庸风雅的习气"，此言确是。虽然钱先生对此的态度，是颇不以为然的。但我想，倘若这个世界上的俗人和粗人，都愿意不厌其烦、亦步亦趋地去附庸一下风雅，这个世界上的风雅，至少会因此多起来，流行起来。最后，求仁得仁，"当风雅已成习惯"，亦不啻为一桩极妙之事。

　　一个人倘要附庸风雅，其初心，亦是先要承认与欣赏风雅的，虽不能至，心向往之。至少，他的心下，还是有一些底线的，破坏风雅的事儿，断不肯去做。即便要做，亦要维持一些风雅的姿态。最可骇的，按钱先生的说法，倒是那些"俗得有勇气的人"，这班人的做派，恐怕连一丝丝风雅的门面，亦不肯维护的。此或谓之"酷"。

　　梁漱溟先生曾问：这个世界会好吗？窃以为，倘附庸风雅的人多了，这个世界也会好起来的。——大家都在读古典听古典，也附庸着去读一些听一些。大家都在提倡节能环保，也附庸着矻矻砭砭去做到。大家都在竭力"让人说话"或"免于恐惧"，便也附庸着勠力去实行下去。如此这般，附庸风雅的人多了，这个世界会渐渐好起来的。我相信。

未来已来

"五四"将至,学校有合唱赛,学院亦组织了师生联唱。挑选的歌曲,是"70后"所熟悉的张雨生的《我的未来不是梦》。想不到这首歌居然也受到了"00后"的喜爱,这说明经典的歌曲的确有跨越时空的魅力。

排练过一次。我像南郭处士一样,混杂在学生里唱。旋律其实是极为熟悉的,但自己总很难张口,这倒不是唯恐在学生面前失去教师的尊严,而是觉得,年过不惑后,再去唱未来与梦之类,总有些尴尬。套用小沈阳小品里的台词:"你的未来是不是梦,你现在心里还不清楚吗?"

当然,不开口或哑唱,也有其技术性理由。首先,自己唱歌向来是五音不全的,——甚至绝非不全这么简单。其次,自己的嗓子天生洪亮,一旦开口,总不免力压群雄,有鹤立鸡群、一枝独秀之音效,这于合唱,无疑是致命的硬伤了。刑法上有破坏集体生产罪,搁这儿,该是破坏集体合唱罪吧。

好像从来没有想过这个问题。人过四十后,便似乎渐渐失却了谈未来的资格了。或者说,未来已来,一眼便可看穿。昔日的梦,已不再是梦,或已实现,或正在逐步地实现,甚或已然放弃,或梦碎。倘再要做梦，已极艰难，首先是人过了做梦的年纪，失却了做梦的心绪了，其次亦未必有追梦的时间与精力了。即便再来做梦，庶几大有沦为半途而废的烂尾楼之虞的。

当然，人生规划自然是有的，五年之后怎么样，十年之后怎么样，倘还继续活着的话。但与年轻时不一样，因为有了家庭，有了妻和子，又因为父母确乎渐渐地老了，等等，以致自己的规划绝不像年轻时代那般，在空白的图纸上，自了汉似的自顾自地画，而是要自觉和习惯地与家人联同起来，共同做梦，或做一个共同的梦。

说共同做梦，其实也未必准确。自有了孩子后，看着孩子渐渐地长大，渐渐地从父母的梦里走出来，开始做起属于自己的梦来，的确是一件让人觉得欣慰的事儿，虽然其间总未免有一些莫名的伤感。回顾逝去的这些年，孩子一直装饰着我们的梦。年届不惑之后，自己便要渐渐试着走入孩子们的梦，装饰起他们的梦来。——他们的未来不是梦。

娱与自娱

最近①，某国产科幻巨制隆重上映。讵料三日过罢，票房折戟沉沙，恶评如潮，大率血本无归矣。据说上映前，有媒体给电影算了"票房账"：男主演微博有 6000 万粉丝，倘一人贡献一张电影票，每张票价以 30 元计，18 亿元票房那是妥妥的。再加上女主演的粉丝协同发力，定能赚得盘满钵满。然而，结果应了那句话，"理想很丰满，现实很骨感"。

想起了经常见到的一个情景：在街旁的空处，围着一匝匝路人，皆引颈踮脚，看流浪艺人的表演，不时轰然地喝着彩：好，好，好。然而，一旦卖艺的汉子停却下来，端着盆儿向喝彩者"捧个钱场"时，路人们便轰然地散了。毕竟，旁观着的，仅是些无聊的看客，发着无聊的喝彩而已。一旦错以为从此便是你的拥趸，登高一呼，便应者云集，就不免幼稚，结果照例是轰然地散了。

曾读到一则掌故，说史量才办报，为蒋介石不喜。一日，蒋找史谈话，老蒋发狠道："把我搞火了，我手下有 100 万兵。"史不买

---

① 本书文字涉及"最近""今天""明天"等表述，皆为作者写作之时的时间顺序，为保留即时感起见，兹不做修订。

账,酷酷地答:"我手下也有100万读者。"结果,1934年11月,史量才为军统所暗杀,时年54岁。那100万粉丝,无影无踪,了无声响。这故事彰显的,乃是报人的自信,令人敬佩。但史先生把100万粉丝与100万兵相拶,倒不失可爱。

如今已是个娱乐时代了。微博蜂拥,大V雄起,粉丝动辄千万甚至上亿。其一言一行,一笑一颦,一声咳嗽,甚或一个叹号,便能点赞上亿,转发洋洋乎数千万矣。倘若自以为自兹便能登高一呼,应者云集,要风得风,要雨得雨,把粉丝当韭菜割,那自是昏了头了。真较真起来,云集的粉丝,恐怕下一碗中份的麻辣烫都是不够的。

记得在周星驰主演的《行运一条龙》里,每俟"蛋挞王子"阿水出场,一时间,又是电扇呼呼呼地吹,又是鸽子扑棱棱地飞,又是花边报纸漫天舞,可谓风光无限,惊起"哇"声一片。但"情圣"的人设练就,人家阿水还不忘躲到角落给配合的拥趸们付小费。毕竟,娱人与自娱,大家就图个乐呵,实在不必当真。当真你就输了,这大约亦是娱乐精神之一种吧。总之,醒醒!

文明为名

早上出门,等电梯的当儿,邻居女儿牵着孩子出来了。见到我,便对孩子说,叫叔叔。一时愕然。记得刚搬来时,邻居女儿才十岁,见到我便"叔叔,叔叔"地叫。流光易逝,现在她也有孩子了,还让她的孩子管我叫叔叔。

路上想,按辈分,其实不应叫叔叔,而该叫爷爷或外公的。现在人家让娃儿继续叫你叔叔,乃是极善良而美好的,言下颇有许你时间永恒、青春永驻之意。话说回来,叫你叔叔是客气,叫你爷爷是本分,你又待如何?

记得以前看电视,看到某香港女明星,五十多岁快六十岁了,抱着膝盖,在镜头前侃侃而谈,开口辄"我们女生""他们男生",当时亦是愕然。现在想想,也无所谓。就像如今女神男神,骎骎乎已成了性别名词。

文明即掩饰。把人动物性的、脏的、乱的、丑的、陋的、不欲的及一切负面的,皆文而化之,高而尚之,让人觉得活得惬意、带劲、有尊严、像人样,觉得是两条腿,不是四条腿,就行。至于叫啥,不重要。

前几天去饭店吃饭。儿子要上卫生间,转一圈回来,说这儿没卫生间。我问那有什么,他说有个化妆间。我说那就是厕所,只管去。你瞧,化妆间一叫,人就彻底告别动物界了。毕竟,动物们是不化妆的。

受害之害

前段时间，发生了两起女性被伤害案件，都引发了舆论的强烈关注。一起是大连街头一女子被无端暴打，另一起是长沙街头一女子臀部被刺。两案如出一辙，都发生在凌晨，情节均极为恶劣，都引发了网上舆论的强烈谴责。同样如出一辙，在两个案件里，都有一些网友在一片对施暴者的声讨中讳莫如深地"带节奏"："倘是一个良家女子，会凌晨时分在街上走？"言下颇意味深长，似乎被害人的职业与品质，亦有想象之空间。

这种对受害人的质疑与指责，有没有道理？说一点没有，也不客观。从效果上看，这些言论另辟蹊径地从被害人的角度，包括她们所谓的过与失，来分析和理解受害人受害的必然性，言下颇有"苍蝇不叮无缝之蛋"的微蕴。这无疑在客观上变相地纾减了犯罪嫌疑人施暴的恶性程度，以及案件对公众公正感的强烈冲击。这种由对施暴者的谴责转向对受害人的质疑，究竟是一种辩证思维方式的体现，还是一种内在心理机制的表达？

美国德雷塞尔大学法学院亚当·本福拉多教授曾在《公正何以难行：阻碍正义的心理之源》一书中，对这种现象做过粗略的探讨，认为这是人类基于一种公正感的"认知失调"而产生的恢复与维护行为。在这两起案件中,两个女孩与行凶者均无任何交集,而无端被施暴,这种暴行的非理性与恶劣程度,对我们的公正感产生了的巨大颠覆和冲击,我们由此感受到一种强烈的不和谐,即认知失调。这种不和谐感,即便通过对施暴者加以最严厉的控诉和惩罚,也难以完全恢复。因此,在内在动机上,为最大限度地消除这种心理不适,求得内心的安宁,公众便会自欺欺人地转而指责被害人,认为她们并非真正无辜,自身定有不当之处,最终导致悲剧的发生。

  亚当·本福拉多在书中探析了性犯罪案件中被害人受指责的现象,他认为,越是那些看起来良善、体面、纯洁的女性受害人,在受到侵害之后,给人的失调与不和谐感越强,而越容易受到偏执的指责——为什么要打扮得这么性感?甚至,为什么要穿短裙而不是牛仔裤?相反,倘若受害人是某些特殊行业的或私生活较为开放的女性,公众的认知失调与不和谐感则相对较弱,也容易恢复,由此倒较少受到指责。这种因为"余恨未消"而无端投诸受害人的"气不过"现象,在日常生活里也常能见到。譬如,当自家的孩子被邻居家的"呆霸王"无端欺负之后,一些家长往往在批评邻家孩子一番后,转身一个巴掌打在孩子脸上:"你也活该,谁要你去跟他玩的?!"即是。

意外之善

上海的垃圾分类实施后，给人的感觉应该是成功了的。之所以选上海，有司的考量恐怕不少，我以为最重要的因素，倒未必在于上海人的文明，而在于上海人的理性。这理性的关键一端，则在上海人的规则意识，既有对规则本身的理性认知，也有对规则后果的理性认知，循其规，蹈其矩，不出头，不发飙，不乱来——市民社会里的人与文化，大抵如是，这大约算是商业文明的成果之一吧。

但每日的守法，按照我的经验，竟也有许多的意外之喜。譬如，每日中午和晚上，雷打不动地到"双规"点去扔垃圾。一栋楼里的邻居拎着黑色塑料袋，左手干垃圾，右手湿垃圾，前脚后脚地在电梯里碰到，点头，微笑，寒暄："今天的天气……哈哈哈哈……"——有人突然停住了话，吸吸鼻子，问："侬今朝烧的是清蒸梭子蟹吧?"日积月累，不知不觉间，相互熟悉乃至融洽了不少。唯一的损失或遗憾，便是电梯自兹变得格外繁忙起来了。而且，无可避免地，总残留着各式各样不可名状的气味。

在小区的垃圾分类点，自是另一番闹忙的情形了。垃圾扔好后，倘是傍晚，瘾君子们则伫到一旁，掏出烟盒，熟与不熟，逐次递上一支，吞云吐雾起来。在垃圾房旁抽烟，既于国法无碍，场景亦颇相宜也。烟雾缭绕之间，大家七嘴八舌，聊聊中美贸易战，聊聊小区前的车祸，聊聊股市，聊聊流浪猫的命运——"真真作孽啊，垃圾分类后，小区里的几只流浪猫都快要饿杀了，徒剩了一副架子"或"小区的乒乓球室好几天没开放了，阿拉抽空得去和物业说一说"，颇有哈贝马斯的公共领域之概。唯不过地点在垃圾房边，而非"俱乐部、咖啡馆、沙龙、图书馆"罢了。

在我看来，实行垃圾分类，予人最大的善，竟是在哲学上的。首先，按一般的观念，垃圾就是垃圾，人应是一视同仁地将其扫入垃圾堆的。现在渐渐知道了，即便是垃圾，亦可以，或必须，加以分类并区别对待的。其次，"垃圾是放错了地方的资源"。一件垃圾，倘将之用于其他场合，竟或还是宝贝呢。最后，即便是垃圾，亦可通过各种途径，转化为有益的资源。这些理念，对于我们理解生活世界进而理解精神世界里的各种"弃物"，不亦有宝贵的哲学教益吗？

胸次浮尘

这几天，上海在办书展。每年向例我会带孩子去转一转的。今年第一次没有去，也没特别关注这件事儿。购书的念想，似乎被各种琐事儿挤到一旁去了，以致连这循例的风雅，也懒得附了。

检讨一下原因，还是家里的书已堆得太多了，似乎这辈子已经很难彻底地把它们读完。倘若再去买一些新书来，不仅给书房添堵，也给自己添堵。读书最后成了一项任务，就彻底异化了。

还有就是，或是因为年纪大了，人便渐渐地走向了封闭，乃至有些虚无起来了。总觉得这世上的许多道理，翻来覆去，就这么一些。读来读去，都是在用不同的话说着同一些理儿，就不读。

想到一个老问题：倘要逃亡，随身带什么书好？想想，还是《红楼梦》吧。读过五遍了，每次读都是新的。有些是忘了，有些是看点换了，有些是看法变了。感觉反反复复，可以读一辈子。

其实，一本书主义也挺好。有个朋友，打结婚起，床头就放了本《三国演义》，睡前总要就着台灯翻几页，一刻钟后，书准时落地，睡过去了。

倘年轻，还得多买，多读。但太多太杂，也易走火入魔，就像令狐冲，体内八道异种真气乱串，也挺麻烦，最后还得加练一门吸星大法才行。问题是,走火入魔了,却未必自知,还以为深刻。

很多年前了,张楚在《苍蝇》里唱:"我不饿可再也吃不饱/ 腐朽的很容易消化掉/ 新鲜的又没什么味道……"作天作地的,不知道到底想干什么。

开学随想

新的学期开始了,校园里又开始热闹起来了,一切仿佛重又焕发出了生机。有人说:大学者,非大楼也,乃大师也。这话本也不差。但我觉得,似乎应是"大学者,非大楼也,乃大学生也",更妥帖一些。毕竟,倘无大学生,即便是一家大师麇集的研究院,大约也算不得大学的。

前几日,在朋友圈里看到有人在谈"开学恐惧症",颇有同感。在我而言,所谓恐惧者在于,近两个多月的假期,大抵是"宅"在家里度过的。或看看书,写点字儿;或遛遛娃,跑跑步。与人高谈阔论的机会甚少,语言能力或语感,渐渐地褪色了不少。以至于开学之初,上起课来,齿与舌总施展不开,仿如锈着了一般,竟有些"敏于事而讷于言"的意思了。

除此一处不便外,校园里所见者,皆意气昂扬矣。经历了一个暑假的"私人生活"或"沉思生活",无论精致或粗糙,唯美或庸俗,按一些哲学家的说法,皆为私域之事,本质上没有意义,所以亚里士多德说,人是社会的动物。现在开学了,即进入了汉娜·阿伦特所言的积极生活,"行动"开始了,于是不免兴奋,乃至雀跃。这说明人骨子里都是有点自我实现的意念的。

突然发现，教师的时间，竟是一年一度地轮回着的，这是最美妙不过的情形了。每至九月，教室里便注定要换一批崭新的面孔，一切似乎从零开始。旧年的成功与缺憾，美与不足，经过暑期的反思，该坚持的坚持，该改变的改变，总能给人一次次地"重新做人"的机会，不致一条道走到黑。这样的轮回与重生，对于修身与治学之裨益，无疑是巨大的。

有人说，教师是个良心活儿，这话说得很好。原因或在于，教师的工作既教书，又育人，工作之边界与内容极为宽泛，做好做坏，做多做少，做深做浅，用心不用心，以及许多环节和过程，似乎都是无可无不可的，极难量化和监督与考核，大约只能凭教师的良心了。这说明，相较于业务素养，教师的职业良知更为首要和紧要。今天，新的时间开始了，新的轮回开始了，祝贺所有人的"重生"。

若无所思

断断续续地，连自己亦未曾料及，随想与随记系列，居然堪堪写到了百余篇。两年来，随意纂载，缉碎扬潜，敷畅鄙愚，竟有了这样小小的规模，亦算得上一件快事。

这种随想式地写，古今中外，俯拾即是。直接引发我仿效兴趣的，是古代的史料笔记。记得很多年前，第一次读到，觉得这种"脞说短书"的文体，实在方便极了。想到什么，就记什么。无须起承转合，无须旁征博引，很自在。

写，还是不写，这是个问题。有些想法，写下来，仿佛将一团絮状的思绪，用文字梳理清楚，是极有成就感的。就像培根说的，写作使人精确。但在我，更多的想法是，人活在世上，纵便是蜉蝣，总要留下一丝的痕迹来，表明曾经有个鲜活的人或物，在世上活过。写几句，聊作记录或挣扎吧，即便不免一厢情愿或自作多情。

以前，读洛根·史密斯的《琐事集》和《琐事集续篇》——里面收录的，大抵也是一些简洁精悍的篇什。便一边读，一边疑：其伟大之处，伊于何处？后来发现，寥寥数百字的写作，倘要说清一件事或一个观点，且须生动透彻，这对语言的把握，对于写作技巧，要求极高。就像姚鼐说的，须讲究"格律声色"。这境界，就忒高了。

  其实，这也是日记的替代品。近年来，记日记的习惯渐渐荒废了。倒不是因为懒或散，而是年纪大了，日子便越来越单调，日复一日，恍如叠纸。记或不记，就无所谓了。有时也因为忙，疲于奔命，手足失措。记与不记，亦无所谓。蔡明亮曾说："世界上所有东西都会不见的。有些东西太快了，就不觉得它存在；有的东西太慢了，也不觉得存在。"所以，干脆不记。

  曾有人说，文化的繁荣，端在看人物活得精彩不精彩。这样的立意，与贫富、贵贱无关，实在太高明了。不过，人之精彩与否，乃可遇不可求。但倘能记录得精彩一些，可谓次而优之，却是我们要勉力去做到的。

相忘于江湖

2019年浙江的高考题目挺有意思，提了个问题，即，作者写作时要不要心里装着读者？一个观点说要多倾听读者的呼声，另一个观点说不要为读者所左右，等等。让学生去回答这样的问题，总觉无聊。何况，观点未必就是这两个，还有其他。

作者，既然叫作者，就预设了读者，倘若是不以示人的私人写作或码字，譬如写日记，便很难说是作者——很少听到"日记的作者"这样的表述。作者写字，毫无例外，都预设了读者。区别在于，是大多数读者，还是少数读者，甚或一个读者，比如恋人。还有就是：是现在的读者，还是未来的读者；生前的读者，还是死后的读者；等等。只要想给人看，就要考虑人的感受。对着树洞说话，或自说自话，很难说是作者。

其实，写作本身，分很多类，比如报纸专栏的写作及畅销书的写作等，倘是市场化的目的，为刊物大卖，为盆满钵满，完全不考虑读者，无疑不智。最后庶几落个血本无归，何苦来哉。其实，读者不是一个被动的存在，是可以培养和塑造的。像一些成功的宣传家，用好的文采、选题与情节，就像好的广告，让读者心甘情愿地跟你走。读者是作者的读者，作者是读者的作者，二位一体，无所谓考虑或不考虑。

完全私人的写作,就像一些人写微博,代替了日记,功能端在备忘,或像弗洛伊德说的,自我的"释放"。写完拉倒,读者爱看不看,彻底不考虑,这也行。但私人写作的意义在哪里?毕竟,心里想想即可,何必、何苦形诸文字?可见,只要码了字,都是预设了读者的。即便拟死后公布,亦考虑了未来的读者的,除非写完即烧。何况,有趣的是,纵是日记,十年后再读,自己已然读者一枚矣,这又如何界说?

记得前些年,不对,应该是很多年前了。大伙儿都在讨论作者之死的话题,后来又开始讨论读者之死的话题,最后还讨论起如何死法,有没有死透,以及如何满血再生等话题,就像看凶杀片,很有意思。说来说去,无外乎作者和读者的秩序关系被解构了:统治与被统治,真理与谬误,理解与误解,都是浮云。作者与读者,自兹分道扬镳,各安天命,"相忘于江湖"矣。甚至连文本本身,也"我命由我不由天"了。至于考虑不考虑对方的"呼声",都是闲的。考虑,也是一厢情愿或自作多情。

高考题进一步问,假如你的生活成了一部"作品",你将如何对待你的"读者"?这无疑是一个伪问题。作者和读者的关系,是断不能"假如"到人与人群(社会)间的关系上去的。毕竟,道德和法律都摆在那儿呢,你的"生活"倘不顾及他人和群体的想法和看法、权利与利益,不顾及公序良俗,是定要遭遇硬邦邦或冷冰冰的后果的。

人性与宽容

如何正确看待人性及其弱点，历史上有两个人和两件事儿，值得我们玩味。

《东周列国志》第九十四回，讲孟尝君在冯谖的谋划下，重获了齐国相位。以前作鸟兽散的门客，重又纷纷登门了，"前宾客去者复归"，这让孟尝君很不爽，谓冯谖曰："文（田文，即孟尝君）好客无敢失礼，一日罢相，客皆弃文而去；今赖先生之力，得复其位，诸客有何面目复见文乎？"冯谖答曰："夫荣辱盛衰，物之常理。君不见大都之市乎？旦则侧肩争门而入，日暮为墟矣，为所求不在焉。夫富贵多士，贫贱寡交，事之常也，君又何怪乎？"孟尝君再拜曰："敬闻命矣。"乃待客如初。

类似的情节，也发生在《三国演义》第三十回。官渡之战，曹操大败袁绍，论功行赏。小说里写："操获全胜，将所得金宝缎匹，给赏军士。于图书中检出书信一束，皆许都及军中诸人与绍暗通之书。左右曰：'可逐一点对姓名，收而杀之。'"操曰："当绍之强，孤亦不能自保，况他人乎？"遂命尽焚之，更不再问。按曹操的意思，当年袁绍坐大之际，我曹某人自己亦难以自保，一路下来，各种委曲苟且，又岂能苛求别人之节操？这话，多通透。

两件事，说的都是如何对待人性弱点的问题。避凉附炎或脚踏两只船，按孟尝君或曹操幕僚的看法，皆罪与恶，孰不可忍也。但在冯谖和曹操眼里，乃"事之常也"，应予以同情的理解和宽容。这里面，彰显了一种"己所不欲，勿施于人"的恕道。同此境遇，倘自己亦未必能做到，便不能苛求别人做到；即便能做到，亦不能苛求他人如是。好的政治家，便能正确对待人性，祛除道德洁癖，在此基础上，方能真正理解人——未必是信任，宽容人，团结人，使用人，最后成就自己的事业。

检讨与真理

中国的传统文化可谓历史悠久、博大精深。任何微小的事物，经过几千年的发酵、积累、演绎，最后都能建构出一套堂皇的文化来，"郁郁乎文哉"，令世人侧目。检讨文化便是其中之不可或缺的精华。略为遗憾的是，迄今尚未见到有专门研究检讨文化的论著面世，倘有方家披沙拣金，孜孜矻矻，发愤写出一部中国检讨文化史来，定能填补空白而彪炳千秋。

众所周知，检讨也者，乃是指各类犯罪与犯错之人，抑或诸种不正确之人，主动或被迫向优势者揭露事实，自我坦白，自我忏悔，以求得谅解与宽恕的行动与过程。翻开中国历史，检讨文字触目皆是，蔚为可观，可谓"古已有之，于今为烈"矣。从"臣罪该万死"到"猪粪牛粪都不如"，各种自我揭批，五花八门，洋洋大观。记得西方有个罪感文化，敝国之检讨文化庶几近之。

或曰，中国古代政治文化史，乃是一部生生不息的检讨文化史。其间，检讨文化饱经焠炼，日渐成形而规范化、格式化，渐渐成了文体学的重要部分。检讨格式之重心，端在自我揭露、自我忏悔、自证其罪与自求惩罚。检讨文字一旦做出，白纸黑字，真相彰显，真理昭著。至于是否惩罚，何时惩罚，何种惩罚及惩罚之程度等，自然掌握在优势者的手里。可见，检讨的过程，不仅仅是生产"真相"和"真理"的过程，亦为权力关系被清晰界定与严肃重申的过程。

同时，检讨也是德政的一种形式。众所周知，古代圣主向来是反对不教而诛的。检讨的过程，既是揭橥真相、重申规则的过程，亦是自我忏悔、自我教化、自我升华，在"灵魂深处爆发革命"的过程。正是由于检讨者的自我揭批、自证其罪，相应的惩罚也就师出有名、雷霆万钧而无往不胜。倘优势者另有机杼，大笔一挥"此检讨甚好，存档"，这检讨便成了日后可随时祭起的紧箍咒了。今后倘要翘尾巴，得意忘形，便随时祭出来念一番，让你立马现出原形。

可见，本质上，检讨乃是一种规训技艺，是通过权力建构起来的新的知识形式。按福柯的说法，任何形式的统治，倘若不相应地建构一种知识形式，就不可能产生权力关系。检讨之过程，便是按照权力关系来建构"合格知识"的过程。在一次又一次的检讨之中，权力规则与权力关系不断得到恢复、印证、重申与巩固。同时，检讨也是一个制造新主体的过程，在一次次"语言的酷刑"之中，人格一步步被扭曲与阉割，一个个驯良的新人因此被顺利生产出来了。

法律依赖症

在法治宣传中，经常看到一个响亮的标语：有困难，找警察！这条标语集中体现了人民警察"为人民服务"的决心与信心。但从西方一些法治较为成熟国家的经验来看，这种大包大揽的行政执法理念或法治意识形态，容易导致一种消极的法律现象：法律依赖症。

众所周知，当代社会是一个日益走向法治的社会，法律机构专门化程度越来越高，重要性也日益彰显。但越来越多的法社会学家发现，随着人们对法律部门的依赖日益增强，他们处理自身问题的能力与意识，也在日渐退化，甚至消失殆尽。这种现象在美国被冠之"吉诺维斯综合征"。

吉诺维斯综合征起源于美国的一个案件。在该案中，一名叫吉诺维斯的女孩在自己居住的公寓附近被人奸杀。在歹徒行凶过程中，她的邻居都听到了女孩的呼救，有的甚至还打开灯透过自家窗户目睹了悲剧的全过程，但没有一个邻居出面阻止。当警察赶到时，歹徒早已逃之夭夭。

案件在美国引起了广泛讨论。在很多人看来，吉诺维斯悲剧的发生，主要源自大家都抱有这样一种心态：警察是法定的专门打击犯罪的机构，只要出现了刑案，一定会有人报警，警车也必定会呼啸而来。每个目击者都以为别人会报警，便个个袖手旁观，静候警察的到来。吉诺维斯由此成了法律依赖症的牺牲品。

法律依赖症最直接的后果，乃使普通公民主动地放弃了他们在维护社会秩序上的责任，而将其完全交给法律部门来处理。这不仅容易导致社会公共道德的滑坡，增加不法行为发生的可能性，同时也使追捕逃犯变得艰难，因为追逃也被认为是警察的专门事务。否则，养这么多警察干吗?!

法律依赖症使公民可能得以规避袖手旁观所产生的道德问题。因为面对行凶，倘不存在法律机构的话，人们首先考虑的，是应不应当见义勇为，这是道德问题。而专门机构（警察）的存在，在某种程度上消解了人们在道德选择上的困境。因为只要拨打了报警电话，旁观者的道德义务就充分履行了。至于制止或打击犯罪，那是警察的事儿，所有法律或道德上的压力，也全部转移到专门机构：为什么警察这么久才赶到现场?

从法制史的角度看，法律的专门化是法治进步的体现。但如果公民对法律形成了过度依赖的心理，对于法律部门而言，无疑是不可承受之重。进而，一个国家过于强调公力解决法律问题的合法性与权威性，必然会限制和损减公民寻求私力救济进行自我保全与相互救助的方式与能力，相应地，也很大程度上阻碍了公民素质与社会团结度的提升。

更关键的是，公民对于法律部门的依赖越来越重，必然对法律部门处理问题的专业能力和道德水准产生高度的期待。如果在某个事件之中，法律部门的运作出现了某种程度的腐败、松懈或瑕疵，必然会产生巨大的信任危机，从而损害了人民对于法治的信心。因之，如何正确处理法律专门化与法律依赖之间的矛盾，是一个需要认真对待的问题。

游泳的字母

下午，孩子的哭声传进了书房。过去一问，原来刚刚午睡醒来，跟他妈妈闹着要找"会游泳的字母"呢。会游泳的字母？这无疑是个极荒诞与神奇的词组了。想想，孩子这几日一直看字母歌，或许是他梦中的某个场景吧。便哄道：爸爸今天晚上带你去超市里找，那儿不但有会游泳的字母，还有会做广播操的字母呢，咱们指定能找到。孩子听了，才作罢。

想来，孩子梦到的，或许是一大把五颜六色的塑料字母，被扔到透明的水里或鱼缸里，字母们荡荡悠悠在水中漂浮的情形吧；或是在五颜六色的鱼缸里，游来游去的金鱼们，每尾身上的花纹，都是字母的图案吧；抑或，孩子梦见的，分明就是一群英文字母在水里自由自在地游呢。毕竟，在三岁孩子的脑海里，遑论梦里，任何循着成人的经验与逻辑的分析，都可能是方枘圆凿，乃至南辕北辙的。

字母与游泳，按成人世界的理性与逻辑，是极少勾连在一起的，遑论建立某种因果联系。但，正因了孩子的想象，它们竟组合成了一个荒谬的但不失新奇的词汇，建构了一种荒谬的但不失新奇的意象。诸如此类的超越成人之生活经验与逻辑的话语或问题，常常让我们脑洞大开，庶几开辟了人类的知识与思维变革的可能性。因此，原本在成人世界里不构成问题的事物、秩序与观念，经由孩子的想象与提问，竟可能构成了问题——即便可能是荒诞的，甚至是虚假的问题，但，也未必不是一个革命性的问题。

众所周知，疯狂、无聊、非理性、无意义等，在许多思想家眼里——比如福柯，都具有积极的建设性意义，甚至可能是真理的另一种形式或另一条道路。至少，他们呈现出来的奇异的思维样式，开拓了人的想象维度，烛亮了理性未及的暗角或死角，从而别开生面地为我们揭橥了另一个世界图景与理性秩序，这意味着一种创新与变革的可能性。丹尼尔·贝尔曾指出，文化引领人类创新与变革最大的优势，便是其奇思异想的想象力。"艺术家想象力所造就的事物，无论它多么昏暗不明，总会预兆出明天的社会现实。"无疑，孩子的想象力及其天真与童趣，庶几类之。

前些天，抽空重读了米兰·昆德拉的几部重要作品，受益匪浅。——昨日犹与朋友谈及，人到中年，再来重读年轻时代囫囵吞枣读过的一些书，发现现在的阅读，才是最严肃最真诚的阅读，因为有了对话与参与。昆德拉曾经对孩子的问题有过一段深刻的论断，他说："真正严肃的问题，是孩子提出来的问题，只有最天真的问题才是真正严肃的问题。这些问题都是没有答案的。没有答案的问题是一道令你无路可走的障碍。换言之，正是这些没有答案的问题，标志着人类可能性的局限，划出我们存在的疆界。"在我看来，这里的局限，其实是没有局限；疆界，便是没有疆界。

吃晚饭的时候，孩子又想起了这事儿，便探问：爸爸，等会儿我们去超市找会游泳的字母吧？我爽快地答：没问题，咱们指定能找到的，但你得先把这碗饭吃完才行。孩子闻之，便极高兴。其实，我心里早已打定了主意：等会儿买几块五颜六色的塑料字母回来，放在金鱼缸里漂着，让它们在金鱼们尾巴的摆动下，翩然起舞，这大概也不算忒荒腔走板吧。

抽象的信任

早晨，去菜场买点小馄饨。新开了一家新面点店，人群如堵，生意极好。店面临街的一面，是透明玻璃，里面分制作区和售卖区，一目了然。几个中年员工穿着工作服，戴着口罩，麻利地包着汤圆、水饺或馄饨等。"这个店里的东西都是现场手工包的，清清爽爽，老放心咯。"排在队伍前面染了一头黄发的阿姨，对旁边的老太太说道。后面几位老人一面探头探脑地看，一面高高低低地附和。

一个脸色暗黑的人拎着一袋砂糖橘，也加入了队伍中，刚好听到，便说："这也未必吧。阿拉看到的，不过是砧板上的这盘肉糜而已，又哪能晓得这猪肉是好肉，不是病死猪或垃圾猪呢？"大家听了，觉得在理。一个穿着红羽绒服的阿姨便从队伍里探出头，问：那是不是病死猪肉，我们怎么知道？"砂糖橘"说："这就难说了，最牢靠的，还是要看猪肉上有没有盖检疫章吧。这章有蓝色的，也有紫色的，有圆形的，也有长方形、椭圆形的。据说盖了圆形的，便是合格。""红羽绒"便追问："那盖章的人如果收了屠宰场的钱，闭着眼睛乱盖章怎么办？上次新闻里还播过呢。""砂糖橘"一时语塞，不知如何作答。

一个手里拎着粢饭糕的老者在队伍后面接了话："我觉得呢，

千条万条，还得咱们自己拿眼睛看，看猪肉的颜色，前天我还读了一篇文章，专门介绍怎么鉴定猪肉的好坏，说新鲜猪肉为淡红色或淡粉色，表皮肥肉部分有白色光泽。"一位将头发吹成鲜红的鸡冠花模样的阿姨闻之，插嘴道："这猪肉有没有光泽，阿拉哪能晓得？晴天与雨天的光泽，难道是一式一样的？我觉得嘛，还要看老板的为人和面相，这个老板是个小山东，面相挺善的，不像是做坏事体的人呢，放心。"一位穿着假阿迪达斯羽绒服的中年男在后面幽幽地接了一句："面善但做坏事体的人多了去呢。"

"鸡冠花"脸一时红了，挣着说："你们信不信我不管，反正我信，我这人看面相蛮准的，八九不离十。"队伍中间一位戴着老花镜、头发花白的老人哈哈地笑，说："放心吧，这店应该经常有大盖帽来检查的，卫生不会有啥问题的。"旁边一位阿姨便嗤的一声笑了："检查？我在这儿买了十几年菜，还没碰到一回呢。即便来了，也不过是来晃荡一下罢了。何况也是抽查，意思意思而已。这一片菜场，千家百家的店，千种万种的货，哪里管得过这许多？多一事不如少一事，谁会替你上紧？真真笑话。"大家听了，亦觉得有理，一时无语。

排队的每一个人心里不禁打起鼓来：是啊，养猪的人，都是一些遥远地方的陌生人，他们有没有用泔脚水来喂猪，有没有把猪赶到垃圾场里去养，谁知道呢？负责检疫盖章的那些官人，也都是陌生的，甚至是抽象的，他们有没有去认真地查，也是个问题——看新闻，倒是经常睁一只眼闭一只眼的。还有，屠宰场的人有没有在猪肉里注水，每日在市场巡查的人有没有认真执法，林林总总，这些都是存疑的。最后，连这面点店的店主，也仅仅是知道了他的长相，其他的，竟亦一无所知。想到这里，大家心里禁不住地虚起来了：这馄饨要不要买，竟是个大问题了。

不过，我还是买了两盒小馄饨回家去了。毕竟，信任与不信任，这是个遥远而抽象的问题，但早上孩子要吃小馄饨，这倒是切近而急迫的事儿。如今这个社会，已然是个现代社会了，传统下的熟人信任，老张老王老李，已无可挽回地演变成了对于包括法治等在内的抽象系统的信任，按吉登斯的说法，这是一个"现代性的后果"。我们正在不断建构着的，是一种制度下的人际信任。我们义无反顾，必须让自己信任或装着信任这些抽象系统，以及这个系统中的人，并通过这些系统的运行，来重建新的人际信任。除此，我们别无选择。

他者的目光

小的时候，百无聊赖之际，便喜欢踞着身子，独自或和人看地上的蚂蚁如何迁徙。一个人或一群人，就这么兴味盎然地盯着看，整个下午也就这么兴味盎然地度过了。现在想来，这些蚂蚁的人生——如果有的话，或许因为被人看到，至少在我们孩子的眼里，便像现象学里说的，自兹有了意义。它们的活着，活过，甚至"潇洒走一回"，因了我们的凝视，而成了"存在者"，成了存在者的"存在"。

于是，所谓凝视，便具有一种建构的意义。其情形，颇像英国作家奥威尔在小说《1984》里提及的："老大哥在看着你呢。"而这小说里面的人物，也正是在这无远弗届与无微不至的"凝视"之下，被不断建构起来的。据说，一幅好的广场肖像画，其至高的特色与境界，便是你在广场的任何位置，都能发觉画像人物的眼睛在凝视着你。那种温和的，甚至有些讳莫如深的微笑，或一脸严肃的不笑，便是一种无形的建构、规训与治疗。就像福柯说的，权力关系正是由"凝视"这种独特的方式产生的，"凝视是权力的眼睛"。

萨特曾在1945年创作的戏剧《禁闭》里设想：在一间地狱的密室里，没有镜子，人与人之间便只能通过他人的目光，来评判与观照自身,俾以揭橥自我的真实存在。大家整日暴露在相互目光的"凝视"之下,芒刺在背,无可逃遁。按照存在主义的观点,他者的凝视,有时候,甚至经常,对原本"自为的人"构成一种异化。"凝视"如影随形,无所不在。即便他者缺席,"凝视"却永远在场。而且,这种因"凝视"而形成的权力关系,会不断内化成一种自我审查机制,让我们按照他者眼中的形象,亦步亦趋地异化成一个"为他的存在"。人便成为非人。

萨特说,他人即地狱。在他设想的地狱里,没有刀山火海,只有三个普通人的灵魂,共居于一间温馨的屋内,相互凝视,目光往返流转之间,便足以达致相互折磨而发疯的目的。好在"凝视"是相互的,人与人间,便这般永不停歇地相互凝视着,相互猜疑着,相互调适着,相互规训着。难以规避,无可逃遁。萨特曾安慰我们:《禁闭》中的人物都是死人,但幸而我们是活人,是活人便有选择,便可以逃避。遗憾的是,我们每个人的一生——按照海德格尔的说法,本就是没来由地被抛入此世的,注定是被别人"凝视"着长大,并成为自己的。一旦离开了他者的"凝视","我"的存在,又何以自证呢?

颇可欣慰的是,那些被我们"凝视"过的蚂蚁们,或许是真正的"自为的存在",它们是其所是,我行我素,无须自证或他证。它们的喜怒哀乐——倘若有的话,亦绝不会因为我们的"凝视",而受到丝毫的影响。自然,它们也不会"凝视"我们。它们的存在或不存在,亦无须我们的证明。甚至,我们也没有资格与能力去证明。毕竟,我们自身的存在,倘若抽离了他者的"凝视",亦是颇可存疑的。——不过,这个问题,对于那些虔诚的宗教徒而言,未必真能构成一个问题。因为,正如众所周知的,上帝在那儿"凝视"着他们呢。

法律的神话

这几天，湖南又出名了。上次是弑母，据说捅了二十几刀，因为没达到刑事责任年龄，警察讯问后，放了出来。"我又没杀别人，我杀的是我妈"，总之，杀了白杀。过几日，竟若无其事地到学校去上课。——药能停，课不能停，义务教育嘛。这次，又是湖南，13岁的少年，锤杀了父与母。刚刚看新闻，天理昭昭，在大理落网了。接下来，按照法律，似乎讯问一番，也应该继续放出来的。不这样，又如何？

网上的议论，倒是有一边倒的趋势。就是一个字，喊三遍：杀杀杀。温和一些的，提出来"亡羊补牢，犹未晚也"，建议降低刑事责任年龄，14岁太高，得13岁，12岁，不，应该10岁。——甚至按照墨西哥的法律，8岁也成。总之，闹成一锅粥。不夷不惠的意见，似乎很少。专家们的相反意见，除了发表在期刊上的，网上倒很少，只是迭声说要慎重再慎重。据说，刑事责任年龄之确定，得根据人的生理与心理发展成熟度及社会化水平来确定。这都对，但成熟了，或没熟，抑或半生不熟，谁说了算？

其实，14岁太高，改成13岁，也没什么了不起的，心里觉得舒坦些，就行。但接下来12岁之人倘杀了人，按照逻辑，似乎只好继续再改成11岁才行。接下去呢？总得有个底吧。众所周知，法律处理的，乃是常规的人与事。特立独出的，按照罪刑法定原则，也只好干瞪眼，这就是法治的局限性。纵便改成12岁，我看11岁也是能故意杀人的。体力上行，智力上也行。《童区寄传》里的区寄小弟——很巧，也是湖南人。其智勇双全，11岁，便"讨杀二豪"。虽是义杀，但说明11岁也是能杀人的。换成《多情剑客无情剑》里的龙小云，我看改成8岁也不够。怎么办？

一个国家法律的制定，其实也就是个决断。譬如刑事责任年龄多大，依据这个依据那个，无论怎么确定，都是个决断，本质上都是一刀切。自然会有例外的不义。就像死刑，18岁，就假定犯罪嫌疑人成熟了。没成熟，也得算成熟。不管是少数民族还是汉族，不管是城里孩子还是农村孩子，都一刀切。遇到具体的人与事，总有出入，找谁说理去？同样的事儿还有，孕妇挺着肚子故意下毒，药死仇人全家；或故意贩毒，毒品一袋一袋往家里扛。法官纵便恨得钢牙咬碎，也不能判她死刑。这个又怎么破？

绕来绕去，好像说了许多废话。这就对了。恰恰说明法律上的许多纠结事儿，讨论来，讨论去，其实都是白费劲儿。揆诸法理，一国之法律，自然有其本身的价值，更重要的是，它还中介了许多其他的价值，这些价值之间的序列，端赖于立法者的判断与决断，顾了这个，可能就顾不了那个，总得有个词典式的顺序。想两全其美，双赢或通赢，总很难。立法既是科学，也是艺术。说透了，还就是一个决断。假设明天发狠修了法，责任年龄改成10岁，其实也没啥了不起的。但这样就真的能一劳永逸了吗？我看同样特立独出的反例，依旧会让人弹眼落睛地出现的。——总之，说了一圈废话。

送客的艺术

马叙伦的《石屋续沈》记载:"清时官场以敬茶为送客之表示,此习沿自宋代。盖僚属问事既毕,虑长官有指示,不敢遽退,而长官无复相语,则举茶示客可退矣。既举茶后,侍者即在室外高呼送客,客亦不能不退。此法初盖为拒绝闲谈妨事之法。"可见,举而不饮,乃送客之暗示。朱德裳的《三十年闻见录》亦载:"下属拜见上司,须上司举手口称'请茶',并由上司先饮,下属方能端茶品饮。倘若上司仅端茶而不饮时,即暗示'逐客令',侍者随呼'送客'声。"

据说也有茶与汤的区别。王国维的《茶汤遣客之俗》载:"今世官场,客至设茶而不饭,至主人延客茶,则仆从一声呼送客矣,此风自宋已然,但用汤不用茶耳。"宋袁文之《瓮牖闲评》云:"古人客来点茶,茶罢点汤,此常礼也。"这汤,似乎还颇有讲究。宋朱彧的《萍洲可谈》云:"今世俗客至则啜茶,去则啜汤。汤取药材甘香者屑之,或温或凉,未有不用甘草者,此俗遍天下。"

可见,古人的生活情态,在优雅与含蓄中,总透着一种艺术之美。今日,这种结束谈话的行为艺术,似乎已经彻底地淡出了。会客之间,倘遭遇到言语龃龉或无聊与无趣之情形,端茶已是不逮,唯不时抬腕看表而已。直接一些的，乃托以日程安排或其他事务为由径直结束。也有含蓄一些的，乃以语言暗示之，指着访客的茶杯，问："要不要再添点水？"倘换作老外，便可脸上作出心满意足状，频颔其首曰："It is nice talking to you。"这也行。

教师节随想

今天是教师节，也是学校开学典礼的日子。一早起来，赶到上海外国语大学松江校区。天气很好，阳光明媚，万里无云。感觉这样的日子，就该有这样的天气。这样的天气，就该出现在这样的日子。

典礼开始前，是新生的热场活动。旁边的同事感叹，年轻多么好，咱们也年轻过。我说，人就是一批批退出舞台的，无论愿意与否。这是人生，也是历史。各自精彩，可也。

收到许多学生的节日祝福，很欣慰，也觉得不安，感觉自己所做的，远达不到这份节日的尊崇，总想着今后要做得更好一些，就像开学之初说的，更耐心一点，细心一些，热心一点。

教师代表在发言中特别提到，做人要有底线，不要打"小报告"，颇为剀切。这是在开学典礼上第一次听到，言之谆谆。小报告这个词儿，在中国文化里，本身就蕴含了道德评价。

想想，教师，也仅仅是份职业。特别之处，是涉及育人，涉及灵魂，涉及未来，所以重要。"学高为师，身正为范"，每年过节，是一次提醒，也是一次警醒，不要把应然当作了实然。

萨特回忆教书第一天，看到阳光从窗户射进来，地板上泛出冰冷的金色，便叹："我是一个教师！"言下颇觉不幸。"因为我知道教书意味着整个秩序和纪律的领域，而我对此深感厌恶。"这是萨特的想法，特定维度，不足为凭。我倒觉得，大学教师之意义，是能和一拨拨优秀的年轻人一道，度过他们人生中最美好的四年，见证并参与他们的成长，这就是至上的荣幸。

陈果读错字

这两天,复旦大学陈果老师读错字的事儿,成了热点。耄耋读成了"毛至",让网友大跌眼镜。按一些人的意见,耄耋者也,似乎已是个常见词了,作为复旦才女,居然也会出错,着实不应该。情形颇类不意觑见了美女挖鼻孔,一时讥讽如潮。

其实,一个字,是常见字还是偏僻字,除了日常使用频率外,还和专业、职业、兴趣与阅读等有关。譬如,非化工专业的人,倘见到一溜儿金属旁的字儿,或非生物学专业的人见到那一溜儿鱼字旁的字儿,一定尬到他怀疑人生。所以偶尔不识字,读错字,没啥大不了。

记得二十多年前,刚入大学那几天,华东政法大学搞入学教育,请了一位知名教授给我们做讲座。教授一开口,便是"欢迎来自祖国各地的辛辛(莘莘)学子"。座下一时哗然,对刚抠着高考语文过来的人来说,感觉像活吞了一只苍蝇。后来,再想想,也没啥,上海本有个地儿,叫莘庄,读辛。

当然,读错字也不是什么光荣的事儿,错了就是错了,至少说明咱还没养成认真识字的习惯。曾经读过一本关于钱钟书先生的传记,里面提及,钱先生平素最爱读的书,就是《新华字典》,常常一面细细抠着看，一面在空白处密密麻麻地写。这番功夫下来，再要读错字，也难。

经常听到人夸耀，班级的某某，是"单词王"或"词霸"。这里的词，指的自然不是中文单词，而是外语单词。在身边，啃着《牛津大词典》，炫耀其词汇量者，大有人在。而捧读着《辞源》或《新华字典》，炫其中文词汇量者，却乏有其人。这难道不是怪现象？

为何官僚化

记得 2018 年 7 月,中山大学学生会官方微信公众号发布《中山大学学生会 2018—2019 学年度干部选拔公告》,引得舆论一片哗然。公告上,一个个学生干部的名字后面,煞有介事地用括号标注着正部长级、副部长级等。乖乖,将好端端的学生会,搞成了一副七相五公、冠盖云集之模样,让人弹眼落睛,啼笑皆非。

这种官僚化的做派,果不其然,遭遇到了网上众口一词的批判,大家都在痛心疾首地反思大学之堕落,曰大学生不该这样,学生会不该这样;或大学生应该那样,学生会应该那样。言下之意,无外乎希望大学的学生会能不忘初心,牢记使命,切不要跑偏学坏,滋生官僚做派和衙门作风。希望大学生们能好好学习,天天向上,尽量纯洁一点,意气风发一点,有理想一点,有情怀一点。可谓言之谆谆,情真意切。

但,有趣的是,在政府部门每次任命大学校长的时候,似乎亦毫无违和地在名单背后加上括号标注行政级别,这与大学之理念与精神——倘若还有的话,似乎也不甚相契吧。以及,各高校在举办各类会议与活动时,毫无例外地,也亦步亦趋地按照政府体制,以职务之高低,排位子,摆席卡,放茶杯,并按职阶高低先后发言。

诸如此类，大家见惯不惯，好像也没见到铺天盖地的口诛笔伐。

还是中纪委网站上的评论写得好："一堆'正部长级'、'副部长级'，被安在一个个青年大学生头上。简单幼稚的仿制，良莠不分的嫁接，荒诞喜剧的即视感扑面而来。"说得真痛快！但，同样一堆本属于政府职级的头衔，部级、厅级、处级等，被安在本是学者的校长、院士和院系主任头上，难道就不是"简单幼稚的仿制，良莠不分的嫁接"及"荒诞喜剧的即视感扑面而来"？

学生会的官僚化，根子在于大学的官僚化，本质在于社会的官僚化。我们现在痛心疾首地批评大学生，教导他们要不忘初心，牢记使命，要纯洁一点，简单一点，这都是对的，应该的，必须的。但前提是，我们的大学和大学老师们是不是也要纯洁一点，简单一点，超越一点，进而也不忘初心，牢记使命？否则，大学生们就会想，就会疑，就会忿："和尚摸得，我们怎么就摸不得？"

法象与法意

孩子的语言学

　　小孩两岁多了，习得语言的过程正在进行之中，简单的对话渐渐能应付裕如了。倘若稍加留意与追究的话，便能发现其中呈现的一些阶段性的特征，颇具原生态的语言学实证意味，各种童趣亦跃然而出，颇可消暑解颐。

　　首先，因为孩子的自我认知与主体意识尚未完全确立，抑或正在逐渐形成之中，导致其在你我他的主格称谓上，会有一个混淆使用的过程。譬如，他现在还不大会说"我"这个词儿，因为经常直接听到大人们称呼其为"你"，或间接听到大人们在他面前谈及他的时候，用"他"这个词儿。说者无意，听者有心，以致有时他想吃巧克力了，便对我说："爸爸，你要吃巧克力？"我便故作不明白，而作形作色地疑问："是谁要吃巧克力啊？"他似乎意识到自己用词的舛误，便改口道："爸爸，他要吃巧克力。"我闻之，忍俊不禁，乃径直纠正道："不是你要吃巧克力，应该是我要吃巧克力。"孩子一听，以为我要吃他的巧克力，急了，连忙说："爸爸，是你要吃巧克力，爸爸不吃巧克力。"几个回合，简直成了陈佩斯和朱时茂当年的相声段子了。

　　其次，孩子习语过程中，名词与概念的特定化，尚不能明确，或有待于明确——里面或许涉及能指与所指之类的理论吧。有时候他远远地见到外公走过来，便兴奋地喊："有一个外公来了。"闻者不禁悚然一惊：外公还能一个一个地论，难不成还能克隆？又，邻居家的狗叫卡卡，他远远见到，便会叫："有一个卡卡跑过来了。"呵呵，看来卡卡也已被成功克隆了。但，据我的观察，他对爸爸、妈妈、哥哥的称呼，似乎较早就特定化了，不会说一个爸爸、一个妈妈、一个哥哥等，可见概念的特定化与关系距离及互动频率有点关系。琢磨一下，孩子在外公概念特定化上的模糊，可能是因为其外公有些同辈朋友，大家平素见到，便有大外公、二外公、小外公的区分，对孩子而言，因无亲疏内外之意识，外公自然有好几个，因此"有一个外公来了"，也算不得荒腔走板。但总体言之，这个年龄在许多名词与概念的特定化上，还有待于继续成熟。

再次，孩子习语过程中，你能清晰地发现他交流过程中的模仿痕迹，以及相应的规则与技巧。或者将你的疑问句简单地改造成陈述句，或者截住你问话后面几个字儿回答。譬如，你倘问他："今天你午饭吃过了吗？"他会答："你午饭吃过了。"你又问："你今天在家里乖吗？"他答："你今天在家里乖。"几个回合下来，孩子每次抓拍式的回答，似乎都能形成一个有效的对话——顶多会累赘拖沓一些。但，你倘持续观察，便不难发现，孩子的对话习得过程，重点关注的是语言形式上的有效性，而不甚在意语言内容上的真实性，比如，你故意挖个坑儿，问他："今天妈妈有没有带你去非洲啊？"他便会很认真地"抓拍"："今天妈妈带你去非洲了。"——你看，果然连人带马掉坑里去了。

但，这个过程会比较短，随着孩子对于对话内容的认知越来越清晰，逻辑思维能力日益成熟，他便渐渐会从关注对话的语法形式，转向关注对话内容的真实性。譬如现在，你倘再问他非洲之事，他便会回答"今天妈妈没有带你去非洲",即是。虽然他现在对非洲还没有任何概念,但因为今天台风过境,上海风雨交加,他一天没出门遛过,这是他可以确定的。所以对话内容也开始变得有效起来。——这些点点滴滴的习语痕迹,应该都是语言学研究的经验素材吧。

黑暗童话之惑

晚上，孩子听童话故事，我便跟着听。童话叫《三只小猪盖房子》，情节很简单：一日，猪妈妈叫来猪氏三兄弟，让他们各自造房子独立生活。三兄弟出门，猪老大在路上遇到一位农夫，便向他讨了稻草，盖了一间草屋。猪老二路上遇到一个木匠，便向他讨了木材，盖了一间木屋。猪小弟路上遇到一名雇工，便向他讨了砖块，发狠搬砖，码砖，盖就了一间砖屋。

然后，大反派出场了。一日，一只饥肠辘辘的大野狼来到大哥门前，各种威胁，要进去，老大不肯。野狼便鼓起腮帮，用力一吹，草屋摇摇欲坠。老大见势不妙，奔逃到老二家。野狼追至，威胁要进去，老二不肯，野狼先生"风继续吹"，木屋被吹倒了。猪氏兄弟慌忙奔逃至老三家。野狼寻踪而至，继续威胁进入，老三不肯。于是，"风再起时"，砖屋却岿然不动。大野狼便设计，拟从烟囱处滑下去突袭。讵料聪明的猪小弟早把烟囱连接到灶台的大锅里，野狼先生犯了"基于自信的过失"，照样玩滑滑梯，竟顺利地滑到了滚烫的开水锅里，把自己玩成了一道狼肉汤。是夜，"猪家三兄弟享受了一顿丰盛的野狼大餐"。

童话本身倒没什么。猪，是好猪。狼，是坏狼。主题关涉正义，挺正能量。最大的遗憾，便是结尾的处理过于黑暗：用滚烫的开水将野狼活活烫死，进而大吃狼肉套餐，这种惨剧，对于听童话的孩子们来说，未免太血腥与暴力了些。从猪的习性来说，因是杂食动物，平素里除了拱土咽糠外，偶尔加点餐，吃点荤，也是有的——我们在新闻报道里，亦能看到猪吃鸡的记录。但在这个童话里，无论是猪氏母子，还是野狼先生，都是作了拟人化处理的。他们虽是兽类，但说人话，办人事，有人的情感，也有人的思想。因此，在伦理预设上，都应该被视作"人"，而应以人道而非兽道目之。但在故事的结尾，被拟作人的狼先生，竟被开水活活烫死，还被其他三"人"分吃，进了消化道。这在道德效果上和孩子的视域里，与人烫死人，人吃了人，别无二致。

　　这就是这个童话的黑暗之处。可见，对当下的儿童文学而言，童话的撰写和改编，急需确立或引入较为严格的审查标准，否则容易给孩子们的身心造成各种潜在的危害。在此问题上，我觉得《喜羊羊和灰太狼》系列，就处理得比较好。灰太狼伉俪二人一直想吃羊，这是狼的本性决定的，但他们却一直没有真正吃上羊，有几次近乎要吃上了，最后还是没吃上。这却是由童话的本质决定的。众所周知，童话的哲学维度是浪漫主义的。里面的狼和羊，都是拟制的"人"，不能真的吃与被吃，否则就僭越了童话的伦理底线。但，好心的编剧还是让灰太狼两口子顺利吃了不少青蛙——椒盐牛蛙的味道其实也很赞。因为在这部动画片里，青蛙没有被拟"人"化，它们不会说话和思考，只会到处蹦跶，是真正的动物，因此不受《国际人权法》保护，吃它没商量。

　　顺手查了一下，《三只小猪盖房子》其实是一个改编的童话，原本是一个著名的英国童话。按照原版，故事的结果是："大灰狼从烟囱里钻进去，结果跌进热锅，被开水烫伤了。从此，它再也不敢来捣乱了。"这个结果倒很符合童话的逻辑。一般而言，按照我的直觉——当然也有例外，好的童话大抵不会贸然涉及死亡等抽象主题的，因为这已经超越了孩子们的经验范畴。体现在灰太狼身上，便是即便其在剧中遭遇了各式的雷劈、电击、火烧，有时甚至经常被雷劈得外焦里嫩——多么可怜的灰太狼呵！但在下一集甚至第二天，他照样神气活现地满血归来，这就是童话的浪漫主义。而在这个改编的童话里，野狼先生不仅被活活烫死，还成了舌尖上的美味。死得彻底，还很惨烈，这便超越了童话的审美与伦理范畴。无疑，是一个极为拙劣、糟糕的改编。

愈少，愈自由

下半年，孩子就要上幼儿园了。上午接到通知，班级的老师晚上要来家访。为郑重起见，傍晚特地把客厅收拾了一下，让它重现出一些久违的家的模样来了。——两个孩子盘踞的家，彻天彻地的乱，端的是天可怜见。按上海话，叫一天世界。

早该扔掉的东西，自然要扔的。可扔可不扔的，经过粗略评估，还是扔掉吧。还有些东西，是外出时，一时心痒或手痒，鲜嘎嘎地买了回来，但几年摆下来，似乎从来没有碰过或派上用场。说是废物，倒也说不上；说不是，却从未想到去用或懒得去用，以致竟徒据了地方。一咬牙，还是扔了吧。倘若十年、二十年以后，突然发现竟还需要用它，大不了再买就是。

其实，书房的清理，似乎也该循此一理的。读过的且不可能再读的书，譬如一般的文学书或畅销书，似乎可以处理掉一些。有些不可能去读、据说今后会读但迄今还没有去读的书，譬如《管锥编》之类，对法律人来说，似乎亦可以处理掉。但一旦处理之，将不免要承担斯文扫地之不誉，就让它继续待着吧。——抑或今后老了，或可取出来翻翻的。但倘若真的老了，窃以为，就该搬把大椅子在院子里晒太阳或冲盹儿。

人生中的持有，似乎亦要定时清理才行。有些东西，包括有体物、无体物，就像家里的用品，虽是经由不菲的代价获致的，但粗略评估一番，似乎该扔掉的，亦不少。有一些仅仅是因别人觉得好或珍贵，而亦步亦趋去争取的；另一些，则仅仅是因为稀缺或颇能引以为荣，而竭力去获致的，但自己却未必真的需要或喜欢，并因此觉得快乐。诸如此类，似乎亦需一场彻底的扫除。有时想想，较之自由的灵魂，这副沉重的肉身，竟也是赘余的。

前些天，在机场的书店，看到一本书，叫《极简主义》，倚着书架翻了翻，书里提倡的，乃是一种极简主义生活方式，大意是要遵循"断舍离"原则，去除繁芜，减少生活中的无益之事与物，沉淀出生活的本真来。据说这理念，与西方新教与清教之教义颇有渊源，这就不去管它了。问题是，哪些是需要吾人断舍离的，却颇见仁见智。譬如，倘是一个成都人，我想，极简主义的结果，大约屋内只剩一张麻将桌，便足矣。——这自然是无可无不可的。

技术消解道德

上午，经过一家公园，发现园内的所有长椅，都按一定的长度用铁条隔断开了。长期困扰园方的一些游客喜欢躺在长椅上的现象，便杜绝了。一个屡禁不止的"道德问题"，就这样轻易地被技术，即便是最简陋甚至粗暴的技术，彻底消解了。

又譬如，以前，在一些公共场所的洗手池前，大多会张贴一张提醒使用者关好龙头、节约用水的告示。这样的治理，需人的道德自觉来配合，自然亦因人的德性参差而效果不逮。而现在的洗手池龙头，大率采用了自动感应技术，手伸过去，水便流出，离开，便止。这种装置，不用考虑洗手者的道德素质，而彻底解决了以前需通过道德来解决的问题，亦是一例。其他的例子还有，不赘。

解决公共生活中的问题，有许多手段，道德的、法治的或其他的。每种手段都有其局限性。法治解决社会问题，最大的缺点就是事后性。譬如"杀人者，死"，倘有人不畏死或本就想死，恐吓主义或报复主义的死刑惩罚，自然阻止不了杀人的发生，最后恐怕还得通过安保技术来保障。法律之治，无论制度如何绵密，惩罚如何具有必然性，最终还得依赖人趋利避害的本能。倘若有人，就像发生在浙江淳安的章子欣案中的男女，本就想赴死，那么在他们面前，任何法律机制都显得苍白，因为其最终阻止不了危害的发生。古代有句话说得好，"舍得一身剐，敢把皇帝拉下马"，可见，凌迟甚至夷灭九族的法律威吓，依旧不能完全规避弑君的发生。这便是法治的局限。

用道德来解决社会问题亦然，它需要环境和条件的配合，譬如舆论要有力量，以及当事人对名声与名誉的珍惜等，否则效果不逮。甚至在当下，有人还会以道德多元主义、相对主义甚至虚无主义来自辩，并由此自得。道德治理要真正发挥作用，需要人有羞耻心和自我反思能力。换成大白话，就是既要"有心有肺"，也要"有皮有臊"。这一点倘要彻底保证，无疑很难。所以在公园的长凳上，即便用白漆写满了醒目的"文明游园，请勿躺"，依旧还会有人悠然地躺上去。另外，道德治理需要社会舆论发挥作用，且此作用一定要对当事人有软的或硬的约束与影响。以致，一个人倘声名狼藉了，那他在特定的社会关系网络里，容易被排除在各种合作机制之外，进而难以安逸地生存下去，甚至寸步难行。唯此，道德治理才能真正具有实效。但现在来看，尚有距离。

技术的治理，无疑可以将当事人的道德素质排除在考量之外，甚至消解道德问题。譬如，对自动感应水龙头和隔断了的公园长椅而言，无论当事人是道德高尚之人，还是道德低劣之人——当然，有些人的行为也未必都是道德问题，我们毋宁目之为个体的生活惯习问题——都已不重要了。技术的治理由此克减乃至彻底剥夺了当事人不道德的意志空间，道德问题被顺利消解掉了。众所周知，道德评价的前提，乃是当事人具有自由意志。倘若缺乏自由意志，缺乏选择或无法选择，便很难构成道德问题。

法律的治理，以"人之初，性本恶"为预设，端赖人之趋利避害的本能。道德的治理，以"人之初，性本善"为预设，端赖人之向善向上的本能。技术的治理，则将人的自由意志和人性善恶问题排除在外，无疑是一种效率极高的工具理性之治，既节约了执法的成本，又节约了教化的成本。但值得重视的是，技术治理的特征，乃是将人的自由意志和道德选择，通过技术装置的设计，从治理过程中剔除出去，人由此成了技术装置中的一部分，最终异化成了"物"。长此以往，倘泛滥开来，庶几将危及人的尊严，因此，它的适用范围与限度值得我们认真对待。

基本法律神话

  基本法律神话，源于美国现实主义法学家弗兰克法官的代表作《法律与现代精神》。这个命题的提出，乃是基于美国民众对于法律的一个错误信念，即作为实证规范的法律规则，本身是或应当是精确和稳定的，就像拿破仑曾确信地指出的，"将法律化成简单的几何公式是完全可能的"。这种认为法律应当是屹然不动、稳定不易和根深蒂固的观点，便是所谓的"基本法律神话"。

  那么，人们为何要在法律之中勤力寻求那种无法实现的确定性呢？弗兰克认为，这种心理本质上源于某种程度上的"恋父情结"。"因为他们（社会公众）还没有根除那种孩子似的对一个权威性的父亲的需要，并无意识地试图在法律中发现其孩子时代认为父亲所具有的稳定性、可靠性、确定性和万无一失性的替代物。"因此，对于法律确定性这个"法律神话"的孜孜追求，毋宁说是人们企图"重新发现父亲"的一种努力。

  但，这种努力是徒劳的。弗兰克认为，法律的不确定性和不可预见性乃是必然的。在法官就一个案件作出裁决之前，有关这个问题的法律是不存在的或并未彰显。人们唯一可获知的，是律师对法院可能作出何种判决的预测。但对法官判决的预测，在弗兰克看来亦极为困难。因为在许多情况下，法官的判决并非以确定的法律规则为基础,或曰,法律规则至少不是"法律的全部",甚至不是法律"最重要的部分"。相反,法官的判决在很多情况下是由情绪、直觉的预感、偏见、脾气及其他非理性因素决定的。

循此思路,弗兰克指出:"如果法官的个性是司法中的中枢因素,那么法律或许端赖碰巧审理某一具体案件的法官的个性而定。"因此,"在作出一项特定的判决之前,没有人会知道在审理有关案件或者有关特定情形、交易或事件时所适用的法"。可见,法律的确定性这一"法律神话"的破灭自不可避免。不过,法律神话的破灭,亦并非绝对坏事儿。在弗兰克看来,法律的不确定性"具有巨大的社会价值",至少,它将使法律富于弹性和适应性,并能最大限度地应对社会发展的复杂性和丰富性。

弗兰克对"法律神话"的揭露与批判,乃是基于一种"对规则的怀疑"。他认为:"就任何具体情况而论,法律要么是实际的法律,即关于这一情况的一个已在过去作出的判决;要么是可能的法律,即一个对未来判决所做的猜测。"弗兰克这种对法律的定义,与美国其他现实主义法学家是一脉相承的。当然,弗兰克走得更远。在他就任联邦上诉法院法官后,更从"对规则的怀疑"转向到了"对事实的怀疑",认为在司法事实调查中永远存在着大量非理性的、偶然的、推测性的因素,使确定的法律事实难以获致,从而阻碍了人们对判决的合理预见。

弗兰克对于法律的定义和对法官审判过程的怀疑,无疑走向了法律现实主义的极致,受到了许多批判,甚至他自己亦承认"犯了严重的错误"。但作为一个富于原创的法律家,某种程度的"片面深刻",往往能使一些长期被遮蔽的问题被清晰地呈现出来,并以一种格外耀眼的方式进入我们的视域,从而受到认真对待,这对法律发展和法学研究具有重要意义。或许这是我们评价包括弗兰克在内的一些偏激法学家所应有的立场。

为什么要排队

　　早晨,一溜儿人在锅贴摊前排队。这时一个年轻人从旁边走过来,越过队伍,径直来到煎锅前,对摊主说:"老板,来三两锅贴。"排在队伍最前面的是一位老太太,见状,便提醒道:"喂,小伙子,要先来后到,排队哈。"年轻人转过头瞥了老人一眼,有点抬杠地问:"为什么要排队?"老人大约未料到会遭到如此反驳,一时语塞,瞪了眼睛,闷了一歇,乃提高声音驳道:"咦,买东西总要先来先买吧,侬哪能这么勿讲道理?"年轻人嘴上继续杠:"为什么先来就一定要先买?"这话随即激起了整个队伍的义愤,大家七嘴八舌,纷纷指责。年轻人见没趣,自知无理,便默然地走开了。

　　但,为什么要排队?这个问题被人横空劈面地提出来,无疑具有巨大的解构与颠覆的力量。毕竟,在这世上,无论古今抑或中外,排队已成了一种最具德性,进而最具正义性的制度了——甚至构成了一种人类公认的美德。但是,小伙子抬杠式的反诘,竟一竿子捅破了这个底线,留给我们一个深刻的思考:为什么在人类社会,排队能经过漫长的时间与实践的选择,最后战胜了其他的制度安排,而演进成了一种人类公认的并具有德性力量的合作制度。这里面一定有其内在的理性和逻辑,并符合人类生产与生活的旨趣、利益和价值。

我们知道，排队制度的特点，是讲究先来后到，先来的先买，后到的后买。以排队买锅贴为例，排在前面的人先买，排在后面的人后买，这是一种买锅贴秩序的制度安排。但值得注意并毋庸置疑的是，排队，仅仅是人类无数种买锅贴的可能的方案之一，还有其他的制度安排，亦同样具有"理性"甚或"德性"的成分。比如，为何不是年纪大的人先买——以尊老爱老为名？或，为何不是文凭高的人先买——以尊重知识、尊重知识分子为名？抑或，为何不是按贫富来排序，甚至，更荒诞一点，为何不按身高或颜值来决定购买顺序？毕竟，无论何种方案，皆旨在确定一种购买秩序，按照不同的目的，皆有其"理性"与"德性"，而为何排队制度却能脱颖而出？

按照制度变迁理论，一个制度要能应对人类生活的长期考验或检验，并得以确立，最大的优点就是要具有确定性，以及由此产生的可预见性。有了确定性，对未来便具有可预见性，社会秩序也因此具有安定性，人便具有安全感。倘若一个制度规范的内容、执行和裁判，过于模糊，易于变动，以致制度中的每个人不能确定地获知自己在制度中的地位，进而建构起自己稳定的预期，那么这个制度是很难为人类提供长期合作的秩序基础的，自然很难被长期认同与执行。以买锅贴为例，每个排队者按照次序，便能确切知晓自己能否买到锅贴，以及何时买到锅贴。倘换一种制度，譬如年龄，那么每一个人都无法迅捷而清晰地知晓现场每一个人的年龄信息，以及自己的年龄在当下和即将参加进来的购买者中的顺序，且难以预料是否会有年龄更大的人随时参与进来。因此，每一个人，即便是第一个到达现场的人，购买预期将变得极不确定与稳定。——即便百岁老人，从概率上讲，亦可能有更高寿的人出现而后来居上。

可见，确定性是优良制度的一个重要特色，但是，具有确定性的制度有无数种，以购买锅贴为例，除排队外，按照年龄大小，甚至可以精确到月和日，来确定购买顺序，无疑也有较大的确定性。但，排队的理性优势，不仅是它具有确定性，更为重要的是，它是执行成本最低、效率最高的制度（这也可以解释为何公共交通对于儿童的优惠政策主要以身高为标准，而不以年龄。因为身高更容易识别，执行效率更高，成本最低）。排队制度只需依照前后顺序，一目了然，执行成本非常低，而其他的制度安排，比如年龄，首先得配套其他制度才能实行，如每个人应随身携带身份证等证明文件，在没有便携身份证明文件的传统时代，想在一群购买者中确定一个清晰的年龄顺序，无疑是一件极为复杂的事儿。而且，还需建立一个组织或专人来负责执行，制度运行成本极高，效率极低。即便以学历高低排序，倘遇到都是博士的购买者，还需引入其他的补充制度来识别，比如年龄等。当然，按颜值，其实也行，但先得成立一个选美委员会进行复杂的颜值排序才行。无疑，这样的制度，以及类似的制度——除非基于其他的价值与政策考量，因其复杂且靡费，在演进中很容易被淘汰。

最后，一个非正式的制度，能够经自然与历史的选择而存留下来，还须具有制度的德性，即正义性。一个好的制度或正义的制度，是制度参与者事先不能清晰地获知自己在制度中处于有利或不利的地位。甚至，换言之，至少从外观上看，每一个人都能够在此制度中感觉到自己可能受益，且这种可能性是较为均匀地分配的，这是一个公正制度的本质特征，也是一个制度能被人长期而普遍接受的动力基础。以购买锅贴为例，如果以身高来确定购买顺序，那么，对高个子，比如篮球队员，这个制度无疑使他们基于天然的因素而事先便处于极为有利的地位，甚至能做到随到随买。这样的制度显然不具有正义性。同理，按年龄、按学历、按体魄等，皆然。而按排队制度，任何人在加入队伍前，都不可能事先知道自己在制度中的地位，最大限度地排除了种种"先天的"或"后天的"不相关因素对于权利分配的影响，从而做到"制度面前，人人平等"——即便仅仅是机会平等。这样的制度，才可能是一个正义的制度，并具有德性的力量。

关于教师的事儿

近日,教育部部长在新一届教育部高等学校教学指导委员会成立会议上强调:"高校教师不管名气多大、荣誉多高,老师是第一身份,教书是第一工作,上课是第一责任。"按说这句话说出的,实在是个简单不过的常识,但因为许多年没人这样铮铮强调过,今日听到,竟大有振聋发聩之感。

突然想起发生在一位朋友身上的事儿。几年前的年底,他刚评上教授,意气风发地回家过年。村里王大爷来他家聊天,问:你在上海做什么事儿?答曰:在大学做教授。王大爷听了,道:哦,原来是在做老师啊。很巧,我家儿媳妇也是老师,在村小学教语文呢。朋友挣红了脸,正色道:不一样的,我在大学做教授。大爷不解:咦,教授不是老师吗?朋友一时语塞,想想,倒也是。是夜,辗转唏嘘,栏杆拍遍,发觉自己半生努力,孜孜矻矻,依旧没逃过王大爷的法眼。大爷永远是大爷啊。

这些年来,想到高校,便自然想到了院士、教授、校长、院长、博导、硕导等名头。列出这些名头,竟似乎将美颜、滤镜渐次地打开来了。而教师的第一身份及其本色与初心,倒渐渐被人模糊乃至淡忘了。偶尔被人免去头衔,径直唤作老师,一时色变,恍若被人踩了尾巴。有趣的竟是，社会上许多并非老师的人，倒特别喜欢被人尊称为老师。尤其在电视节目里，简直人人得而尊称老师了。偶尔在理发店和面包坊，也能听到"老师，老师"的称呼。似乎被尊称为了老师，便有了教育与教训人的资格与资本；文化上有亏的人，便立马有了文化，沐猴而冠起来了。

萨特曾回忆，在他教书的第一天，看到一束阳光从窗户射进来，地板上泛出了冰冷的金色，便自言自语地叹道："我是一个教师！"言语之间感到自己是那样的不幸。"因为我知道教书意味着一整个秩序和纪律的领域，而我对此深感厌恶。"这是萨特的想法。因为对法国当时的教育制度没做过了解，自然难以置喙。但在我，倒是特别喜爱教师这个职业的。因为它相对可以自由与超越一些，上上课，看看书，写写字，偶尔还可以睡睡懒觉——多么美好的事儿啊！选择了老师，便是选择了一种人生哲学和生活方式，所以还是踏踏实实地做老师好。

疫苗立法的浮想

这几日，中国首部疫苗法在征求意见。看来沸沸扬扬的假疫苗事件，最后催生出了一部新法，这算是最大的善果了。其实，2005年我们颁布了《疫苗流通和预防接种管理条例》，2016年还修订过。现在看来，还是不顶事儿。

每次出现大事儿，全民反思的结果，大抵是法律不健全或法律有漏洞。便整顿，整改，最后整出一部新法或修订旧法。从力度看，肯定触及了根子，算是整彻底了。但痹症能否根治，还得看或走着瞧。毕竟，一部好的法律，就像一部好的经，被歪嘴和尚一念，也得歪。

立法上的问题是明摆着的。立法不细致，重实体轻程序，等等。这是老毛病了。总设计师曾经说，立法宜粗不宜细。有总比无好，聊胜于无嘛。历史地看，这很中肯，很必要。如今改革进入了深水区，法治的细节和过程，变得突出了。一部破绽百出的法和没有法，也就是五十步笑一百步。

即便是好的法，一颁布，锣鼓喧天，鞭炮齐鸣，宣传到位，就算万事大吉？执法呢，监管呢？重立法轻执法，这也是老问题了。能不能违法必究，执法必严？古人说得好，"徒法不足以自行"，人的因素是关键。执法者缺素养，缺责任心，缺使命感，干脆缺德，这些问题，立法能解决吗？

  以前学行政法，老版本的教材，说行政法的基本原则是为人民服务，觉得特荒唐。这把行政法的基本原则和政治原则等，混淆了。现在发现，这个原则即便不对头，但很深刻，一针扎到了骨子底。倘若公务员没有为人民服务的心，玩忽职守，推诿扯皮，即便良法美意，照样落个无法无天。

  做，总比不做好。新法呼之欲出了，相信是部"制定得良好的法律"，好事儿。但能否彻底解决问题，难说。否则也太立法浪漫主义了。唯一的希望，就是今后不要陷入这个循环里去：披露了惊天大案，再严肃查处，再深刻反思，痛定思痛，再立法或修法，再一次大功告成。——良心倘坏了，再好的法，也白瞎。得慢慢来。

明星案与法律威吓

这几日,浏览新闻,某明星案的报道扑面而来。所谓扑面而来,即是猝不及防地扑入眼帘,让你无可逃避,便有一眼没一眼,断断续续看了一些。案子本身倒没什么特别,该啥性质,就啥性质。既然公安介入了,法律问题还得让法律说了算。

让人颇感不适的,倒是明星代理律师们的声明:"……本律师敬告各大媒体、自媒体及广大网友不要传播不实信息,一切皆以法律最终裁决为准。对于任何侵犯某先生合法权利的行为,本律师将代表某先生采取一切必要法律措施追究其法律责任。"嗬,好大的威风。

平心而论,这声明的专业性,自是不容置疑的。但这画风,脑补一下,感觉律师们的阵势,个个恍如戴着墨镜,嘴里嚼着口香糖,手里还端着冲锋枪似的。枪口黑洞洞,巡回地对着"各大媒体、自媒体及广大网友",让人闭嘴或肃静。否则,扳机一扣,突突突,让你立毙于法律的枪口之下。——标准的表述是:将采取一切必要法律措施,追究其法律责任。这声明的背后,恍若站着一班公安、检察官与法官,攥着手铐,举着批捕文书,握着法槌,只等他一声令下呢。端的吓煞人也。

这做派，也算时下流行的法律威吓之一种吧。按说法治社会，一切自然以法律为基准，为皈依。但这律师声明言之凿凿，"该案件已经进入司法程序"，言下之意，似乎旁的人亦须亦步亦趋，跟着他们就法律谈法律了。法律以外的，譬如道德、天理与人情，小三小四小五，等等，统统免谈、禁谈，否则"后果很严重"，这便有法律威吓之嫌了。

无疑，通过法律诉讼上的评判及胜利，来巧妙地替换和屏蔽悠悠众口在道德上的评判，在策略上自然是极高明的。毕竟，他们知道，法律大率是不会对私人之道德作出宣判的。但我们也知道，法律上的胜利或胜诉，与道德上的胜利或口碑上的胜利，究竟是两回事儿。在这桩事体上，还得恭引一下当年某部某发言人的话，即"不要拿法律当挡箭牌！"

况之，声明中的"传播不实信息"，也是颇费思量的。著名的富二代已公开评论了，曰"真够坏"，再曰"坏得让人害怕"，以及网上惊起的一片"渣"声，不知这算不算"不实信息"？按说这些言论，纯属价值判断之范畴，端非事实问题。实与不实，律师们倘要入其罪，倒还要费点脑子。

可怜的是，小民们毕竟没学过法，搞不清什么是"不实信息"，因为畏惧那"一切必要法律措施"，兼之明星们喊出的索赔，动辄数十万数百万，一旦败诉，端的会倾家荡产，乃至锒铛入狱。又兼法律是讲求证据的，一分证据说一分话。如此这般，瓜友们竟被唬住了，个个噤若寒蝉，无论有理无理，合法违法，只好一概闭嘴了事。

常言道，法律是法律，道德是道德，这道理，大概是没啥问题的。但也说明了，法律之外有道德，甚至，三尺之上有神灵。因此，仅仅让人就法律谈法律——甚至只能谈法律，似乎也不是那么回事儿。遥想当年,刚依法治国的当儿,大家,特别是法律人们,个个欢欣得像麻雀似的,脸颊潮红,上蹿下跳,可谓兴奋无极矣。

但后来的情形,发现有些不对了。原来,这依法治国的潜台词,乃是把做人的标准,降低到只要不违法就行的地步了。殊不知,咱煌煌礼仪之邦,本是让人努力做君子的。现实竟是,只消咱不犯法,纵做小人,亦是光明正大了。——有种你去公检法告我啊!后来,紧跟着提出了以德治国,两手都抓,都硬,这就对了。说明咱们不仅要守法,还得尽量做个好人。

前朝故事,吾人披阅多矣。总结下来,大人们倘要弹压与威胁小民,让他识相,消停,洗洗睡。雇用的,大抵是小弟之流,操的是刀或枪。这番手段,效果也有,但总不免有些野蛮,亦不够敞亮。现在的做派文明多了,雇用的是律师,祭的是法律,发布的是律师声明。既光明,又文明,还有效,照样让小民们识相,闭嘴,吹灯睡觉。两相比较,其进步不能以道里计也。

托克维尔曾经评论道,在美国,几乎所有重要问题,最终会转化为法律问题,而由司法解决。现在我们也亦步亦趋,向人家看齐了。这大约是法治进步的表现吧。但所有道德问题,就真的最终能转化成法律问题,并由司法解决吗?我看未必。

法象与法意

宫廷剧的九大情结

近年来,近十几年、几十年来,宫廷剧在我们国家一直很火。仔细琢磨一下,窃以为里面有一些元素,颇能满足观众内心深处若干隐秘之情结,乃各取所需,皆大欢喜矣。因之,在某种程度上,追宫廷剧的过程,于观众而言,颇有某种治疗意义上的"释放"作用。兹将诸情结胪举如下:

灰姑娘情结。女主出身大抵低微,或原本就低微;或原来高贵,后来家庭遭遇冤假错案,沦为低微。中间经历曲折无数,苦难无数,乃各种委屈隐忍,各种不忘初心,幸而因缘巧合,要么遇到皇帝阿玛,要么遇到皇子阿哥,被看中,被欣赏,被宠爱,麻雀顺利变成凤凰。

逆袭情结。女主大抵是从洗衣坊、绣坊等低端等级做起,中间经历无数奋斗,越过无数陷阱,流血流泪兼流汗——"你知道她有多努力,多辛苦吗?"最后华丽转身,成功上位。励志是王道,满满的正能量。

权力情结。皇帝高高在上,生杀予夺,吹胡子瞪眼,说一不二。三宫六院,晚上任意翻牌。皇后或妃子们穿金戴银,吃香喝辣,作威作福,颐指气使。一众下人匍匐脚下,或诚惶诚恐、战战兢兢,或低眉顺眼、阿谀奉承。人生至此，夫复何求？

正义必胜情结。剧中所有坏人，包括男坏人、女坏人、不男不女的坏人，无论如何之不择手段，挖坑设陷，最后几集，皆毫无例外，下场凄凄惨惨戚戚。正义伸张，因果报应，皆大欢喜。观众乃心满意足，关电视，洗脚睡觉也。

金玉良缘情结。女的无论地位高低，都秀外慧中，有的还懂点专业，或中医，或刺绣，或古典文学，都行。男的无论地位高低，都神勇威武，英挺睿智。可谓天生一对，地长一双。一出场，一对眼，甚至还没对上眼，大家即可换好衣服，准备喝喜酒也。

享受主义情结。剧中诸女角色，每日不需上班，不需挤地铁，不需买菜烧饭拖地喂奶，整日待在宫里专职享受，想吃啥吃啥，想玩啥玩啥，想穿啥穿啥，每天主要负责两件事，一是负责貌美如花，二是负责争风吃醋。

一见钟情情结。无论女主见男主，还是男主见女主，都是因缘巧合，一见钟情。就像歌词唱的，"一眼之念，一念执着，注定就此飞蛾扑火"。这个经济学上亦可以理解，倘若要慢热，中间不知要浪费人家制片人多少集的钱。

造反与革命情结。男主或女主骨子里，都有怀疑一切旧秩序旧权威的、无伤大雅的造反精神。各种嘻嘻哈哈、打打闹闹，各种装疯卖傻、犯上冒险，都无妨。编剧早就提前贴心准备了一位宽容仁慈的太后或皇阿玛，即便状况不断，皆有惊无险，照样很嗨。

怀古与复古情结。古人之衣食住行如何，爱恨情仇如何，吃喝玩乐如何，帅哥美女如何，尤其是帝王与宫廷生活如何，皆是观众特别想打探与鉴赏，乃至向往穿越的。即便"本剧纯属虚构，如有雷同，实属巧合"，但至少聊胜于无，略能解渴，也是极好的。

从唐德刚的感叹说起

唐德刚先生在评价袁项城最后的"一念之差"时,感叹道:"政治人物,从古到今,都是善于自我毁灭的,历史要走它自己的道路,非人力可以强求,致有浩劫连连,夫复何言!我们只能希望,历史家记录若是之悲剧,好让后来的政客和军阀,稍有戒惧就好了。"

唐先生这话,乃是由袁项城的命运而引申开来说的,颇有些黑格尔哲学的意味。作为历史家的观感,自有其深刻的历史意义。看看历史,那些昏君与暴君们的自我毁灭之路,自不必去说它了——这些人,窃以为,乃是生来自带自我毁灭系统的。即便是古代的明君与英雄们,到了统治之高潮时期,寰宇之内,歌舞升平,莺歌燕舞,却也是要踏向衰弱与自我毁灭之路的。

古今君主的自我毁灭,乃发轫于一种对"一切尽在掌握中"的自信与自负。自信日久,自负日深,便会生出一种狂与妄,而渐渐失却了昔日的敬畏与兢惕之心。自以为大局已定,自兹便进入了"自由王国",可以改天换地,挑战一切不可挑战之事。"天变不足畏,祖宗不足法,人言不足恤",那些纲纪法度、典章制度自不必说,对于政治伦理与自然规律,对于人性人伦与世道人心,亦毫无戒惧，而要跃跃欲试地挑战一番。

甚至神圣，亦要亵渎。商纣即是。《封神演义》第一回，这厮去女娲宫上香，见识到女娲娘娘的圣像，"国色天姿，婉然如生"，一时倾倒，连"上古之正神，朝歌之福主"亦要调戏，研墨挥毫，留下"但得妖娆能举动，取回长乐侍君王"诸句，恼翻了女娲，咬牙发狠："若不与他个报应，不见我的灵感。"最终各种做法，让商纣戕了身，灭了国。当然，小说家言，自不足为凭。但君王们之自我毁灭，大率源于丧失敬畏与神圣，倒也确是。

君王之自我毁灭，端在知其不可为而为之。愈是不可为之事，愈要为之，方能显示其绝对的权与势。历史上没有人做过的事、敢做的事，他偏要做，以"前无古人，后无来者"之政举，彰显其伟大与豪迈——最终泰半沦为了闹剧与悲剧。又因他们的膨胀，臣与民在眼里，便日渐渺小与卑微，成草芥、刍狗、蝼蚁。生杀予夺之，任意亵玩之。脱离了民众，背叛了民意，漠视民瘼，践踏民权，自然踏上了自我毁灭之路。翻翻历史，往事如昨，并不如烟。

按唐先生的意思，历史家的妙处，端在记录下如此这般的悲剧，"好让后来的政客和军阀，稍有戒惧就好了"。这初衷，自是好的。但众所周知，历史也者，记录的，总是过去的事儿；总结的，自然是过去的经验。而在君主们的眼里，改朝换代，年号新定，便是新的时间开始了。以前的经验与教训，自不足为凭、为训，更遑论戒惧也哉。他们要开创的，乃是一部开天辟地的新的历史。可惜的是，造化弄人，其自我毁灭之路，恰恰是在此新的历史进程中展开的。唉……

西方衡平思想的演变

在西方法律思想史中,衡平思想是一条时隐时现但一以贯之的线索。法律史家凯利曾经对这个历程进行过饶有兴味的追述。相关资料表明,衡平思想之萌芽,最先出现在古希腊。初步提出衡平思想的,便是哲学家柏拉图。

按柏拉图的观点,法律之本质乃是正义,而正义可分为法律正义和道德正义。所谓法律正义便是诉讼正义,它意味着严格按照法律规定的程序处理案件;但是,由于严格的法律正义有时可能导致道德上的不正义,因之需明察秋毫的哲学王来灵活处置、相机行事。可见,柏拉图的衡平思想乃是寓于众所周知的人治理论中的。

在诸多法理学或者法律哲学著作中,亚里士多德被视为明确提出衡平思想的第一人。与乃师不同,亚里士多德注重法治对于统治的重要性,认为法律应当是不受情感影响的理性。因之,在某些具体案件中,倘若法律过于原则和刚硬而导致判决不公时,应用衡平的办法进行补救。此处所谓的衡平,其实就是事实上的公正。这种衡平不因法律而生,乃是对法律正义的矫正。

亚氏曾清晰论证了衡平的必要性,他认为:"当法律规定的是一般性规则而案件处一般规定以外时,立法者的词语就显得过于简单以致不能完全公正地处置案件了,此时法官以判决来修正立法者的错误就是妥当的,这种修正要宛若立法者本人在场也会如此行事。"

值得注意的是,古希腊的衡平思想仅仅出现在当时哲学家们的著述之中,并没有体现在雅典的司法实践之中。恰恰相反,当时雅典的司法主要还是习惯从法律的字面意义来寻找法律之依据或判决之理据,在司法中很少采用衡平原则。

最先将衡平原则应用于司法实践的是罗马人。公元前三世纪以降,罗马通过其征服而成为横跨欧亚非的大国。但由于罗马市民法适用范围有限,仅适用于罗马公民内部,因此不能处理罗马公民与外来人或者外来人之间的矛盾,而且市民法保守色彩与形式主义浓重,不适应罗马商贸繁荣的历史现状。因此,罗马设立了最高裁判官,根据公平正义的原则,以司法实践和颁布告示等形式,制定了许多法律规范,作为对市民法的补充和修正。

由此,衡平思想成为了古罗马司法实践的一项重要原则。但与雅典一样,衡平思想在罗马并未得到法律规范的明确规定。不过,由于它获致了法庭的尊重,因而得以在司法实践中不断展现。与此同时,斯多葛哲学在词与意的比较中强调意图的优先性,对罗马法学和罗马司法亦有重要影响,初步奠定了衡平司法的哲学基础。

中世纪有意识探讨衡平思想的著述比较少,但这并不意味衡平思想没有被探讨过。在中世纪中期,意大利一些世俗法学家就曾探讨过法律的严格适用与特殊情境下的衡平问题,认为法律应当得到严格遵守,除非法官认为有必要进行修正,但修正的理由必须是出于崇高的公共利益。

将衡平与公共利益结合起来的还有圣·托马斯。在亚里士多德衡平思想的基础上,圣·托马斯提出,如果对严格法的遵守将导致公共利益遭受毁灭性后果,就应弃严格法而不顾。重要的是,衡平思想本身就是法律原则的一部分,甚至是更权威的一部分,法官应当给予衡平法优先于严格法的地位。显然,这些探讨极大地丰富了衡平思想的内涵。

值得指出的是,中世纪教会法院的司法实践,亦大大强化和丰富了衡平思想。据资料显示,教会法院在适用教会法的过程中往往喜欢引入神学的道德与价值,包括良心的义务、诚信、探究真实意图等,这些因素使衡平思想在司法实践中不断丰富并规则化。

直到公元14—16世纪,衡平思想在英国得以制度化,成为了一套独立的法律体系。一般认为,英国衡平法的出现乃是基于普通法调整社会生活的不力或缺陷而生,它以公平正义原则为指导,祛除了司法形式主义,灵活判案,在大法官法院的基础上,逐渐发展出完整的衡平法律体系。

虽然英国衡平法的产生与英国特殊的司法背景紧密联系,但不可忽视的是,它与西方衡平思想具有知识和思想的传承关系。可以说,英国衡平法的出现使衡平思想有了物质化的制度载体,并日益成为西方法治传统中的重要组成部分。

审判中的裁量与限制

在现代法治社会中,法官在审判过程中客观上存在裁量之余地,已是法律界的基本共识。审判过程即是解释法律过程,如何正确认识法官在审判过程中解释法律的限度,是一个值得探讨的问题。

按照法律解释学的基本结论,任何一个具体的法律条文、法律概念在某种程度上都存在着一定的"空缺结构"。这些"空缺结构"的存在,客观上需要法官在理解法律条文的时候,利用自己的经验和知识去填充,由此,法官在审判过程中的选择和裁量自然不可避免,这在制定法国家亦不例外。问题之关键在于,法官对于法律多元解释的可能性,是否必然导致法律条文理解的相对化甚至虚无化,或所谓"法官的专断"呢?结论应是否定的。

首先,从司法界和学术界的实践来看,在现实的审判制度中,对于某个具体问题或具体条文,往往都存在着占支配地位的解释。也即,即便法律存在多元解释并存之状况,亦不能否定受到广泛支持的一般"通说"和"先例"的存在,这种通行解释使法官在理解法律时,潜在地面临着一种压力或者风险,即,一旦忽视或者反对这种法律通说,必然要承受同行或同事激烈批评的风险,特别是上诉法院持有"通说"的时候尤甚。倘若这种通说为学术界之共识,那么法官的法律专业素质甚至有遭人指诉之虞。

职是之故，一般言之，法官们会尽量回避这种"吃力不讨好"的结局而服膺于法律解释之通说。按照日本学者棚濑孝雄的观点，法官是否服从通行的法律解释，往往与法官个人的威信、地位和公认的学识水平相关。在某种程度上，法官的个人影响越大、级别越高，在审判过程中的自由度相应也大一些。对于目前尚未有通说的案件或新的法律现象，法官在审判过程中亦应当有较大的自我表现空间。

除了法律"通说"和"先例"对法律解释作了事实上的限制外，社会公众对法官法律解释的支持程度，亦使法官不能作出过于"个性化"的判决。一般认为，法官在解释法律的时候毋宁是一种价值判断，而进行价值判断，便是在不同的价值之间优先选择某种价值，这似乎是一个主观性较强的行动。然而按照川岛武宜的观点，价值判断也具有一定的客观性，这种客观性可以用持有同样价值观的社会人群的多少来衡量。在法律解释过程中，法官的价值判断有多少客观性，就看有多少人支持作为判断基础的价值体系。

一般来说，揆诸司法实践的观察，法官们往往依照社会中的主导性价值观的指引，从各种不同的法律含义中选择适当的解释作为依据。如果法官忽视或违背了这种主导性价值参照，从自己的价值观出发去解释法律，那么就有可能激起社会舆论的道德指责。民意汹汹之下，判决往往不能产生"良好的社会效果"。由此可见，法官在审判过程中的法律解释绝不是任意的，而是具有一定的"客观性"。

当然，值得注意的是，这里的"客观性"端在从主观性的相对意义上讲的，即法官在理解法律的时候，虽然任何一种理解都是有效的，但是法官绝不会随心所欲地按照自己的偏好去解释法律，而是要受到许多非法定的但对司法场域发生影响的因素的制约。这些制约因素除了上述提及的以外，还有很多，譬如政治伦理、职业道德、司法体制等。

有人认为，法官的"先见"亦是制约法官理解法律之视域的一个重要因素。按哲学解释学的观点，"先见"是法官的经历、阅历和知识积累等社会化过程中形成的无意识的认识结构。这种认识结构决定了法官在理解法律时的视域和方向，法官在解释法律的时候往往烙上了"先见"的痕迹。从某种意义上讲，这种观点是成立的。但众所周知，"先见"作为法官认识事物的无意识结构，属于法官主观性的内在范畴，本身是不能被反思的。因之，一般不宜视为通常意义上制约法官法律解释的主观性因素。

拿破仑与法国民法典

拿破仑·波拿巴，这位被黑格尔誉为"马背上的世界精神"的人物，由于一次著名的战役，而成为军事史上的失败者，但又因为一部著名的法典，成为了西方立法史上一座伟大丰碑的铸造者。

众所周知，法国历史上法律渊源是极为分散的，而统一的国家需要统一的法典，这是当时法学家的共识。从王权统治时代开始，法国就一直在为制定统一的民法典而努力，但最终由于政治与人事的原因，均功败垂成。历史选择了伟大的拿破仑。1799年，刚刚通过政变掌握政权的拿破仑，怀着"作为一个伟大立法者"的野心，开始了编纂法国民法典的历史伟业。

拿破仑首先任命了一个由四人组成的法典起草委员会。这四个人平均年龄在60岁以上，是经验丰富、注重实用的法律实务家。由于大革命的影响，当时法国大学中的法律系和所有律师协会均已解散，对立法者而言，这竟是一个可自由发挥并最大限度施展才能的时机。

事实证明，确实如此。法典起草委员会加班加点，展示了充分的法律智慧，仅用了四个月就完成了该草案。但是，草案在法案评议委员会遭到了包括贡斯当在内的共和主义者的反对，他们认为这个民法典草案只不过是"对罗马法奴隶般的模仿和枯燥无味的编集物"。随后,立法会也接受了这些意见,对草案予以了否决。

面对如此境况,拿破仑展现了作为一个军事家和政治家的魄力和手腕。他首先宣称,法国"不能以形而上学来进行统治"。他利用自己绝对的权力将法案评议委员会的法定人数削减一半,将所有持敌视立场的委员全部清洗出局。一年后,草案得以再次进入立法程序,三十六项单项立法在无任何异议的情况下获得通过。

有资料表明,在法国民法典的起草过程中,拿破仑倾注了极大的心血。在参政院审议起草委员会的102次会议中,拿破仑至少在57次会议上作为主席扮演着重要角色。正如法学家索雷尔所指出的,就一针见血点出问题要害的能力、观点的恰如其分以及辩论的有力而言,拿破仑是无与伦比的;他经常打断一些烦琐无益的枝节争执,通过明晰简洁的提问,将讨论带回到实际而具体的问题之中。

对于法典的风格,拿破仑多次强调,立法的重心应当是生活现实,而不是一些琐碎的法律枝节和生涩的法律概念,这导致许多民法典的起草人在选择每一个词句之时,都会扪心自问:这样的表达是否经得起拿破仑这样精明的法律外行人的批评?职是之故,法国民法典在风格与语言表述上,既生动明确,又浅显易懂。据说作家司汤达为改进文风,并"获得韵律上的语感",每天都要阅读几段民法典条文。

拿破仑在法国民法典的实体内容上,亦留下了鲜明印记。比如在民法典的价值取向上,拿破仑"对于坚固的父权结构家庭制度的拥护是坚定的和有说服力的",这种思想在法国民法典中有明显体现。另外,法国民法典中的有些规定,也只有通过他的个人原因才能获致合理解释。比如,拿破仑在1802年的全民公决中获得终身执政职位和指定继承人的权力后,因他与当时的配偶未能生育,另行结婚或收养无疑是其获得继位者的必然选择。因此，只有借诸这个事实，拿破仑强烈支持合意离婚与收养制度的行为，方能得到理解。

拿破仑对这部倾注了大量心血的民法典，乃是极为珍爱且引以为荣的。在其伟大的戎马生涯中，民法典亦常常紧随于军旗之后，作为"革命的法典"强行实施于被征服地。理想的破灭源于一场众所周知的失利。即便拿破仑被流放到圣赫勒拿岛之时，提及民法典，他依旧不无自豪："我的光荣并不在于赢得40场战役，因为滑铁卢一役，这些胜利皆黯然失色。但我的民法典却不会被遗忘，它将永世长存。"历史证实，确实如此。

古希腊的哲学与法学

古希腊是许多人文科学的思想发祥地,在那里发轫了西方的知识传统。然而,饶有兴味的是,在群星灿烂的古希腊(以雅典为例),相对其辉煌的哲学和文学而言,法学却极为薄弱。其几乎没有产生过严格意义上的法学家,也没有产生专门研究法律的法理学著述。甚至,在古希腊的文字中,与法理学和法学相对应的词汇也难以寻觅。这种现象显然和古希腊作为西方文明发祥地的地位是极不相称的。

古希腊人怠慢法学的原因,深究起来比较复杂。众所周知,古希腊的政治是城邦政治,公共生活的正义和善具有绝对性和优先性。因此,作为一个理性的人,应当竭力思索的首要问题,在古希腊人特别是其哲学家看来,是城邦政治的善和正义,是对城邦福祉的追求。在哲学家的著述中,这种对优良的政体形式和伦理正义的探讨屡见不鲜。现代意义上的许多法学命题,往往都是在哲学或伦理学范畴中以哲学和伦理学的话语被讨论的。例如,"欠债还钱为什么是合法的",也许在希腊哲学家们的研究视域里,以"欠债还钱为什么是正义的"这种形式存在着。

在古希腊的一些经典作品中,我们经常也能见到哲学家们关于法律的论述。但是，这种关注其实很大程度上是顺带的。比如，在柏拉图和亚里士多德的著作中，我们就可以看到一些讨论法治和人治的章节。但是，这并不是在有意识地探讨法律，而仅仅是在探讨正义的统治形式。这也说明了为什么亚里士多德的法律思想出现在《政治学》和《伦理学》之中，而不是其他。即便是《理想国》的作者柏拉图，在其提出著名的理念论的同时，也丝毫没有念头将这种认为现实世界之外存在着一个完美的理念世界的思想运用到法律之中，从而探讨法律背后的本质。总之，在抽象的层次上有意识地探讨法律问题，在古希腊是罕见的。这正如法律史家凯利所正确指出的："在现代法学理论中占有相当地位的法律是什么的问题，几乎没有引起希腊思想家们的思考。"

古希腊的立法和司法实践也有助于揭示法学薄弱的原因。由于在古希腊思想家心目中，城邦生活的善和正义具有绝对的地位，司法和立法往往被贬低为次要的技术和实践问题，不属于"真""善""美"范畴，因而缺乏抽象关注的价值。而且，从当时的社会现状来看，古希腊的法律纠纷比较简单、具体、琐碎，远远没有复杂到需要抽象和概括的地步。这客观上导致了古希腊体系化的法典稀少。重要的还在于，古希腊城邦政治的特征，使大量的法律纠纷都以政治形式被讨论和解决，法律在古希腊城邦生活中的地位和作用并不突出。如著名的对苏格拉底的审判，我们就很难区分是司法还是政治。因此，在古希腊的审判中，纯粹用法律来说理和论证显然不合时宜，因为非专业的法官和陪审员们的注意力和兴趣，不在于分析和适用法律条款，而在于通过法庭两造激情的雄辩，来发现案件背后所谓的正义，并以之作为案件判决的基准。

古希腊审判的特征和风格，客观上使辩论术成为必要。但这并不表明希腊辩论术主要来源于司法，其主要还是渊源于城邦政治生活中的演讲和辩论。雄辩在古希腊是一种身份的象征，是作为一个政治家而不主要是法学家的素质被时人认可，这导致作为政治技艺的辩论术的教学在古希腊被广泛地展开。而法律教育和司法技艺的教育则付诸阙如，这很大程度上造成了法律职业阶层和司法专门化的缺失，希腊法学的发展自然无从谈起。

当然，古希腊法学的衰弱还可以从其他方面得到佐证。很多时候，我们可以通过对古希腊文学作品的解读，获得对其法律的大致了解，并从中引申出许多亘古的法学主题。这是古希腊文学对法学的一个无意识的贡献。但是，许多颇具法学隐喻的文学作品，在当时并没有如我们现在这样，在抽象的法学层次上被哲学家们有意识地探讨。以著名的悲剧作品《安提戈涅》为例，通过对这部作品的深入解读，我们可以从中引申出丰富的自然法思想。然而，这部自然法思想呼之欲出的作品，在古希腊的哲学著作中却几乎没有被提及过，甚至在许多律师的法庭辩护中也没有被引用过。这对于善作深邃之玄思的古希腊哲学家而言，显然既可理解又不可理解。

许多人认为，古希腊哲学的繁荣奠定了古罗马法学的哲学基础，这种观点是中肯的。但需要指出的是，在古希腊哲学家的眼中，哲学至高至纯，是不存在专门的法律分支的。因此，如果没有古罗马法学家有意识的努力，精深的希腊哲学是很难转化成庞大而严谨的法学体系的。在某种程度上可以说，古希腊的法哲学思想是哲学家们无意识的贡献。这无疑是一个让人难以接受的事实。

中世纪英国的律师学院

自波伦亚时代开始，大学成为了西方法学教育与法学研究的基地。然而，这种观念对英国并不通用。在英国，法律家的培养自中世纪以来，都是由律师学院承担的。这些以行会形式组织起来的律师学院，对于英国法的性质及其发展过程有着重要影响。

中世纪的英国，法官和律师具有崇高的社会地位和丰厚的收入。对此，许多中小贵族特别是骑士家庭的子弟趋之若鹜。这些有志于法律职业的贵族子弟通过阅读法令和法律著作、帮助当事人诉讼、旁听法庭辩论等途径，认真而热情地汲取法律知识。到了13世纪，英国逐渐形成了一个被称作"法律学徒"的特殊社会集团。

又因中世纪早期英国的皇家法院都设在伦敦，法律学徒们便自各地云集于中央法庭所在地的伦敦西区，自由组合，寄宿在法庭附近的酒馆之中，聘请开业律师授课，逐渐形成了一些简易的法律学校。14世纪以后形成了英国著名的四大律师学院，即林肯学院、格雷学院、内殿学院和中殿学院。由于律师学院的学费非常昂贵，在当时能够进入律师学院学习的人，大抵是贵族或绅士家庭的子弟。

英国的律师学院是由业绩卓著的资深律师组成的委员会管理的，

委员会对学院事务具有广泛的权力，包括接纳新会员和惩戒权。学院由聘请的讲颂师授课，这些讲颂师并非大学教授或注释法学家，而是高级出庭律师或法官，他们授课的动机既有兴趣的因素，也有谋取谢礼之意。

学院主要采用理论与实际相结合的教学模式，围绕着法院工作对学徒授课。其中最重要的方式之一，便是出席法庭旁听律师辩论和法官审案。据资料记载，在当时的普通诉讼法庭中，就曾专门辟出一块地方，四周围以栏杆，类似于童床，供学徒们旁听。这些旁听的学徒们因之被时人称为"童床中人"，在一些法律文献中就经常有"童床中人所云"的表达。

学徒们的主要任务是旁听法庭辩论，偶尔也可以指出一些律师辩论中的法律讹误。在法庭休庭以后，辩护律师和旁听的学徒们回到律师学院就餐，边吃边谈，对案件的难点疑点、是非曲直等进行总结，并写成小册子供低年级的学徒学习。随着案例的不断增多，法律经验不断丰富，1292年，律师们开始编纂年鉴，以笔记的方式将一些著名律师的精彩辩论和典型案例按年度汇编成册，作为律师学院的教材。

律师学院的另一种授课方式是组织模拟法庭。模拟法庭主要是围绕着主管委员或者讲颂师编制的疑难案件展开，地点选择在午餐或晚餐后的餐厅，餐桌搭成审判台，长凳做成辩护席。主管委员和讲颂师担任法官，学徒们分别担任原告与被告的辩护律师。其中高年级学徒坐在长凳两端，称为外侧律师，低年级学徒坐在原告与被告之间，称为内侧律师。

在模拟法庭活动中，主管委员和讲颂师随时根据内侧律师的表现，决定哪些人可以转入外侧律师，成为律师学院的正式成员，即英国律师协会的会员。这些人由此获得了出席正规法庭辩护的资格。一般来说，学徒们要获得辩护律师的资格，往往需要在律师学院经过 7 年（后来改为 5 年）的法律训练。据说，在英国，获得辩护律师资格的荣耀与庄重程度相当于在大学法学院获得博士学位。

律师学院不仅对学徒们进行法律培训，也对他们的生活和人格进行指导。在律师学院创始初期，由于学院内吵架、斗殴和暴力行为不绝于耳，学院管理层曾为此制定了许多严格的纪律，例如学生的胡须不得留至三周以上，禁止佩带刀剑出入食堂，对服装的颜色和形式也加以限制。律师学院的严厉举措也深得"倾囊而出"的家长们的赞同，因为他们希望律师学院不仅传授法律知识，也应当严格教授礼仪举止和上等人的行为方式。

因此，在律师学院中，学徒们的研习具有某种素质教育的性质，可以接受歌舞指导，也可以演出戏剧。据说著名的莎士比亚的《皆大欢喜》，便是 1601 年在中殿学院首演的。另外，律师学院经常举行定期餐会，规定学徒们务必参加。在定期餐会上，学徒们不仅可以聆听到前辈法律家的高谈阔论，也可以交流一些政治问题、社会问题与人格修养问题，从中能够接受较为全面的熏陶。英国法律家之所以备受尊敬，或许与律师学院的教育方式不无关系。

律师学院也有助于理解英国法律共同体的形成。自爱德华一世时起，英国的职业法官开始从精通法律、经验丰富的职业辩护律师中选任，这在 14 世纪初形成了一条不成文的惯例。值得指出的是，这些从律师中选拔的职业法官依旧保有着原来律师协会会员的资格，他们在每天开庭完毕，就回到律师学院与同一学院的律师们共同就餐，在餐桌上交流法律经验，探讨疑难案件甚至人生信仰，有些法官甚至公开称一些高级律师为"兄弟"。

英国的职业法官和职业律师关系的融合，使得英国的法律家们从来就具有共同的法律职业气质。托克维尔就曾明确地指出,学习内容的相似和方法的一致性将英国法律家的心灵结合在一起,使得他们在某种程度上形成了特权化的知识阶层和利益集团,并很大程度上使英国得以成功抵制文艺复兴时期罗马法席卷欧洲的浪潮。诚哉斯言。

西方自然法思想的演变

在西方法律思想的漫长历史中，自然法思想总是在不同的历史时期被人提出并引起关注，它构成了西方法治传统的内在动力，是西方法学史的内在线索。因此，对自然法思想的梳理有助于探求西方法治变迁的基本走向。

自然法思想渊源于古希腊。古希腊的自然法思想乃是一种自然主义的思想。在当时，许多思想家认为，城邦的产生是一个有机发展、自然形成的过程，万物总是在自然形成的过程中臻于完善。因此，人应当遵守自然法则，随"自然"而生活。虽然在古希腊哲学家的著作中，几乎没有人专门阐述过完整的自然法思想，但我们依旧能通过他们对政治和伦理的论述，获得一些具有自然法色彩的思想。

至为显著者，如亚里士多德在其著名的《尼各马可伦理学》中指出，正义有两种，一种是自然正义，另一种是约定正义。自然正义在任何地方都有相同的效力，比如火在希腊和波斯都是以同样的方式燃烧的；而约定正义则纯粹基于规定，如赎金数量的多少等。不难看出，古希腊的自然法与自然法则基本相通，并没有抽象的道德内涵，具有明显的自然主义色彩。

也许由于学术旨趣或生活哲学不同,在古罗马,哲学家和法学家们探讨自然法思想的侧重点并不相同。作为一名哲学家,西塞罗认为,自然法是最高的理性,是一切人和动物都一体遵循的自然本性,它是神所设计、解释和颁布的永恒法,邪恶的法律绝不是"法律"。西塞罗充满神学色彩的论证构筑了高级法和实定法的二元结构,为中世纪神学自然法提供了框架。

而古罗马法学家们一般不这样认为,他们对"自然"的理解具有世俗和实践的色彩,更为关注在具体法律情境下那些不证自明的规则,如实际上不能履行的契约无效,不应追究精神病人的法律责任,等等。古罗马法学家这种实践的自然法观点来源于古罗马人与外国人之间交往的具体法律实践,这从万民法产生的过程可以看出。因此,在古罗马法学家的心目中,万民法几乎等同于自然法。

中世纪的自然法思想渊源于西塞罗,从而具有斯多葛哲学的痕迹。我们知道,西塞罗提倡的是一种理性可以获致的自然法,它来源于一种抽象的非人格的神。中世纪神学家的主要任务就在于将具体的上帝嵌入自然法体系,这个目标最后被伟大的托马斯·阿奎那巧妙地实现了。他吸收了亚里士多德"神是万物存在的最后动因"的观念,将上帝以永恒法的形象作为万物存在的第一动因,位于阿奎那精心设计的自然法等级结构的顶端,即,永恒法、自然法、人定法和神法。由此,后位的各种法律的合法性与正当性最终源于永恒的上帝。而自然法被认为是人的理性对永恒法的参与,成为连接上帝和人的桥梁。实定法须从自然法的规定出发来处理具体情境下的问题。

中世纪后期,神学自然法经历了一个重要的转向。在回答人的理性是如何认识自然法时,后经院主义哲学家费尔南多别出心裁地指出,虽然自然法的正当性来源于上帝,但是人类是通过上帝已然先赋予人的理性能力来认识自然法的。这便产生了一个极其巧妙和重大的转向：上帝并不明确提出善恶的本体，而是通过赋予人的先天理性来引导人认识善恶。这导致在当时许多人的心目中，若某物符合或违背自然法，往往认为该事物符合或违背理性。从此，自然法学说开始去掉了神学的标签，披上了理性的外衣，自然法因此成为了理性法。这开启了自然法世俗化的历程，并为法学理论的世俗化奠定了基础。

17世纪以后的时代，在某种程度上属于形而上学的时代。自然法的思想经过启蒙运动的"祛魅"而日益世俗化。在当时许多启蒙思想家的著作中，自然法和理性、公平、正义等词汇几乎可以混用。洛克就曾直接指出"理性就是自然法"，这种观点在格劳秀斯、普芬道夫等人的著作中亦可见到。在这个历史时期，自然法思想开始形而上学化，成为评判世俗法律的高级法，为启蒙思想家批判封建专制提供了强大的思想武器。

引人注目的是，在17世纪也出现了拒绝自然法处于高级法地位的思想。著名的培根曾在《新大西岛》中指出：法律其实纯粹是人类功利考虑的产物，并不与所谓的高级法相契合。这种思想以不同的形式在霍布斯和斯宾诺莎的著作中也有体现。培根首次提出了法律的目的仅仅在于人的功利，而非契合自然法。这样，人的利益甚至权利逐渐进入自然法的核心。

另一件事情也促成了这种变化，即，随着基督教会迫害异教徒的活动日益残酷，许多法学家开始探讨异教徒的自然权利能否被剥夺的问题，并得出异教徒也应当具有一些不可剥夺的自然权利。虽然不同的启蒙思想家对自然权利的理解不同，但不可否认的是，自此以后，天赋权利或自然权利代替了自然法成为思想家们关心的中心，后来转化成基本权利进入西方立宪主义语境之中。

18世纪中后期，经验主义或实证主义逐渐兴起，开启了对自然法学说和自然权利的激烈批判。其中批判最为有力的是休谟，这位机智的哲学家通过精心的论证，证明所谓人只不过是动机和经验的产物，根本没有什么自然法。而且，旅行的流行和科学主义的兴起，亦使人们逐渐认识到，法律并不是普适的，恰恰是因地而异的、可变的。这种相对主义法律观引发了人们对决定法律的各种因素的关注，比较法、人类学、心理学逐渐成为法律研究的重要维度。这在维科、伏尔泰和孟德斯鸠的著作中表现尤甚。

与此同时，自然权利亦遭遇到了批判。在许多批判自然权利的思想家中，边沁最为突出，他甚至激烈地指出："自然权利就是胡言乱语，是理论上的扯淡。"在这种社会背景之下，自然法思想逐渐淡出各种法学理论，历史法学派、法律实证主义乃至社会法学派逐渐粉墨登场，各领风骚，其中以实证主义法学最为流行，最终导致了众所周知的惨痛后果。

值得庆幸的是，惨痛的"二战"为自然法的复兴提供了契机。在反思席卷全球的残酷战争的过程中，人们对"恶法非法"等论题进行了广泛探讨与争鸣。兼之，社会中种种不平等和不公的加深，亦激发了法学家们对冷落已久的自然法的强烈关注，其中以富勒、德沃金、罗尔斯等为代表的自然法学派法学家们在各种论战或论著中，逐渐建构了新的自然法理论，个人权利和法律的德性重新得到人类较为广泛的承认。"认真对待权利"成为了当今世界政治与法律的价值重心。自此，自然法思想继续为现代法治的发展提供着生生不息的活力。

假疫苗、信仰与底线意识

近日，假疫苗事件沸沸扬扬，李克强总理对此专门作出批示："此次疫苗事件突破人的道德底线，必须给全国人民一个明明白白的交代。"将假疫苗事件从突破道德底线角度来理解与定性，很有必要，体现出政府的高度重视和为民情怀，同时也给深处各种焦虑之中的民众以慰藉、信心和希望。

我一向认为，中国人是特别善良的人群，表现出来的最大特征，便是善于宽恕，善于忘记。抑或，因为善于宽恕，所以善于忘记。这种文化性格，倘若针对的是一般的罪与错，或许是个至上的美德。但，对于那些挑战国人乃至人类道德底线的罪与恶，倘若继续宽恕与忘记，便是一种对恶的纵容，是另一种"恶"。如果让这种无端的宽恕泛滥开去，国家和民族是没有希望与前途的。

底线为何会一次又一次地被藐视、被突破？端在我们有些人已无敬畏仁爱之心。所谓敬与畏，从发生而言，无疑是一种具有宗教意义的情绪。众所周知，我们的文化一直是缺乏宗教信仰基础的，在经历了彻底的唯物论教育后，我们已成功地不相信"三尺之上有神灵"，不相信作恶多端会断子绝孙，不相信天打雷劈、阿鼻地狱之类的因果报应。这意味着，如何在无神的背景下建构（或重建一个有敬有畏、有诚有爱的世俗社会的信仰基础，应是我们国家和社会努力的方向。

无疑，法治是一个较为理想的选择，至少是个不坏的选择。但即便是法治，也是需要信仰基础的。倘若是人心坏了，道德溃败了，信仰丧失了，制度和机构的监管也是防不胜防、管不胜管的。古人说得好，"徒法不足以自行"，法还得靠人来执行，来遵守，来保障。如果人丧失了法治信仰和道德信仰，没有了敬畏之心，没有了仁爱之心，所谓良法美意，又岂非梦一场？

从毒奶粉到地沟油、苏丹红，到今天的假疫苗，底线一次次被冲破，一次次被探底，低到甚至让人怀疑，我们的国家重器，我们的大杀器以及我们的船坚炮利，等等，是不是也面临着或已经遭遇了这种底线的挑战？这种担心并非杞人忧天，大清朝北洋水师的炮弹里装沙子的悲剧与闹剧，依旧殷鉴不远。一旦如是，这便不仅仅是道德底线的突破，乃是对国家、对民族、对人民生存底线的突破。

但愿并相信这依旧是杞人之忧，毕竟，我们大多数人还是有底线意识的，这种底线意识不仅仅体现在我们要遵守底线，更端在我们都坚信底线的存在。坚信底线的存在，不是因为我们自信，乃是因为我们善良。但，有时候我们又不得不灰心地承认坊间的谚语：底线，有时候就是用来突破的。

法象与法意

华为事件与法律人的沉默

对于华为孟女士在加拿大被扣事件,看到不少网友在汹汹质问:怎么没见到中国的法律专家发表意见?稍微浏览了一下,好像还真是这么回事。

窃以为,原因在于,法律人大抵还是有其特定的职业素养和思维方式的。一言以蔽之,便是"以事实为依据,以法律为准绳"。关于事实问题,当下媒体的报道不少,但大抵是转引与评论性质,既不全面、均衡,也不深入、充分。

缺乏这个事实之基础,而贸然发表对于案件的见解与观感,似乎有失严谨与负责。即便援引媒体报道的所谓事实,亦常有被人质疑"你在现场吗?你亲眼看到了?"或"报纸上登的事儿你也相信?"之类的担忧。这问题就严重了。

当然,既然是法律人,自然可以仅从法律角度,对案件进行某种沙盘推演式的评论。问题在于,类似案件大抵发生在国外,关涉外国一整套具体而微的法律体制、制度与程序,以及具体的惯例与文化。倘是判例法国家,情形则更为复杂,他国法律人自然难以从制度与技术的角度置喙。

即便法律知识充分,但是,在媒体与舆论已将案件性质拔高到某种法律以外或超越于法律本身的高度与维度之情形下——其实，这也无可厚非，甚或在情理之中——任何对于案件的评论，也无疑客观上具有了某种表态的性质。当然，表态，有时也很有必要。

似乎可以就法律谈法律，但这种进路，常有被人目为狭隘的甚或幼稚的专业主义之虞，一旦得出了某种法律上可能正确，而其他角度肯定不正确的见解，随之招致的质疑乃至批判，可能是论者无法招架与消受的。于是，干脆不说。

但，我想每个法律人都应该会有自己的观感与判断的，并都希望孟女士能平安归来。

法象与法意

大学的预备

因在大学任教的缘故,每年录取结束后,总有朋友或同学咨询孩子入学前的准备,以及如何适应中学到大学的转型问题。自然,今年亦不例外。晚上,粗略想了想,结合自身的经验,觉得有几点建议,可供参考。

首先,建议大略了解一下录取大学的历史,悉其发生、发展、转型及当下的定位等简史,了解其学科建设与人才培养的特色和优势是什么,以及学校可提供的专业学习与实践的重要资源、制度及具体要求:有哪些国际交流项目、内部人才选拔项目(比如实验班)及奖学金制度、转专业制度、研究生直升制度等。借此,可以概览式地掌握大学的家底和实力:有什么,能提供什么,什么是它的核心竞争力。从而做到心中有数,并在学习中有的放矢。

其次,对于自己的专业大体情况做一点总体式了解,包括专业在国内和这个大学的开设历史和发展历史,专业本身的历史发展,大体上是研究什么的,前沿和热点是什么,跟当下生产和生活的关联度如何,以及专业未来发展的方向和趋势。还有,关注一下本专业的就业关联领域与就业形势如何,即一般匹配的单位和领域是哪些。借此,可以直观地体认到专业的发展空间及所需要的基本素质。

另外，了解一下国际与国内在此专业领域有哪些大学、哪些学者处于引领地位，以及哪些书是本专业的经典入门书、必读书等，这些皆可在网上轻松搜到。

再次，大体了解一下与自己即将学习的专业相关的其他专业有哪些，或者说，这个专业的支撑性与关联性专业有哪些。譬如，以法学为例，如果是经济法专业，那么经济、金融、会计、审计等专业知识，自然最好能涉猎一些。如果是国际法专业，则国际关系、国际政治、外交学等领域的知识，无疑具有支撑性价值。另外，有些专业国际化程度比较高，那么相关国家语种的学习，自然也值得关注。比如，如果是民法甚至法学，众所周知，德国是当之无愧的执牛耳者，则是否要辅修德语，可纳入考虑之内。

复次，大学和中学有质的区别，至少，在中学，分数是王道，甚至霸道，倘成绩优异，庶几可"一白遮百丑"。而大学，相对而言，是个准社会，人际关系以及待人接物的素质和能力，特别是如何与舍友、同学、辅导员和教师融洽相处，变得重要了。因此，建议读一些人生规划、职业规划和修身养性方面的书。这样在入学后，学习目标、职业规划和人生定位会更清晰一些，不致浑浑噩噩。另外，建议有意识地读几本基础的哲学书、历史书等，经典文学作品也可以读读，以提升人文修养，养点浩然之气，这对于理工科而言尤甚。

最后，外语，未必是英语，很重要。建议在大学报到之前以及入学之初，最好能集中把外语再提升一个层次，这对任何大学、任何专业的研习都很重要。即便近年来，网上或坊间对外语学习有许多看法，但这从来不是精通外语的人的意见——因为他们最能体认学好外语的妙处与益处。在我看来，外语不仅仅是工具，更是一个窗口。毕竟，任何专业研习的国际视野皆极为重要。处理不当，可能会构成人生和职业发展的致命短板。现在有些人会有一些错觉,即按照自己目前的定位及今后的发展,今后不可能会用得着外语,即便用得着,颇为了了。从历史经验看,这可能不仅是对自己未来发展态势的误判,更是对国家和社会未来发展态势的误判。

当然,还有一些建议,限于篇幅,兹不赘。一家之言,仅供参考或一哂。

新的时间开始了!

各位 2018 级的新同学：

告别了高中或本科阶段的峥嵘岁月，你们意气风发地来到了上外，来到了上外法学院。对于你们每一位而言，人生新的时间开始了。这是一个美好而光荣的时刻，从这里起步，你们将开启人生新的多彩的追梦之旅。

新的时间开始了，这意味着从现在开始，你是一名大学生或研究生了。在欣喜与欣慰之余，你们应当站在这个新的时间节点，来重新审视和规划你们的人生，来重新理解自己的梦想、追求和身负的使命。新角色，就要有新气象、新境界、新情怀、新追求。套用一句俗话：大学生就要有大学生的样子，研究生就要有研究生的样子。

新的时间开始了，还意味着从现在开始，你是一名上外人了。你们要继承和发扬上外的光荣传统，秉持"格高志远，学贯中外"的校训精神，"诠释世界，成就未来"，将个人的理想追求、学习计划和职业规划，与上外的办学定位、愿景和使命融合起来，努力将自己塑造成一个"会语言、通国家、精领域"的新时代卓越国际化人才。

新的时间开始了,也意味着从现在开始,你是一名法律人,而且是一名上外法律人了。你们要按照上外"多语种+"涉外法律人才培养的要求,不断增强国家意识,拓展国际视野,树立法治信仰,培育法治精神,德法兼修,知行合一,努力提升自己的法律理论素养和法律职业能力,将自己塑造成一名卓越的上外法律人。

下面按照惯例,我想结合法学院的院训,即"持志、崇法、明辨、笃行",向大家提几点希望,并与大家共勉。

第一,持志。持志,源于明代朱熹的"居敬持志"一句,这是朱熹的道德修养之法,也是他重要的读书之法。我们所言的持志,乃是希望同学们在新的人生阶段,要树立崇高理想和远大志向。古人说得好,有志者事竟成。关于立志和持志,古代有许多经典名句,振聋发聩。孟子说"志,气之帅也",王阳明说"志不立,天下无可成之事",王夫之说"人之所以异于禽者,唯志而已矣"。这些名言既深刻又犀利,切中肯綮,令人警醒。一个人有了志,就有了人生奋斗的方向,这叫志向;就有了奋斗的精气神,这叫志气。朱光潜先生曾感叹:"从前的青年人病在志气太大,目前的青年人病在志气太小,甚至于无志气。"这句话在今天看来,依旧剀切深刻。因此,希望在座各位的新同学在新的人生阶段,要树立远大理想,立志为新时代中国特色社会主义法治努力奋斗。

持志,还有另外一个来源。大家可能知道,上外虹口校区原址曾有上海持志大学,其法学院乃沪上法学教育重镇,在二十世纪三十年代,持志法科四分天下有其一,持志法科出身的毕业生被称为"持志系",引领一时潮流。其中涌现了许多著名校友,如新中国第一位国际大法官、中国当代国际法学家倪征𣋉,中国罗马法泰斗、被誉为当今中国法学界"罗马法活字典"的周枏,海牙国际法学院在世界范围内评出的五十位杰出法学家之一、通晓英法德意等八国外语的哈佛法学博士杨兆龙,等等。因此,我们将"持志"作为法学院的院训内容,有接续与弘扬持志法科精神与传统之意。

第二,崇法。作为一个法律人,要树立法治信仰,弘扬法治精神。要尊重法律,热爱法律,敬畏法律,以实际行动捍卫法律的尊严,维护法律的权威。大家知道,罗马神话里的司法女神朱斯提提亚的雕像背后,大多刻有一句古罗马法律格言:"为了正义,哪怕它天崩地裂。"这背后彰显的,就是对法治和法律的至高信仰和无限尊崇。卢梭曾经说:"一切法律中最重要的法律,既不是刻在大理石上,也不是刻在铜表上,而是铭刻在公民的内心里。"美国法学家伯尔曼也说:"法律必须被信仰,否则它将形同虚设。"可见人民,特别是我们法律人,对法律的崇敬和信仰,对于一国法治事业之成败何其重要。

对于新时代的法律人,崇法,首先要尊崇法治精神和法律价值,包括自由、秩序和正义等基本价值以及其他一般法律价值。要在法学研习和法律实践中,不断树立法治世界观,善于并惯于运用法治思维和法治方式、方法去分析问题和解决问题,认同、尊崇并捍卫法律的基本价值,进而用法律捍卫我们共同的价值观。最近发生在江苏昆山反杀案的处理结果,我个人认为就是以具体的个案捍卫了法律的基本价值,并通过法律捍卫了我们共同价值观的生动体现。

其次要尊崇优秀传统法律文化。对于优秀传统法律文化的尊崇,是对一国人民生生不息的法律实践和法律智慧的尊崇,是对传统法律文化中所蕴含的法律思想和法律价值的尊崇,更是当代中国建构法治信仰、推进法治实践的重要基础和背景。对于上外法律人而言,除了要了解丰富多彩的世界法律文明以外,更要深刻把握中国传统法律文化的特色和精髓,了解其规范体系、观念体系以及法律机制,增强法治的文化自信、制度自信和道路自信。在此基础上,才能更深刻地理解当代中国特色社会主义法治的理论逻辑和实践逻辑,才能更好地学好法律、运用法律,并在国际舞台更准确、更精彩地讲好中国法治故事。

最后要尊崇法律职业。罗马法学家乌尔比安说:"法乃善良与公正的艺术。"法律职业乃是一门关于善良与公正的职业,责任重大,使命光荣。费尔德说"法律职业的社会地位是一个民族文明的标志",这在世界法治史上已经是一个不争的事实。当然,对于法律职业的尊重和热爱,也有一个在具体的法律实践中遭遇困惑、矛盾、挣扎、反思,最后自我超越的凤凰涅槃的过程。特别是对法律初学者而言,更是如此。德国著名法学家拉德布鲁赫说:"没有任何一个年轻的法律职业人逃脱得了内心与其学问之间的冲突,他们中间有些人直接经历过憎恨其职业的阶段,这本不是什么最坏的事情。""假如在法律职业人身上,每时每刻不再思考其职业生涯,同时不再迫切地思考其职业深刻的问题性,那么一个较好的法律职业人就将不再是一个较好的法律职业人了。"

第三,明辨。明辨,是正确的世界观、人生观、价值观的重要内容,也是一个法律人法律专业素养和法律职业能力的重要体现。

首先要明辨立场。作为法律人,我们的立场就是要坚定地站在正义一方,捍卫法律的尊严和权威,为权利而斗争。日本著名作家村上春树在领取耶路撒冷文学奖时,曾说了一句让人振聋发聩的话:"在高大坚硬的墙和鸡蛋之间,我永远站在鸡蛋那方。"这句话具有深刻的道德力量,但我觉得作为法律人,我们的立场,更精确一些讲,应该永远站在正义一方。因为,如果是臭鸡蛋,是不应当,也不值得去捍卫的。

其次要明辨是非。什么是对的,什么是错的,什么是善的,什么是恶的,就像朱熹所言:"凡事皆用审个是非,择其是而行之。"

在今后的法学研习和法律实践中,我们经常需要作出道德判断和价值判断,这需要我们养成一种健全的正义感和道德感。按照德国法学家耶林的说法,即要培养一种"自然的法律感觉"抑或"法律良知"。他曾提醒法官:"先听听你们法律感觉的声音,然后才开始做法律上的理由构成,倘论证结果与法律感觉不一致,则说明这项说理就没有价值。"这种法律感觉,实质上就是明辨是非的素养和能力。

最后要明辨真伪。作为一个法律人,应当培养明辨审慎的法律判断能力和法律职业素养,不断提升自己的法律思维能力、法律表达能力和对法律事实的探索能力。研习了法律,成了法律人,在办案过程中,我们经常就会被人问:"元芳,你怎么看?"这就需要我们具有法律上的明辨能力,善于利用自己的知识、经验、智慧,在错综复杂乃至扑朔迷离的案件中,去发现法律事实,揭示法律真相,捍卫法律正义。

第四,笃行。法学是一门实践科学,法学专业学习既要注重理论与实践相结合,更要尊崇知行合一,将法治理想与法治追求转化成具体的法律实践和法律行动。荀子曰:"知之不若行之。学至于行止矣。"陆游说:"纸上得来终觉浅,绝知此事要躬行。"这些强调的都是笃行的重要性。费尔巴哈还特别指出:"理论所不能解决的疑难问题,实践将为你解决。"我想这句话对于在座的研究生来说,在接下来的法学研究过程中,必然会有更深切的体认。许多错综复杂的法学理论问题,如果走出书斋,进入具体的法律实践中去观察和思考,往往能柳暗花明,问题迎刃而解,甚至会发现自己念兹在兹的,压根儿就是一个伪问题。

笃行,不仅意味着要理论联系实践,还意味要真诚、踏实、不懈地实践,这是持志、崇法、明辨以后的逻辑结果。对于法学专业来说，笃行也是法律研习的必要环节和重要内容。笃行，不仅能提高法律人的专业实践素养和能力，也能提高其一般实践能力，比如交流沟通能力、管理能力、变通能力、组织能力、抗压能力甚至创新能力等，这些能力也极为重要。记得上次读到法学院《法意人物》栏目对外交部张颂院友的采访，里面有一个细节让我印象深刻。他提及，初到罗马尼亚大使馆工作时，大使馆布置给他的工作与法律无关，也和英语无关，甚至和外交的关系也不大，做的是发请帖、宴请帮厨、机场接送、处理侨民纠纷等琐事，但正是这些不起眼的琐事，磨砺了他的心智，锻炼了他法律以外的能力，让他受益匪浅。

对于法学专业学生来说，法律实践是法学专业培养方案的重要内容。希望同学们高度重视法律实践的意义，在理论和制度研习之余，充分利用各种平台和机会，积极参与各类法律实践活动。只有在法律实践中，我们才能更深刻地把握法律理论和制度背后的价值和精神，才能更深切地体会到中国法治发展的脉搏、困境及其出路以及美与不足，才能更好地提升我们的法律综合素养和职业能力。

同学们，新的时间开始了，新的挑战和新的光荣也开始了。希望你们在新的人生阶段，能秉持"持志、崇法、明辨、笃行"的院训精神，德法兼修，知行合一，广泛阅读，勤于思考，勇于实践，努力把自己塑造成具有上外特色的涉外法律人才。最后，祝大家学业顺利，生活愉快，硕果累累！谢谢。

【本文系作者在上海外国语大学法学院2018级新生开学典礼上的致辞】

存在于彼此的存在

各位 2019 届的同学们：

下午好！又是一个收获季，又是一个离别季。毕业典礼之后，你们即将离开学校，意气风发地踏上人生新的征程，去追逐自己新的梦想。对于我们老师来说，虽然有那么一点点莫名其妙的伤感，但更多的是欣慰、喜悦和幸福。首先，我要代表法学院全体师生对你们表示热烈祝贺和衷心祝福！

今天，在这里，更多煽情的话，都是多余的、苍白的。我相信在上外法学院数年的光阴，日日夜夜，分分秒秒，早已将校园里的一草一木，一砖一瓦，每一栋楼舍，每一张桌椅，每一本书，每一道菜，每一声鸟鸣，每一朵花开，还有清晨里的琅琅书声，球场上的矫健身姿，讲坛上的谆谆教诲……所有关于上外和上外法学院的一切，都将深深镌刻在你们的记忆里，融入你们的血液里，并随着时间的推移、空间的转换，必将酝酿出更加深沉、难以言表也无须言表的情感。

按照惯例，今天，我想在此给同学们提三点希望——"三个勇于"，并与大家共勉。

首先，要勇于尝试。勇于尝试，是一种将自己向世界和未来无限敞开的努力与过程,是让我们不断超越自身、过去和现在所"是"之物,而不断面向世界和未来。勇于尝试的精神本质,乃是人之自由意志不断拓展的过程。未来,我们将是一个什么样的人,我们将要度过一种什么样的人生,皆非宿命与先定的,而是经由我们自身的选择和努力来决定与塑造的。萨特说,存在先于本质。人的存在,表现为种种可能性,经过领会、筹划、选择、奋斗,而获得本身的规定性。这种"自为的存在"背后,意味着我们必须勇于尝试,在尝试中不断发现自己、发展自己、丰富自己,最后成就自己。尝试与实践之后,我们会发现,这个世界上的许多人和事,包括我们自身,都并非或远非我们原本想象中的那个样子。

勇于尝试也是一种生命哲学。判断一个人是否衰老的标志,并非年龄、体力和精力,而是是否依旧保持着对世界和未来的好奇心,进而,是不是勇于尝试新的事物,并在新的探索和挑战之中,不断点燃生命新的激情,开拓人生新的境界。英国作家萧伯纳说得好:"一个尝试错误的人生,比无所事事的人生更荣耀,并且有意义。"希望同学们在新的人生道路上,继续并永远保持一种开放的心胸与气度,保持生命的活力和锐力,勇于尝试,锐于创新,不断展示生命的丰富与精彩,证成最真实、最完美的自己。值得注意的是,按照亚里士多德的说法,勇敢乃是一种介于胆怯与鲁莽之间的中道美德。因此,勇于尝试并非一种鲁莽与冒险的盲动,而是一种理性的积极行动。

其次,要勇于进取。关于进取,古今中外有很多精彩的名言警句,振聋发聩。但最令我心动的,是《三国演义》第四十七回里阚泽说的一句话:"大丈夫处世,不能立功建业,不几与草木同腐乎!"这句话背后的人生观与性别意识我们暂且不论,但里面彰显出来的进取心与进取意志,颇让人血脉偾张,肃然起敬。一个人的人生要有意义，就一定要有理想、有梦想，并在以梦为马的追梦实践中，用一种勇于进取、自强不息的奋斗精神，来证明自己的存在，以及存在的意义。《少林足球》里五师兄说得好："做人如果没有梦想，那跟咸鱼有什么区别呢！"笛卡尔说："我思，故我在。"在我看来，"我进取，故我在"。众所周知，人与人之间，天赋的差别是偶然的，也是表面的。真正的差别是，是否有梦想，以及有了梦想以后是否勇于进取。懈怠了，丧失了进取精神，一切梦想，都将美梦成空。

"无奋斗，不青春。"进取是一种最富魅力的奋斗姿态，是一种最绚烂的生命绽放形式。一个人的人生要精彩，就必须在孜孜矻矻的进取中展示。"天行健，君子以自强不息"，说的是进取；"路漫漫其修远兮，吾将上下而求索"，说的是进取；"到中流击水，浪遏飞舟"，说的也是进取。不久前，法学院组织过一场师生合唱，歌名叫《我的未来不是梦》，歌词里那个"我从来没有忘记我/对自己的承诺""认真地过每一分钟"的追梦人，在我看来，就是一个个不忘初心、砥砺前行的进取者形象。进取者的未来不是梦！

最后，要勇于担当。担当，意味着一种责任和责任感，使命和使命感。一个人是否成熟，是否独立，是否是一个大写的人，重要的标志之一，就是是否具有担当的精神。在某种意义上，担当彰显了人的本质。英国作家毛姆说："要使一个人显示他的本质，叫他承担一种责任是最有效的办法。"维克多·费兰克说："能够负责，是人类存在最重要的本质。"担当是一种人生格局和人生气度，担当的背后是使命，是责任。它包括对父母的责任，对家庭的责任，对职业和职业共同体的责任，对民族和国家的责任，乃至对整个人类共同体的责任。有多大担当，才能干多大事业；尽多大责任，才会有多大成就。"天下兴亡，匹夫有责"，说的是担当；"吾曹不出如苍生何",说的是担当;"苟利国家生死以,岂因祸福避趋之",说的也是担当。每一个追梦人都须有一种担当的精神,才能激发追梦的勇气和热情,才能彻底彰显人之本质与存在之美。托尔斯泰说:"一个人若没有热情,他将一事无成,而热情的基点,正是责任心。"任何畏缩、犹疑、胆怯、冬烘、唯唯否否,以及种种精致的利己主义和佛系哲学,都是我们追梦路上的拦路虎和绊脚石,背后缺乏的,正是这种大无畏的担当精神。

前几天,我听到大家都非常喜爱的张小红老师说的一句话:"一个人把自己喜欢做的事情做得漂亮是享受,把自己不喜欢做的事情做得漂亮是成长。"这句精辟和精彩的话,让我感触颇深。在我看来,勇于去做一件自己不喜欢做,但基于伦理、责任和使命又应当做、必须做的事情,并且勠力把它做得漂亮、做得完美,这种成长与成熟背后,所彰显的正是一种坚忍的责任感和担当精神。当然,勇于担当,还须善于担当,希望同学们在今后的工作中继续加强学习和实践,努力提高自己的担当能力和素质。

同学们,毕业典礼结束后,你们即将离开这片熟悉的土地和这片土地上熟悉的人群,奔赴祖国乃至世界各地,去追逐你们新的梦想。每年,此时,此刻,校园里上演的都是"一场别离"。套用捷克小说家米兰·昆德拉的一句话:"这是一个流行离开的季节,但是我们都不擅长告别。"伤感总是难免的,甚至是必要的。美国小说家雷蒙德·钱德勒在《漫长的告别》里曾写道:"每一次分离,我们挥别的不只是一些故人、一片土地,我们告别的更是一段岁月、一份割舍不去的情感,一个再也回不去的自我。"这般深情乃至煽情的话,读之总让人唏嘘。但是,令人欣慰的是,受益于科学和通信的发展,真正的告别是不可能的。今天,即便你们挥别了校园,但对法学院来说,你们永远不会真正离开,你们永远在线着,在场着。时间的流逝，空间的转换，不过是变换了一种存在的形式。你和法学院，你们和我们，必将永远存在于彼此的存在！

最后，再次衷心祝福每一位追梦人，你们的未来不是梦，愿你们前程似锦，美梦成真。谢谢！

【本文系作者在上海外国语大学法学院 2019 年毕业典礼上的致辞】

感受法律之美

各位2019级的新同学：

上午好！挥别了亲人和朋友，挥别了光荣的高中或本科时代，挥别了曾经的辉煌或遗憾，今天你们意气风发地来到了上外，来到了上外法学院，开始追逐你们新的梦想。毋庸置疑，这是一个历史性的时刻。首先，我代表法学院全体师生，对你们的到来表示热烈欢迎。

进入法学院，即是法律人。这意味着大家从现在开始，就要逐步确立自己法律人的身份意识与认同，树立起法律信仰和法治精神，"持志、崇法、明辨、笃行"，以笃志不倦的学习态度，抱诚守真地去探索法律世界之美，并孜孜矻矻地推进法治的壮丽事业。有鉴于此，我今天致辞的题目就叫"感受法律之美"。

首先，法律之美在于其历史之美。众所周知，世界上最古老的三门学科是神学、医学和法学。神学解决的是人的灵魂问题，医学解决的是人的肉体问题，而法学解决的是人与人之间的问题。如果从古罗马算起，法学已有几千年的历史了，中间经过中世纪神学的洗礼，近代的理性化建构，以及民族国家的法典化实践，乃至今日的法律全球化等，整个法学史就像一条源远流长、奔腾向前的河流，主流与支流交汇，干流与分流错杂，浩浩荡荡，起伏蜿蜒，俨然构成了一幅壮美的长轴画卷。其间，一些伟大的人物和伟大的事件在一些伟大的历史节点，间或改变了河流的流向与样貌，使它呈现出一种波澜壮阔而又摇曳多姿的历史之美。我们学习法学，首先就要感受法律的历史之美。

其次，法律之美在于其思想之美。从历史与世界的视野看，法学思想浩博精深，法学学派千姿纷呈，法律学说丰富多彩，呈现出一种千姿百态、气象万千的智慧之美。每一种法学学派与法律思想，包括人与作品，都从各自的角度建构了自己的理论体系，揭示了它们对法学、对人与世界的独特体认，提出了各具特色的法治方案，从不同角度和不同程度上深化了我们对法律的理解，推进了法学的进步与繁荣，为人类的善治和共治作出了贡献，可谓各美其美，美不胜收。各种法学思想争奇斗艳，各领风骚，共同构成了万紫千红、欣欣向荣的法学百花园。我们学习法学，就要充分感受法学的思想之美与魅，并不断提升自己法学审美的趣味与能力。

再次，法律之美在于其德性之美。法律之美，不唯形式之美，更在德性之美。民国著名法学家吴经熊先生说："吾人研习法律，应当知道正义是以真为基础，以善为目的，而以美为本质……正义的美是不能用言语来描写的。"法的价值丰富多元，最本质的价值端在自由，自由乃是人之最美的人格姿态和存在状态，彰显了法律价值的德性之美。德国法学家拉德布鲁赫说："法律制度所考虑的，不是要人们都像哨兵一样时时刻刻目不转睛，而是要他们偶尔也能够无忧无虑地抬头观瞧灿烂的星光、盛开的花木和生存的必要及美感。"法之美，服从并彰显的是"人之美"和"存在之美"。我们学习法学，就是要深刻体认法律的德性之美，坚定捍卫人的自由与人性尊严。

复次,法律之美在于其秩序之美。常言道,秩序美是所有美之最。美国法学家富勒说:"法律是使人们的行为服从规则治理的事业。"人类的法治乃是规则之治,最终的目标,是建构一幅人类理想秩序的美丽图景。从立法美学看,一个理想的法律规范体系,就像凯尔森说的,体现了一种规范而整齐的韵律美,各种层级的法律规范以"基础规范"为根基,形成了一个结构严谨、错落有致的法律金字塔,"看上去很美"。而且,人类的法治事业正是旨在以立法的方式塑造美的社会秩序和心灵秩序,彰显美的规律,体现现实中人的审美情趣和美学意境。一种理想的法治彰显了一种和谐的秩序之美。我们学习法律,就是要从文本与实践的角度,来感受法律的秩序之美。

最后,法律之美在于其实践之美。古罗马哲人塞尔苏士曾指出:"法乃公正善良之艺术。"法律在本质上属于实践理性,它不仅是一套关于善与公正的规则知识,还是一种恰如其分地实施善与公正的艺术。英国柯克爵士就曾指出:"法律是一门艺术,在一个人能够获得对它的认识之前,需要长期的学习和实践。"所谓法律艺术,乃是指在法律实践活动中创造性地解决相关法律问题的方式、方法,体现了法律的智慧之美。吴经熊曾言:"司法即艺术,而卓越的法官即艺术家。"只有"技术"而没有"艺术"的法律实践,是一种机械而僵化的实践。高超的法律技艺需要一种健全的法感。这法感揭示与彰显的,就是法律实践的感性之美。

下面按照惯例,我想对大家提几点希望,并与大家共勉。

首先,要多读书,培养浩然的书卷气。读书是一件多么美好的事儿。想想吧,在人的一生中,居然有这么一段美好时光,在你精力、记忆力以及好奇心正爆棚的时候,有这么一个安静幽雅的校园和卷帙浩繁的图书馆,让你们在里面心无旁骛地专门读书。从一个过来人的经验看，这实在是一个人一生中一旦错过便永不能再得的幸运与幸福了。而且，按照宋代著名诗人黄庭坚的说法："三日不读书，则面目可憎。"可见读书具有以内养外、内外兼修之养颜功效呢——这当然是个玩笑了。苏东坡说得好"腹有诗书气自华"，读书人身上散发出来的这种独特气质与风格，叫书卷气，这是读书人与众不同的身份特征。当代大学生就要有一种书卷气，希望大家要珍惜宝贵的青春时光，发愤读书，多读书，读好书。

其次，要多实践，塑造健全的"法感"。马克思主义实践观告诉我们，实践是认识的来源，是认识发展的根本动力。我们研习法律，一定要理论联系实践，在实践中深化认识，提升认识，发展认识。陆游说"纸上得来终觉浅，绝知此事要躬行"，法学院院训"持志、崇法、明辨、笃行"里，最后并最重要的一环，就是笃行，就是实践。丰富的法律实践能塑造我们健全的法感和敏锐的法律直觉，从法律技术到法律艺术的飞跃，需要的就是这种经由法律实践塑造出来的法感。德国法学家耶林就特别强调法感的重要性："先听听你们法律感觉的声音，然后才开始做法律上的理由构成，倘论证结果与法律感觉不一致，则说明这项说理就没有价值。"希望大家在法律研习过程中要极其重视法律实践，在具体而丰富的实践中感受法律之美。

最后，要多思考，修炼明锐的"法眼"。对于法律人来说，勤于思考是一种优良的学习方法与学习习惯，孔子说"学而不思则罔，思而不学则殆"，揭示的正是学与思的辩证关系，转化成当代话语，就是既要学深，也要悟透。勤于思考也是法律人应有的职业素养。当代社会，法象万千，迷离扑朔，需要我们修炼出一双明锐的"法眼"，塑造深刻的法律洞察力，在错综复杂的法律现象背后准确地把握法律的本质，作出正确的法律决断。需要注意的是，多思考，不仅包括勤于思考，还包括善于思考。这需要我们在法律研习过程中自觉培养法律分析与推理能力，逐步掌握法律推理的方法和技巧，真正实现"像法律人那样思考"。

同学们，新的时间开始了，新的挑战和新的光荣也开始了。希望你们能秉持上外"格高志远，学贯中外"的校训精神，不断放宽法学的视野，诠释世界，面向未来，在法律的研习与实践中不断感受和享受法律之美，努力把自己塑造成具有上外特色的涉外法律人才。最后，祝大家学业顺利，生活愉快，硕果累累。谢谢！

【本文系作者在上海外国语大学法学院2019级新生开学典礼上的致辞】

伤 与 逝

前天,堂弟给我发来了消息,"村里的三儿过了"。三儿是我的发小,长我一岁,属虎,我们一道上学,放牛,野泳,长大。去年检查出了肝癌,晚期。虽然对这个消息,我已有一些心理准备,但一旦真确地听到,依旧觉得一阵胸闷。我给堂弟回复了五个字:"悲惨的命运。"

其实,前些天,母亲在电话里就和我说,三儿已从医院里抬回家了,"医生说没有用了"。就安置在他家老屋的大厅里,他在各地打工的兄弟们都回来了。"肚子胀得很大,听说也就这几天了。"母亲一面叹,一面说。当时我听了,乃竟夜黯然,唏嘘不已。

晚上,同在青岛的另一位小学同学说,他亦恻然。次日,让初中的同班同学去家里看望,发来十秒钟的视频。视频里的三儿,已是皮包骨了,静静呆坐在竹床沿,一双深陷的眼睛茫然地张望着。他的母亲在旁说着什么,听不清楚。

三儿家的另外一个悲剧发生在去年上半年,三儿的妻子骑车搭九岁的女儿放学回家,在路上遭遇了车祸,女儿的一条腿及胯部被卡车全部碾坏了。当夜被送往南昌急救,切除了三分之一的躯体,神奇地活下来了。一条腿没了,生殖组织也被切除了,胯部的脏器裸露着。

  三儿和我联系，咨询了赔偿和保险的事儿。下半年，转到上海进一步治疗，当时我已在加拿大访学，通过手机和他联系过几次。讵料在上海护理的三儿，竟查出了肝癌，随后开始治疗。病情稳定后，父女回到村里。三儿没再去治疗，在家里吃中药，"冬天，就在门槛上坐着，晒太阳，有时候打打牌"。

  昨晚，给家里打电话，母亲说："三儿是昨天过的，家里的亲戚从四面八方都回来了，脱产的，打工的，好几桌。守了七八天。他一口气一直吊着，舍不得死啊。前天，死的时候，他眼睛也一直睁着。——女儿这个样子，他怎么舍得走。他老婆这两天没有哭，她说，我不哭，我早就没眼泪了。"

  三儿，一路走好！如果人世间真的有神，请许他一个美好的来生。

广 播 操

说起广播操,每个人都有一段深刻的记忆,我也是。自打小学一年级起,便开始做广播操了。那时候做早操,极为敷衍,东划一下,西划一下,丝毫感受不到运动的快乐。想想也是,对于一个经常参加田间劳动的孩子来说,对早操了无兴趣,自在情理之中。

每天早晨,我们的老师们也排列在两旁,和我们一起做操。记得有一位女老师,叫李健康,是我们五年级的班主任兼语文老师——这是我们最为敬重的启蒙老师。李老师喜欢穿一件红色毛衣,每次做操都非常认真,物我两忘,她的每一个动作都非常精准、舒缓而优美。

校长是一位姓曾的数学教师,很年轻,很英俊。他每天也一起做早操,不过,他的动作很别扭,手脚不搭。曾老师有一个小小的习惯,很喜欢打响指。每次下课,他总愉快地打着清脆的响指离开教室。我小时候曾向本村的振华借过一本《红楼梦》,在放牛的时候囫囵吞枣地读过几遍,记得书里面对打响指有一个注释,认为打响指乃是古代男子的一种轻佻的表现,当时便很疑惑。

小学的课间不做广播操,而做眼保健操。全体学生聚集在操场上,伴随着清脆而有节奏的哨子声,安静地做操。当然,孩子们的心总是不能安静的,大家都心怀鬼胎地想着一些好玩的事儿。记得旁边的塘边村有个男生,上学路上逮到一条蛇,便将胆取了出来,带到教室,向一班女生炫耀。另一个男生便激将,倘他能将这枚蛇胆生吞下去,方算得英雄好汉。捕蛇英雄一时豪情飙起,当场将蛇胆吞下,众皆叹服,乃人送外号"蛇胆英雄"。

我的初中是在溧江初级中学读的,按那时候的作息制度,每天早上,大家六点起床,然后在学校附近的一条小溪旁洗漱。溪水是从山里流出来的,在没涨水的季节,溪水很浅,很清澈,刚刚没过小腿。在夏天的傍晚,我们经常端着饭碗,一边吃饭,一边赤脚在小溪里蹚着水,聊天漫步。和风习习,稻香阵阵,小鱼儿在光滑的鹅卵石间嬉戏,那情景,最是浪漫。

到了冬天的清晨,学生们都蹲在小溪边就着冰冷彻骨的溪水刷牙、洗脸,每个人的手和脸都冻得通红。洗漱罢,大家便按照班级迅速在操场列队集合,开始做广播操。冬天的清晨,晨曦未起,寒气逼人,整个操场显得空旷肃静,只有嘹亮的音乐声在回响。做完早操,便开始晨跑,每个班级奔跑在中学附近的各条田埂上,一时尘土飞扬,一二一,一二一,喧声四起,很多附近的村民在睡梦中被吵醒,颇有意见,最后也不了了之。

初中的课间也要做操。老师们一般不跟着我们做,只是背着手站在旁边威严地凝望着我们。夏天我们一般是穿拖鞋的,每次到踢腿动作,总有同学将拖鞋踢飞,便红着脸手忙脚乱地冲出去捡拖鞋,狼狈不堪。体操做完便是校长训话时间,声色俱厉,像拿破仑训话,内容无外是自习纪律和打扫卫生之类——"厕所是哪个班包干的?小便池打扫过了,为什么还这么脏,为什么?我们就是要多问几个为什么。"

高中的广播操和初中差不多,分两次,早晨做一次,课间休息时再来一次。我高一的班主任姓邓，是一位刚从师大毕业的年轻老师，戴着一副宽大的茶色眼镜，很随和，也有点拘谨。她喜欢反剪着双手在队列里走来走去。上午做操的时候，邓老师就站在我们的队列前面，庄肃地面对着我们，双手依旧反剪着，右手偶尔推一推眼镜，或捋一捋刘海。

高中做操的记忆很平淡，唯一记得的一件事，是高三冬天的某个早晨，天色灰朦，雾气浓重，有一位女同学在冲向操场的路上，因为没看清脚下，结结实实被树根绊倒在地，当时我刚好走在她后面，便伸手将她搀了起来。这位女生和我同一年级，我至今依旧记得她站起来后脸上带着的既感激又有些羞愧与尴尬的神情。

进入大学后，便不再做广播操了，现在算来，竟已二十多年了。其间之浑浑噩噩，竞奔往复，竟不必提了。有时候，想想那些做广播操的日子，虽然艰苦一些，贫乏一些，但很踏实，感觉双脚坚实地踏在土地上，往一个光明的前景迈进。因此，做早操不仅仅是一项简单的运动，还代表了一种积极健康的生活方式与人生态度，更象征了一种久违了的神圣而永恒的力量——青春的力量。青春永远不老！

吉光片羽

四十岁了,就写几句吧。四十年,一半在农村,一半在城市,一半是海水,一半是火焰,幸哉,不幸哉,难以评说。但所见所识,也算完满。吉光片羽,谈几个词儿吧。

甜芦粟。江西联产承包责任制搞得晚,搞的时候,我已懂事了。还能想起父母和村人一道下地的情景。吃饭也是吃大食堂,父母吃好后,给我们孩子们带点回来。印象中最好的美味,是猪肉炖粉丝。有一天,"双抢"深夜,我醒来,父母不在,便惛惛走出门去找,发现他们坐在菜园里,静静地吃甜芦粟。看背影,已是极疲惫,想是刚从田里收割回来,饿了,就吃点甜芦粟充饥。见到我,便问:你怎么还没睡?吃不吃高粱?这个场景,历历在目。甜芦粟是上海的叫法,江西叫高粱。

分牛。我家四个孩子,两个哥哥,双胞胎。一个姐姐,我最小。我们家的牛都是我负责放,因为没有人接班,而牛是一定要人放的,我又最小,所以暑假寒假放牛的任务一直坚持到高考前。记得分单干那年,村里的牛全部牵到晒谷场,每头牛的牛角上都烙上了数字,每家每户抓阄,按抓到的号码牵回去。记忆中应该分过很多次牛,因为我好像放过好几头牛,都是黄牛,有几头牛的样子我依旧记得,朝夕相处，自然有感情。自己家的牛，威风凛凛，总觉得很帅。喂饱了，一路沐着夕阳，更帅。

借粮。家里只有父母两个劳动力，四个孩子，口粮经常不够，记得好几次去山区的外公家借粮。山区田多，粮也多一些。虽说是借，其实也没让还，还有各种接济，辣椒、茄子、南瓜、冬瓜等，如今思来，依然很感动。每次借粮，父亲就带着我们三兄弟，拖着一辆板车去。遇到山坡，我们就在后面推。在溧江圩镇，有个卖冰棍的冷饮店，就停下来歇一脚，进去买几根冰棍吃。印象最深的是糯米冰棍，上面一层糯米，又香又甜，口感特别好。感觉此生就在那儿吃过糯米冰棍，后来再没见过、吃过，特别怀念。

苹果。我在大学前没吃过苹果，有时候自己也觉得奇怪：没吃过吗？真没吃过吗？后来又想，也没啥奇怪，当地不产苹果，但有其他水果，比如橘子，橘子吃得就多。花钱专门去买水果吃，农村好像没这习惯。比如菠萝蜜，我现在也没吃过，也没觉得啥，不必上纲上线拉二胡悲情。小学语文课本上有一课，讲总理向一个小孩问路，给了他一个苹果，插图里的苹果又大又圆，就心动：苹果究竟啥味道？后来到了大学，宿舍里有个浙江同学，父母来看他，带了些苹果过来，才吃过第一个。记得村里有个人，跟老婆吵架，想喝农药死，先去路边买了个苹果吃，尝尝。吃了，再喝农药，最后被抢救过来了。真事儿。

花生。村里的花生也是分的，其实什么都是分的。一般过年前分，分了，家家户户就炒，香得旁逸斜出。炒好后，就用油布袋子包起来，再藏起来，供过年用。冬天农闲，所有妇女都去村里的仓库拣花生，挑出饱满的来，做种子。总有人馋嘴，会偷偷往嘴巴里塞。村里就规定，收工时，每人用水漱口，吐出来，看看，吃没吃花生，一目了然。花生这辈子也不容易，很难善终，即便藏过了冬，到了开春，被队里种到地里，也常被孩子们偷偷刨出来吃。躲过了炒花生一劫，最后还是进了胃。可怜。除非长出了芽，才算保了命。其实，红薯也是，常有被"刨坟盗墓"的危险。

幼儿园。有时候也好笑，我居然还读了幼儿园。那时候村里办了幼儿园，啥原因办的，从没问过，反正就是有。村里请了个识字的妇女教我们识字、唱歌、做游戏等，包括六一节去镇里搞会演。想想，还真有模有样，算得上是阳光灿烂的日子。记得灰姑娘啊、白雪公主啊、花蝴蝶啊之类的故事和歌曲，都是那时候听的和唱的。基本的数数也教，手指头和脚指头都数得很清楚，一个两个三个……没数多一个，也没数少一个。除非有人真的是六个指头。

想来想去，自己的童年还算是完整的，酸甜苦辣，该有的都有，挺全的。那时候，空气也好，山水也好，花花草草，都挺好。饮食虽粗粝一些，但安全，也挺好。猪肉是猪肉的味道，鸡肉是鸡肉的味道，人与人之间，也是人情味儿。对这样的人生，从未抱怨过，还觉得挺骄傲的，就是这样。

秋的况味

前几日，听广播说，上海正式入秋了。看来入不入秋，不能自说自话，须待权威部门宣布才行。但所谓入秋，对于生活在都市里的人来说，除了天气渐渐地凉了起来以外，似乎没有什么特别的意味。毕竟，在一个钢筋水泥建构的空间里，白的永远是白的，灰的永远是灰的，绿的便永远是绿的——据说都是从国外引进的四季常青的品种。总之，四季之轮回，庶几不过是气温上的变化而已。但现在因为有了空调，似乎连气温上的变化亦可忽略不计了。

但在乡下，在山区，四季之轮替还是极为分明的。春夏秋冬，给人呈现出不同的自然景致与生活世界，山水草木，花鸟鱼虫，都是活在四季里的，每一季都有每一季的节目和美好。春天是春天的颜色，夏天是夏天的颜色，秋天是秋天的颜色，冬天自然有冬天的风韵了。即便是村头的一棵柿树，一方池水，亦能烛微四季轮回的痕迹来。——这是一种多么自然而温暖的存在呵。记得三年前小儿出生，正值深秋，我便在其名中用了一个"旻"字，意指秋季的天空。可见连天空亦是季节轮回着的，更遑论秋水与秋风了。

前些天，偶然读到一篇文章，说悲秋也者，乃是农耕时代的心理沉淀，里面似乎还有一些 nostalgia（乡愁）的意思，云云。还有其他一些理据，言之凿凿，似是而非，就不去说它了。但每至秋天，凉意渐浓之际，我便常常有一种隐隐的冲动，想回到故乡去，回到村子去。每日，在清晨起来，加一件衣服，迎着晨曦和薄雾，独自到田野里走一走。可见，至少在这一点上，倒是极真确的。

冬的遐想

这几日，天骤然冷了。电台宣布，上海正式入冬了。听到后，竟一时分辨不出，这是好事，还是坏事。与大学同学聊起，便同我感叹：想当年，在华东政法大学的韬奋楼里晚自习时，教室的木窗斑驳不堪，玻璃残缺，四处漏风。大家个个冷得抖抖瑟瑟，无处藏身，端的天可怜见。这言下，颇有忆苦思甜，而往事不堪回首的意思。

韬奋楼的清冷，的确让人印象深刻。楼，是老楼。因是木质结构，刷着深红的漆，回廊曲折，便显得格外幽深与肃穆。楼内的那股清与冷，更是浸到骨里，渗到灵魂里了。畏寒之辈，个个虾米一样，弓坐在课桌前，双手犹揣在裤兜里，腿却兀自抖瑟着，像菜市场里站在铁丝笼里的鹌鹑。倘要翻页时，便将下巴压在书本上，嘴唇与脸庞以及下巴，次第优雅地联动，竟能灵巧地翻开一页，继续淡定地读。这真的是一桩美妙的技艺。

这些年来，偶尔会去北方出差。住在供暖的房间里，端着一杯茶，便觉得特别的舒适与惬意。窗外冰天雪地，屋内照样穿着T恤或单衣，自在地踱步。看书，打字，烧水，泡茶，颇有人已胜天的风采。连日渐萎缩的人格尊严，似乎亦因之膨胀起来了。而在南方，便是重裘而立，倘不开空调，犹憷然有寒气，形容颓堕萎靡，更不消说读书和写作了。纵开了空调,倘要去其他房间,照样不便。偶尔便会构想:倘在北方过冬,看书与写作,或许会多一些吧。但这也未必。

早些年,每俟深冬时节,就特别喜欢躺在床上,就着台灯,掩被而读。倦了,就闭目睡会儿;醒了,便继续。此时看书的心境与效果,都是最佳的。但这似乎仅适于读闲书,如古代笔记小说之类。倘要读严肃的书,非得正襟危坐不可。记得多年前,读卡夫卡的传记,说贵老兄亦有卧床读书的习惯,有时竟一连几日,都在床上挺着。这大约也与天气的冷有关吧。——似乎又不太像,该是关涉忧郁症之类。但近年来,我的这个习惯渐渐戒掉了。毕竟,早上你得去买菜吧。

南方的冬日,最为温馨与浪漫的情形,便是围炉看书了。每天早晨起了床,父母已在老屋大堂的中央燃起一盆旺旺的炭火或点燃一块硕大的树根,整个大厅暖意丛生。现在想来,那便是家的氛味了。草草用过早饭,便围着圆炉,泡一杯滚烫的茶,捧一本书,悠闲地看。红彤彤的炭火,散发出温暖而安静的光和热,照亮了人的脸庞。此时倘有兴致,将一块红薯扔进去,稍许时间,一股清香便弥漫出来了。这番情形,洵为美妙。

每至深冬,心底下,便要和夏天比较,最后还是觉得冬的冷好受些。毕竟,倘是冷,自可加衣裳,一件,两件,三件,身体总能暖和起来。而夏季的热,固然可以脱,一件,两件,三件,可惜人皮是不能脱的,倘依旧还是热,徒唤奈何。或曰,夏天可游泳,可吃冷饮,可吃大排档……这些在城市,冬天其实也可以有。唯一的区别,便是对一些男女来说,夏天倒是秀身材、秀腹肌、秀人鱼线的绝佳时刻。可喜的是,这些咱都成功地避开了,乏善可秀。所以,还是冬天好一些。

我的父亲

9月24日,我正在合肥参加一个会议。凌晨两点左右,电话突然响起,接通,里面传来母亲悲痛欲绝的声音:"你爸爸刚刚去世了。……半夜起来,他觉得口渴,便起床去厅里倒了点水喝,回到房间,便重重地坐到睡椅上,我听到,起身去看时,发现便已经过了……"我闻得,一时惊怔住了,脑中模糊一片,母亲后面且哭且诉,竟一句也没有听到或记得了。

放下电话,面对着空荡荡的房间和窗外的茫茫夜色,我不知不觉已是泪流满面了,最后竟放声地恸哭起来。——的确是太突然、太意外的悲剧了。稍作调整后,我便迅速调整了行程,一早坐高铁回到上海,并携着妻子和两个孩子,踏上了回乡之路。张亦旻出生后,迄今还没有回过老家,本打算今年过年带他回去,参加父亲的七十大寿。讵料他的第一次返乡,竟是参加爷爷的丧礼。令人思之,悲憾何极!在高铁上,父亲的音容笑貌一幕幕浮现在眼前,让我的眼泪总禁不住一遍遍地涌出来,以致邻座的年轻人不时用眼好奇地看看我。

晚上近十点才回到村里,我携妻儿踏进家门,一眼便望见大厅里安放着租来的冰棺,父亲已经安卧在里面了。家里的亲人,哥哥姐姐叔叔婶婶们，都围坐在厅里，悲痛地哭泣着。我一时悲从中来，快步冲过去，抚棺放声痛哭。母亲在旁用沙哑的声音哭着对父亲说：海斌一家从上海回来了，小孙子也来了，前几天还在电话里叫爷爷爷爷，你每次提起他来就开心啊……隔着玻璃，我看到父亲安详地躺着，神情和平时睡着的时候一模一样。恸哭一番罢，我带领一家给父亲上香，烧纸，叩头。心下却涌想着：父亲确乎是离开我们了，我和兄弟姐妹确乎失去我们的父亲了。

晚上，我和两个哥哥按照当地的风俗，就在父亲遗体附近打了地铺守灵。大家又细细回顾了父亲的死因，看症状，该是心肌梗死吧。早一些时间，父亲便觉得胸口有些闷痛，到当地医院做心脏的常规检查，没有发现什么问题。随后对胃部拍片排查，竟发觉有较严重的胃窦炎，便按照胃病开始了治疗。其时，我已和上海医院的同学联系，准备中秋节后，让父亲到上海做冠状动脉造影，以彻底排除心脏问题。讵料竟在中秋节当日便出了事，端令人悲憾无极。剩下的时间，大家红着眼，开始回忆父亲的以及与父亲有关的一些事，唏嘘与悲恸兼之。

父亲是村里殡葬改革以后去世的第一个人。几年前为他和母亲添置的两副寿材，一个月前已经上交了，现在需要重新购置骨灰盒。还有葬礼中其他的一些细节，都是以前没有遭遇过的，兹事体大，需要结合传统和改革的要求，请村里的老人们一起来细细地商讨与论证。但有一点让人颇觉得有一些宽慰，因为县的公墓还没有造好，所以父亲还是可以安葬在祖坟山上的。因此，倘没有意外，父亲竟或许是村里最后一个能安卧于祖坟山上的人。我想父亲倘若地下有知，抑或会觉得些许的欣慰吧。

其实，对于生和死，父亲早就看得比较开，比较淡了。记得几个月前，家乡的地方政府推进所谓绿色殡葬改革，运动式地收缴民间的寿材。我便打电话询问父亲：你们制好的那两副寿材准备怎么办？父亲很爽快地回答：还能怎么办，政府下了文件的，大家都要交，我们自然也交出去。我听到，便感叹：原本担心你们二老会想不通，不想竟如此想得开。父亲便叹道：人活在世界上，活着就活着，死了什么都不知道了，在哪儿都一样。讵料一语成谶，令人忆及犹恸。

还有就是十年前，我爷爷去世。父亲和叔叔们把爷爷的遗体送到殡仪馆火化。那天晚上，父亲回到家里，红着眼，用极疲惫而沙哑的声音，一迭声地同我感叹：人这一辈子真没啥意思啊没啥意思，死了，也就死了。那个场景，那些感叹，一直印在我的脑海里。前些天，当我和哥哥姐姐把父亲的遗体送到殡仪馆火化，目送着父亲的遗体，在家人和亲人悲怆的哭声中，缓缓被推进焚化炉，我心里也涌起了父亲当年一样的意绪。对于生和死，以及人生的意义，便有了新的彻骨的认识。

从殡仪馆回来的晚上，我们一家人聚在一起，整理父亲的遗物。在抽屉里翻出了父亲多年来悉心收藏的一些物品，包括他一笔一画写的账本，上面非常细致地记录了他每日的开支：某日，理发多少钱；某日买种子多少钱；等等。工工整整，无微不至，让人睹之潸然；我还在里面找到了我的研究生录取通知书，以及大一时候的法学教材，笔记本，还有大学期间写的日记残篇，等等。看着这些泛黄的物什，我和家人不禁又陷入新的唏嘘与悲痛了。

关于父亲，关于父亲的一切，我想大约需过一段时间，甚或过许多年之后，我才能真正地沉静下来，写一些回忆的文字吧。记得十年前，我在纪念爷爷的文章里写道：爷爷一生平凡，没有做过什么惊天动地的大事，也没有说过什么豪言壮语。他的一生，也许在历史家的眼里是微不足道的，属于另一种"沉默的大多数"。我想这些话，对于父亲来说，也同样如是。父亲很平凡，但之于我，之于我们兄弟姐妹，之于我们家族，却是一座伟岸的丰碑。我们是他血脉的延续，更是生命的延续。

古人的诗里写得好，"亲戚或余悲，他人亦已歌"。所谓亲人的余悲，乃至他人的挽歌，在我看来，倒不是因为罹患了常见的健忘、冷漠或麻木，而是生活在经历了悲痛以后，还得继续，并且还得更精彩地继续。维特根斯坦说，所谓理解，就是懂得如何继续。但仅仅活着，并非真正的继续，只有更踏实、更坚定、更有意义与更精彩地活着，才是对于人生真正的理解，才是一种真正的"继续"——以及，对逝者最高的纪念。

最后，值得提一下的是，在父亲入葬那天（9月28日）傍晚，当大家把父亲的坟筑好后回到村里，此时天空竟淅淅沥沥地下起雨来了。随后，在父亲坟墓方向的上空，亮起了一道彩虹，长达二十多分钟。大家远远地眺望着，都觉得惊奇不已。当然，这些都是正常的自然现象，自不必去做无端的想象，但对于我们，心下依旧略微感到了一些欣慰。这道美丽的风景，便是对父亲最好的悼念了。——亲爱的父亲，您一路走好！

我们的爱

下午，去托儿所接小孩，路上遇见一个熟人，便站着攀聊了几句，但也因此迟了三分钟。待到教室，里面除了老师与阿姨，竟已只剩孩子一人了。见到我，孩子便委屈地反复嗔："老爸，就我一个小朋友了，就我一个小朋友了。"回到小区，进了电梯，犹与隔壁的老太太诉："就剩我一个小朋友了。"——看这番情形，回到家里，他还定要向老妈告状的。

想来颇为好笑，每日去接孩子，准时到达之际，却见一簇簇爷爷奶奶或外公外婆们，早已厚厚地聚在校门口了。有的甚至探头探脑，手攀着栅栏，抵着头往里凑着看。偶或瞥到了孩子的身影，便喜得无可无不可，兴奋地叫："你们瞧，那个穿蓝色毛衣的，就是咱家的阿宝呢。"继而，又兀自疑道："咦，怎么裤子换成了灰色的？哦，肯定午休时尿床了。"有的，则三五一群地聊着育儿经、米粉、奶粉、中文、英文、苹果、杧果，个个滔滔不绝，兴奋无极。据说有的人每日都是提前一小时，便已在门口候着了。与人提及，却总喜洋洋地自怨自艾："有啥办法？一天辰光没看到阿拉囡囡了，心里想煞特了。"

时辰一到，铁门开启，人群便如百米冲刺一般，争先恐后，涌向教室，情形不输那美利坚合众国的黑色星期五。不消几分钟，园内的孩子便被"洗劫一空"了。接着，便两个一组或三个一组，甚至四个一组，各自把孩子围定，仿佛隔了三秋一般，从头到脚，拿眼细细打量，再细细地问：今日开心否，吃得好否，睡得好否，打人否？被人打否？倘若回答略有模糊，还要拉了孩子，找老师一一核对，确凿方罢，恍如检查刚刚解救出来的被绑儿童一般。最后发现一切安好，各小组便牵了孩子的手，一字排开，莺歌燕舞，兴高采烈地回家去了。

老人片段

- 隔壁住着一位八十多岁的老人，丈夫多年前去世了，她和儿子住在一起。每天孩子们上班去了，她便倚在走廊的阳台上，静静地望着街头，眼神空洞而落寞。每次我出门，她总微笑着和我点点头，她说的本地上海话，我听不大懂，但总装着听懂的样子，停下来和她聊点天气什么的，此时我能看到老人脸上流露出的欢欣。

- 楼上有对老人，儿子快四十岁了，结婚多年，在外企工作，一直不想要孩子。老两口便养了一只泰迪狗，取名卡卡，经常在电梯里遇到，为防止小孩受惊，他们总亲热地呼唤："乖囡，到阿娘（阿爷）这边来。"神情亦是宠爱备至，浑如对待自己的孙儿，老人自豪地对我说："阿拉卡卡很聪明的，除了不会说话，什么都懂。"

- 忘了在哪部国外电影里，看到一位老人语重心长地对一个男孩说："孩子，'应该'是一个很危险的词儿。"当时就觉得这话很酷，很有哲学味儿。琢磨一下，所谓"应该"也者，言下包含着对现实与现状的一种否弃，不满足和不满意，以及对于更美好的事物与状态的向往。所以这个词里面蕴涵着一种革命与抗争的可能与意味。也即，人一旦开始谈"应该"了，便意味着开始质疑现状与现实的合法性与正当性了。

● 到绍兴的青藤书屋去看看，一路尽是七曲八折、斑斑驳驳的街巷。经过一个老宅门时，有个老人搬了矮凳坐在门口，双手抱膝，正安详地对着一只黄狗说话，偶尔用手指点点它的脑门，似乎在训示着什么。狗认真而无辜地仰望着主人，像个孩子般，偶尔扭过头看看我，偶尔朝门内望望。我在旁静静看着，像欣赏一幅油画。

● 莫泊桑的短篇小说《悔恨》里，一事无成的独身老人萨瓦尔先生总反复想象着自己即将孤凄死去的情形："……多么可怕啊。别的人仍将生活，恋爱，欢笑。是的，别人将玩啊乐啊，可是他却不存在了！奇怪的是人明明知道自己必死无疑，可是照样还是能够笑，能够玩乐，能够高高兴兴……"读到此处，不禁停卷唏嘘。这似乎是我第一次读到将老人的心态写得这般坦白的文字。虽然，总未免消极了些。

● 小区里有个十几米的凉棚架，爬满了各种藤植，颇阴凉。每日早晨，老人们便聚集其下，或健身，或纳凉，或者闲聊。坊间故事，家长里短，或山海经，或野狐禅，总是免不了的，偶尔关涉业主自治与物业之管理，颇有哈贝马斯的公共领域之效。待到晚上，乃至深夜，亦有老人在其中佛般地闲坐着，静看此月色与夜色。

成东书记

前几日，读到一则新闻，报道的是大学同学刘成东从合肥市直机关，下到肥东某贫困村任第一书记的事儿。五年之期，带领村民盖大棚，搞养殖，修马路，建产业园……心力与精神与之，极大地改变了贫困村的面貌，令人感佩。

成东下乡扶贫的事儿，我是前些年去合肥出差，与他见面时才获知。当时颇觉意外，感觉这是个颇为艰难的选择。这些年来，在朋友圈，偶尔能见到他晒出的驻村照片——田野、蓝天、河流、庄稼及花草等，透着一种忙并快乐着的鲜活气息，乃点赞不已。仔细想来，成东耐心、真诚、朴素、勤劳还有公道，以他的性格和品格倒是极适合去做细致的乡村工作，并能谋有所成的。现在看来，果不其然。

去年9月，我去合肥开会，成东邀了几个华东政法大学校友一道在农家乐聚聚。点菜的时候，他边挑选，边琢磨：这道菜比较辣，符合你的口味；这道菜，某某应该喜欢的；等等。他特别善于从别人的角度，设身处地来考虑事儿，安排事儿。这是做基层工作和群众工作特别需要的一种品格。席间，他对村里的工作亦津津乐道，绝无烦言，似乎只要搁在他肩上的事儿，便发愿义不容辞地做好。

我感觉在扶贫之余，成东依旧保持着良好的阅读习惯。聊起一些书或学界动态，皆能娓娓道来，臧否甚详，是个学习型第一书记。当时，全国外法史年会正在合肥开，他得知几位法学名家与会，便请我引介之。会间，见到了何勤华教授、徐国栋教授、贺卫方教授等，乃合影、聊天、致意，执礼甚谨。在驻村之余，对学术与思想依旧怀持着炽热的情怀，殊为可贵。

上周在研究生课上，有学生问我对"沉思的生活"的看法。我说，沉思的生活固然美好而可欲，但总有些精神上的自了汉的意味。真正有意义的，须以介入的姿态去改变这个世界才行。人之一生，倘仅仅在书斋中气象万千地读与思，或许未必比把楼下一辆被风刮倒的自行车扶起来，更有意义。因为后者，真正"介入"了世界。按儒家的说法，是立了功。

昨日与大学同学聊起，年届不惑后渐渐地发现，一个人倘能有一次机会，倾注自己的心力与爱，去做一件能改善别人的命运，并于自己的内心亦能获致快乐与安宁的事儿，无疑是极伟大而令人尊敬的。至于个体之进退与得失，有时倒是次要的，至少远不及年轻时想象的那么重要。无疑，成东走的，便是这样的道路。

鱼的故事

早晨，去买鱼。鱼摊前，有个阿姨正向卖鱼的中年女探问：侬这儿有鲐鲅鱼卖吗？给我挑两条。阿拉女儿上班前说要吃啥鲐鲅鱼，我从未买过，字儿还不知道如何写呢。卖鱼女听到，攒眉想了想，指着铁皮案下的一堆鱼，说：阿姨，这就是鲐鲅鱼，不过咱一般叫它青占鱼，就是这个。阿姨听了，脸露疑色，恐有误，再四强调道：阿拉女儿叮嘱买的是鲐鲅鱼，没说青占鱼哈。卖鱼女笑道：青占鱼就是鲐鲅鱼，您放心吧。

俺在旁听到，颇觉新奇，考据癖一时发作，便插问：这"青占鱼"三个字怎么写？卖鱼女用手指画空道：青，就是青青河边草的青呀。占，就是上面一个萝卜的卜字，下面一个口字。俺听了，心神一时晃了晃，极速脑补了一下，说，那岂不就是占领的占字？她说，对对对，霸占的占。俺一时好奇，便掏出手机，百度了一下，发现青占鱼果然就是鲐鱼。但还有一种鱼，叫鲅鱼，因与鲐鱼外观颇类，坊间容易搞混，乃笼而统之，混叫鲐鲅鱼。

于是，问题来了。我古道热肠地揣问：阿姨，您要买的鲐鲅鱼，到底是鲐鱼，还是鲅鱼？查下来，这可是两种鱼呢。阿姨听到，脸上一时慌了——这青占鱼究竟是不是鲐鲅鱼，尚未彻底定谳呢，揆诸现在之情形,似乎连这鲐鲅鱼,竟也行将被解构了。乃一面用手拭了额上的汗,一面骇然以惊地道:噶复杂啊,阿拉亦勿晓得呢,女儿出门前只说要吃干煎鲐鲅鱼,没说是鲐鱼还是鲅鱼呀?

我说,鲐鱼的形状是椭圆的,鲅鱼则略呈圆状。观此鱼状貌,该是鲐鱼吧。卖鱼女也从旁提醒:你打电话问问女儿,到底要吃鲐鱼还是鲅鱼?或是不是又叫青占鱼?阿姨一时猛醒,迭声说倒是倒是,掏出手机,一旁径去了。过了一歇,又捧着手机,如释重负地回来,说:阿拉女儿说勿论鲐鱼鲅鱼,都行。唉,烦得来,其实呢,这鱼也勿是伊要吃,是伊最近寻了一个男朋友,外国人,今朝第一趟上门,说平素最喜欢吃啥"马克罗"(mackerel)……唉。

伊的独白

下午,叫了一辆出租车。司机是个女的,头发灰白,看样子竟快六十了,人却极精干,亦很健谈,一路聊过去,从她的话里得知,她年轻时在安徽插过队,吃过苦,因为家里只有她一个孩子,一年后就回城了。二十世纪八十年代就开始开出租,有个儿子,学法律的,在美国做律师。

她一面开着车,一面嗒然若丧地说:"唉,本来我是不想接你这单的。平台发来消息时,我刚送儿媳妇去浦东机场回来呢——她去我儿子那儿,想在那边买房子定居了。说实话,我本不想再接单了,回家休息去,想想呢又刚好顺路,就接了。今天遇到一桩事体,心里堵着不适意,不想开了。"我信口笑问,是不是被交警逮着了?她说:"这倒不是,其实这桩事体,也是很小的事体,却让我轧出儿媳妇三四分苗头来了,看来她心里还没把我当自家人呢。机场回来路上,我心里一直盘盘转转,灰了一大半。"

"昨天晚上,她打电话来,说让我上午帮她一道收拾行李,再送她去机场。放下电话,我就和老头子说,明天咱留个心眼,试她一下,看看她房子里的那些日常用度,油盐酱醋啊,冰箱冻着的东西啊——还有那几包米,泰米,二十多元一斤呢——到时候会不会让我带回来，按说这是桩很正常的事体，对伐？哪曾想，今天我一大早赶过去，辛辛苦苦，又抹又擦，汗嗒嗒滴，帮她收拾了一上午，那些东西怎么处理她一句都没提。临出门时，竟说已把房子的备份钥匙给她姨妈了，让她下午打的过来把冰箱里、厨房里不用的东西统统收拾了拿回去。当时我听到这些话，心里赛如掉进了冰窟窿，你看看，这么一桩小事体，就把她试出来了，我和老头子一直把她当自家女儿一样，她却没把我们当自家人，你说气人伐？"

"其实呢，我也不在乎这点钱，在乎的是她有没有这份心。跟你讲讲勿搭界，我打二十世纪八十年代就开出租了，那时候赚得动，加上我这个人老聪明咯，真的老聪明——大家都说我这个人老灵的。那时候，我一面拼命开车赚钞票，一边这里投资一点，那里投资一点——我这个人真的很聪明，股票也做做，基金也做做，一九九五年我就买了第一套房子了，现在上海的房子有三套，北京还有一套，昆山有一套，海南岛也有。嗨，你说我怎么会缺钱？缺她家那点油和米？我在乎的就是她有没有这份心，对伐？刚才回来路上，我就决定了，下半年他们不是要在美国买房子吗？我出钱可以，但只写我的名字，不写儿子的名字。防人之心不可无，对伐？现在看来，这女的是啥做派，我还得继续看。"

我问："既然你经济上这么宽裕，为什么快六十了还开出租？不妨像其他老人一样，国内外环游一圈，多潇洒！"她嗤了一声，说："旅游有啥花头？依我看，旅游这桩事体是人世间最最戆的事体了，花钱买罪受，还不如花钞票买点人参、海参啥的，回家泡泡弄弄，真真补到自家肚子里去，对伐？我早想好了，到明年不做了，就去买张健身卡，在跑步机上跑跑。假使不跑，亦可以去健身房里洗个澡，沐浴露洗发水啥的都是现成的，莲蓬头水也大，休息室里有空调，还有沙发、果盘和茶水，多少适意，比那班跳广场舞的人强似多少倍？晚上空气那么差，乌烟瘴气，那么多人围着，看猴子演把戏一样，汗嗒嗒地跳得起劲来兮，戆伐？"

她突然转过头，看了看我，说："先生，看侬样子是外地人吧，你们外地人在上海过日子真不容易，多作孽啊，房子这么贵，说句话侬勿要生气哈，阿拉上海人找对象是勿大愿意找外地人的，我儿子当初找女朋友的时候，我就跟他说一定要找本地的，否则结婚、买房子我一个铜钿也不出。现在这个就是上海的，卖相蛮灵的，华东政法毕业的，华东政法侬晓得伐？"我不动声色地答："听说过，好像很有名……"她继续说："有名有啥用，还得要赚得动钞票，赚不到钞票有啥用？我儿子有个同学，华东政法大学毕业后在法院当法官，忙嘛忙得来要死，钞票又没啥钞票，作孽伐？上趟问我儿子借了五万块钱结婚，两年过去了，一分没还。去年我儿子回国，他连面也没露。这样的朋友，奇葩吧？"

我问："你就这么一个儿子，定居在美国，等你们老了，谁照顾？"她又嗤了一声："阿拉上海人老想得开咯，老了为啥要靠儿子？我早就想好了，到时候卖掉闵行那套房子，找一家顶级养老院蹲着去，有游泳池，有保健医生，有健身房，唱唱跳跳，啥都有，比住宾馆强多了。我上次路过一家，弯进去看过，里面还有个老头开着宝马，也住在里面呢。有钞票还怕啥，真要有毛病躺在医院，钞票嘛没钞票，光有一堆儿子有啥用？卖掉一套，上海还剩两套，我跟我儿子说了，让他老婆生两个儿子，到时候一个孙子给一套，就写孙子的名字。假使他们不回国，亦可以租出去。一套一个月租一万，轻飘飘的，两套一年就二十四万，一家回国探亲，五星级宾馆蹲两个月笃笃定定，侬讲对伐？"

半个小时后，她抬起了右手，指着前面对我说："你看到了吗？前面那个尖顶的房子就是你要去的地方。沿这条路开过去，调个头就是。——唉,这条路堵得要命,慢慢蹭过去,恐怕不止二十分钟。先生,我看这样吧,要不我路边先靠靠,你就这里下来吧,走过去也就几分钟的事体,这样我也不用蹭过去掉头了,你划算,我也划算,怎么样?唉,这个单我本来就不想接的,多赚一点少赚一点,对我来说都无所谓的,我也不缺这点钞票……对伐?"

元旦献词

又到元旦了,写几句吧。

这一年,最大的成就,就是还活着。而且,健康且坚忍地活着。否则一切意义的根源,便难追述。一年来,人世间的悲与喜,继续在上演。生老病死,继续循环。一年来,缘聚,缘散。一些人或某个人,出现了。一些人或某个人,离去了。而那离去了的,使我们人生意义之网,失却了一个个连接点,自兹变得脆弱,而需更大的勇毅与韧劲去修复和维持。比如,父亲的去世。

这一年,做了一些事情,也没做一些事情。有欣慰,亦有遗憾。在时间面前,有些事情的做与不做,成与不成,皆微不足道。但,我们必须做,因为我们活着,就得证明活着。一年来,在时间面前,我们自身的变化,进与退,得与失,甚至我们自身,都显得微不足道——现在,我讲的是时间。时间裹挟着我们前行,心甘情愿或情非所愿,注定随着日历,跌跌撞撞,进入2019年。

这一年,三千大千世界,善良的,继续善良;崇高的,继续崇高;坚定的,继续坚定;迷茫的,继续迷茫;爱的,继续爱着;恨的,继续恨着。凡此种种,本是此花花世界与芸芸众生的真状态与真景观。这一年,有心无心,得心失心,善心恶心,皆在一念之间。

不会因了时间,而在本质上改变什么。但在今天,我们,包括每一个你和每一个我,都祈望这个世界会更好。

这一年,继续在林中路上跋涉,海德格尔的或弗洛斯特的,都行。每走一段,林中便会出现两条或几条岔路,每条道路云弥雾漫,绵延到丛林深处。我们不能同时涉足,只能在略作踌躇后,硬着头皮选择一条,然后义无反顾,铿锵前行。我们必须选择,不选择也是选择。今天,蓦然回首,云断遮归途。我们须忍了痛与憾,抖擞精神,勠力前行。

温暖的阳光,照耀在上海的雪地上。欢迎 2019 年的到来。

等待戈多

整理好试卷，登记好分数，意味着寒假正式开始了。登分表上没有红色标识，说明学生们都顺利及格了。莫名地，自己竟也觉得有些释然与忻然，大家可以过一个开心和轻松的寒假了：去见想见的人，去逛想逛的地儿，去吃想吃的美食，甚至蒙头大睡，都行。在最美好的年纪，做自己最喜欢做的事，本身便是件极美好的事儿。

其实，在放假前的日子里，甚至在整个学期，寒假在我们眼里或嘴中，已是个杂乱无章的心愿的"储物柜"了：好友的聚会，等到寒假再说吧；好的书或电影，等到寒假再去看吧；偶尔，牙痛发作了，亦要挣扎着，挨到寒假再去找医生看。总之，寒假成了一切美好与期冀的托词，似乎只消寒假来临，一切的美好，也便随影而至。我们等待寒假，就像等待戈多。

如今，寒假如期而至。暌违许久的朋友们，终于可以约起来了——但大家似乎依旧是极忙的。该读和想读的书，也可以买起来和读起来了。牙齿，自然也该找个医生，好好瞧一瞧了——但到了寒假，似乎也不痛了，端的可恶。除此之外，寒假于我们的意义，端在由公共生活，按亚里士多德的说法，顺利进入了"沉思的生活"。据说这种境界，乃是人的至高的幸福。

但至高至善的东西，总是要超越时间的。表现出来的症候，便是渐渐失却了时间概念与感觉，每日"和其光，同其尘"地度着，不知除夕，遑论元宵矣。寒假，就像一沓水渍了的白纸或人民币，竟黏糊成一团了。每日买菜，读书，写字，遛娃……这一日与那一日，总难以辨清，也没必要去辨清。以致在寒假里，经常会和家人辩：今天是星期三吧？不对，应该是星期四。——但，知道了星期几，又如何？

老赵其人

老赵姓赵，老赵的赵，是北方一所大学的教授。两年前，我们一同在加拿大阿尔伯塔大学访问，都租住在埃德蒙顿市区的一栋公寓楼里。楼是当地洪门的产业，我一人一间，他和另一位访问学者同住，也姓赵，老赵的赵，因在我们这一批访问学者里年纪最大，所以不叫老赵，叫老大。

老赵身板壮实，个儿不高，举手投足，却有北方汉子的范儿。一到埃德蒙顿，他就跟我们发狠，一定要减肥成功。在这一点上，大家志同道合，意志坚定，是命运共同体。每日，吃完晚饭，我们楼里的几个人便相约到附近的公园里暴走，风雪无阻，有时候零下二十度，雪彻天彻地地下着，大家亦披挂整齐，像杨子荣一样，雄赳赳地准时出现在雪地里。除了暴走，每日吃得也简单——熬粥，煎牛排，吃水果，减肥大业势如破竹矣。每过几日，老赵便抄着剪刀，当着大家的面，把皮带绞下小一段，然后抚着肚子忻然地说：呵，又瘦了几公分。

老赵身上有北方人的豁达，澹定而达观。记得有个周末，我们几个人约定自驾去班芙玩。老赵又是帮着租车，又是开车，忙活不停。他英语也不是特别溜，发音也不算地道，有河北老家的味儿，但他连说带画，各种哑语，总能表达出自己的意思，偶尔还能幽上一默，惹得老外哈哈笑。路上，一位同学开错了道，来回折返，浪费了近半小时，乃深自懊恼，老赵淡然慰之：没事儿，顺便可以看看风光呢。这做派，发自本性与本心，装是装不出来的。那时以及后来，只消身边的朋友遭遇了突发的困难或麻烦，老赵的第一态度，就是"没事儿"，让人心里特踏实。我想，即便泰山在他面前突然崩了，他指定也会脱口道：没事儿，咱一起想法子把它扶起来。

老赵为人极热心、活跃，浑身上下每一个细胞都洋溢着一股热乎劲儿。大家只要有事儿，招呼一声"老赵老赵"，他便热忱地过来参谋、襄助。有时，他刚从超市购物回来，见到我们出门去超市，苦不识路，便热情地提出再陪大家去，"反正闲着也是闲着"，继而又是借车，又是开车，又是还车，像活雷锋，好事做了一路。老赵和老大因是河北老乡，情孚意合，同居甚洽。晚上回来，两人经常弄点小菜，牛排、三文鱼、香肠、花生米啥的，再去对面小店里拎几瓶红酒回来，老夫老妻般地对着喝。有时候也叫我们下去喝。我不服红酒，几杯下肚，辄上脸上头，便找借口溜回房间睡觉去。醒来，踅下楼，两人还稳如泰山地喝着呢，见到我，便一齐红着眼，问：去哪儿了你，去哪儿了你，这杯满的是你的哈。

我们住的是埃德蒙顿市区，和国内相反，到了晚上，风雪交加，满目萧瑟，中产阶级都到湖光山色的郊区去了，市区便恍如鬼城，成了流浪汉、酒鬼、乞丐的天下。夜里，大家倘要去逛或购物，便几个人相邀着吆三喝四地一道出门。每晚准点，老赵就要和媳妇视频一下，汇报工作，语气温柔：媳妇儿你在干吗呢，我和洪门的兄弟们在街上逛呢。不信？你瞧瞧。便把镜头对着我们，大家便个个配合着露头露脸，杂七杂八地招呼：嫂子好，嫂子好。老赵正跟我们逛大街呢，放心吧，好着呢。继而，再作模作样道：等会儿他要干吗，我们就不知道了。一时哄笑。

　　老赵是搞土木工程的，在大学做处长前，曾在一个地儿挂职副县长，阅历丰富。偶尔和我们聊起一些见闻和感想，言下颇通透与练达，透出一种简单与澄明来。他为人厚重，很少月旦是非，臧否人物，聊起人与事，皆是积极与包容的，向前看，向好看，向开心处看。不装，不端，对人特富于同情的理解，啥性格的人都能打交道，都聊得来，都合得来，都哈哈哈哈，很有感染力，像革命电影里的男一号。我感觉，即便已臻中年，老赵的性格里却依旧保持着年轻人的好奇与开放，敢于尝试与尝新，通身焕发出一种永恒的向上的活力。这样有趣而饱满的灵魂，让人尊敬。

　　记得在临回国前的一天，我们几个人深夜在雪地里暴走，中间停下来休憩，环顾四周，万籁俱寂，月色如凝，冰河无声，仿佛整个宇宙只剩我们几个了。我向老大叹道：此生见识此情此景，当无憾矣。老大闻之，亦有同感，颇唏嘘与之。现在想来，这此情此景的后面，应该再加上"此人"。这人，不仅包括老赵、老大，还包括一同访学的所有兄弟姐妹们。

法象与法意

端午意味

端午临近,市面上的粽子,亦日渐多起来了。各色的馅儿及各式形状的粽子都有,令人眼花缭乱。记得曾经听郭德纲的相声,其中胪举鱼香肉丝粽、毛血旺粽云云,端的令人脑洞大开,解颐喷饭。上次看新闻,说元祖食品推出了一款冰激凌粽子,颇可弹眼落睛,大约又是一个市场兜售的噱头罢。

小时候也吃粽子。家乡的粽子制法极素朴,仅用新鲜的粽叶,包裹着新鲜的糯米,慢火烹煮而成。记忆中,粽子很少有馅儿,似乎连红枣、赤豆之类都没有,可谓素面朝天。但煮粽子时,那股新的糯米与新的粽叶混合发出的清香,经由灶间飘出,端的沁人心脾,堪为人间绝馥。不过,自小迄今,我是不甚喜爱吃粽子的,偶尔趁着新鲜,硬着头皮,吃一枚下去,竟"凝滞胸膛,不能克化",不唯胃里,乃至心口,总觉腻得慌。倘是大肉粽,尤是。

父亲在世时,颇喜爱吃粽子,以及其他的糯米食品。从田间回来,他时常从壁上挂着的一大串粽子上,剪下几枚来,解开细绳,剥开粽叶,用筷子插了粽肉,蘸着白糖吃,堪为一种无上的享受。现在想来,倘能佐以小碟蜂蜜蘸着吃,自是最为美妙之事了。当然,其时蜂蜜稀罕、金贵,此亦止于奢想而已。端午节后,天气渐渐转热，粽子也容易变质，母亲便将剩下的粽子取下来，一一剥开，切成片，在锅里用油煎了吃，外脆里酥，别有一番风味。

在溧江的乡村，杂居着一些浙江移民——似是二十世纪六十年代自淳安一带迁来的。这些人经几代流传，依旧较好地保持了故土的文化与勤俭的风貌，颇为特出。尤其是他们包的粽子，闻名乡里，目为嘉馔。小时候常听村人啧啧称道，惜乎一直无缘见识，颇引为悬念。到了初中，因班上有几位移民的孩子，经由他们的惠赐，才第一次品尝到了传说中的粽子，大肉粽，色香兼之，当时觉得不啻为人间之绝味。后来来到了上海，才发现，这风味，不过是寻常江浙粽子的味道。

这些年，因着怀旧的流行，在上海，常能见到白发苍苍的老妪，在巷道口摆开了摊子，一面包着粽子，一面售卖烹好的粽子。购客如堵也。我也曾经鲜嘎嘎地排队买过几枚，回到家里，迫不及待剥开来尝，发觉味道亦不过如是，颇为失望，乃至沮丧。——抑或，粽子的味道，本即如是，唯物是人非而已。不过，随着市场时代的到来，童年的味道，青春的记忆，及外婆手工之类的招牌，早已沦为了商人市利的噱头，却也是不争。

端午节，又叫粽子节。吃粽子，自是端午的重要仪式了。至于是否为纪念投江而死的屈子，倒懒得去考证了，似乎亦无此必要。记得以前读过一文，说在屈子之前，便已有了粽子，不过名字不叫粽子，而叫其他什么，竟忘了。但中国的传统风俗与节日，总和饮食或美食，联系在一起，倒是显著而确凿的事实。经由美食，而非文字，来传承文化，靠的是口腹之欲的力量，自然最有效果，亦最可持续，洵为一个巧妙的路径。

中元杂忆

中元节到了,按家乡的说法,叫"七月半"。前天,和母亲通电话,她特特嘱告我,烧给父亲和爷爷奶奶的纸钱,都已准备妥了,不必挂虑:"各色的东西都有,轿车、别墅、冰箱、电脑等。你家祭烧的封包,我亦准备好了,落了你的名字。我知道你们上海烧起来不方便。"后,又恻然道:"以前这些事都是你爸爸张罗的,今年竟要烧给他了……"

父亲中元祭烧的情形,因一直漂泊在外,我从未亲见过。清晰记得的,是小时候看爷爷烧纸包。傍晚,先在巷口清出一块空地来,画一个圈,空出西北的一角来,再把封包一个个摆进去,点燃。每个封包上都按格式,写着受祭者和敬献者的名字。爷爷一面黯然地祭烧着,一面喃喃地念叨:这包是给谁的,这包又是给谁的。"大家好好用,保佑孩子们平平安安的。"最后,取出一些零碎的散钱投到火里——这是给没有亲人祭献的游魂野鬼的。"都要好好的,不要来作祟。"爷爷说。暮色苍茫,腾起的火焰摇曳着,闪耀着,照亮了爷爷清瘦而沉郁的脸庞。

暮色四合。向晚的风,夹杂着一丝久违了的陌生的凉意,渐渐地吹拂起来了,卷起一片片燃着的纸钱和黑色的灰烬,随着焰烟飘散在空中，飞舞着，旋转着。这次第，竟似先人们真的在接受着爷爷的祭献了。这番沟通阴阳而血脉融接的情形，让一旁围观的我们，亦个个默然而肃然，内心虔洁而沉静。据说这一天，按家乡的说法，倘在夜深人静之际，用一口锅，盖了身子，隐在偏僻处，便能借着月色，见到村里的先人们推着独轮车吱吱嘎嘎地运钞的忙碌情形。这仅是个传说，似乎从未听到谁如此做过，并真的见到过。

中元节于我，最深切的体认，便是自这一日起，越来越清晰地发觉，天气逐日地开始变得凉起来了，似乎整个村庄，远处郁葱辽阔的田野，延绵起伏的山丘，阒寂流淌的江水，乃至整个世界，都开始呈现出一种空旷而苍凉的意绪。傍晚，和小伙伴们去河里洗澡，入水之际，一种由皮肤而渗入骨髓的寒意，瞬间便弥漫开来，裹挟了整个身体，让人不由得打一个寒噤。远处，爆竹声在村庄的四处此起彼伏地响起来了，羼杂着阵阵悼悲的泣声。簇簇的祭火，在阴悒的暮色中明灭着，像睁开着的一双双疲倦的眼睛。

中秋随想

中秋又至,上海的天气,竟出奇地好了,一派秋高气爽。看到成都的朋友,在抱怨淫雨霏霏的不便,颇应了阴晴圆缺的故事。而国外的朋友,因为时差,尚或还活在昨日,待到梦中醒来,举目环顾,异邦他乡,却是无中秋可觅的。

虚应着,也蒸了几个蟹吃。感觉嫩了一些,尚非品蟹的最佳时节。吃蟹,就要喝酒。把酒持螯,洵人生乐事矣。晋人毕卓云:"右手持酒杯,左手持蟹螯,拍浮酒船中,便足了一生矣。"我想这酒,该是黄酒吧,算不得什么。而持螯的造型,倒也不差,但这螯,却是没什么吃头的。

中秋,在我小时的印象里,似乎仅与月饼、舞龙灯有关,很少有团圆的意味。毕竟,按照经验,在当年的乡村,一家之人,纵便贫穷与艰苦,却总是聚在一起的。无所谓离别,自然无所谓团圆,遑论"千里共婵娟"了。而在今天,这样的情和景,都无可挽回地改变了,逝去了。

想起母亲曾经与我的叹:"以前,你们四个孩子都小,家里穷,就希望你们能有出息,各自出去闯一闯。现在,你们都有家了,散在天南海北。按说是好事儿,但家里只剩了我和你爸,又觉得空落落的。毕竟,那时纵苦,一家人总在一起,热热闹闹的……这人,难啊。"一时唏嘘,无语。

  月亮,中秋之月,渐渐升上来了。天空,由绚亮渐渐地隐褪,最后变成了一片深邃而安详的虚清。皎月高悬,群星闪耀,将黑暗映照得通体透明。底下的人间,呈现出了一派宁静、圣洁、崇高的美韵。此时便想起了马里尼昂神甫月下的困惑——"上帝为何要创造出这般的良宵美景?"

念与不念

今天，初中的同学发出了一张一九九一年的班级毕业照，照片已斑驳不堪了，但依旧令大家欣喜不已。我想这应该是整个班留下的最后一张照片了。去年，倒听一位同学提起，他的毕业照前些年还在老屋的抽屉里放着，后来被老鼠啃掉了半边，便干脆丢掉了。之后，又陆续问过几位同学，都说遗佚无踪了。一时引为至憾。

毕竟，一晃近三十年过去了。照片上的人，很惭愧，也很遗憾，我已经很难一一辨认出来，遑论叫出名字了。即便是自己，我也不能发现了。据说是第三排最右边抓耳挠腮的那个，但总觉不像，好像我从未理过这种板刷的发型。既然大家说是，那自然就是了。其时，学校有个理发室，师傅是附近村的，腿有些跛，人极和善，剃头如修草坪，这或是他最拿手的发型吧。

溧江中学给每个人永恒的记忆，是每日的菜谱：早上是榨菜或咸萝卜干，中午是南瓜或冬瓜，晚上是冬瓜或南瓜，偶尔是粉丝或豆腐脑。住的，是一百多个人的通铺宿舍，每日晚自习回来，百家讲坛开讲，各村野史，娓娓道来，堪比《聊斋志异》。早晨，六点起床，便一齐冲到附近的溪边洗漱。夏日尚觉浪漫，冬日敲开冰面，把毛巾浸到冰冷的水里，那番滋味，堪与谁人说？

倘若在冬季，洗漱罢，各班还要绕着校外的道路跑步，晨雾朦胧之中，人声喧漫，意气风发，一路激起阵阵尘土，恍如士兵突袭。附近的村民常不免在温暖的清梦中被吵醒，怨声载于道也。跑完步，便回教室早自习，一时诵读之声鼎沸，子曰诗云焉，草履虫猪肉绦虫焉，恍如和尚念经，此起彼伏。一天的生活，严丝合缝地遵循了绿色理念。此健康生活，谁与争锋？

现在想来，三年的经历，留给我们每个人的，是一种砥砺发愤的精神风貌和以苦为乐的生活态度。当然，现在觉得苦的情形或遭遇，在其时看来，乃是生活的一部分，就像乡间的花开花落一般自然。现在觉得珍贵的情谊，在其时，亦觉像窗外的阳光或空气，乃是一种自在的存在。念，与不念，它就在那儿。现在思及，令人惝恍而唏嘘。——悠悠苍天，此何人哉！

今夕，何夕

很怀念传统时代夏夜乘凉的那种场景。明月，清风，繁星。巷子里的邻居们吃罢晚饭，便陆陆续续地围拢过来，聚在一处有风的老树下、古井旁或晒谷场。若有若无，七嘴八舌地聊聊今天村子里的家长里短：发生、经过、细节、背景、展望以及随之而来的各种"太史公曰"。还可以聊聊村子以外的事儿，或奇闻逸事，或怪力乱神。绘声绘色，各种叙事，各种修辞，各种感叹。每个人都是各种"故事"的亲历者、参与者、评论者。夜深了，凉意渐渐上来了，便各自搬着自家的小板凳或小竹椅，摇着蒲扇，哈欠连天地散去。

孩子们在一通嬉戏后，早已各自昏睡在大人们的怀里了。静卧在凳子底下，恹恹地闭着眼的狗们，此时也陡然地惊醒过来，龇牙咧嘴，四处张望一番后，便一面慵懒地摇着尾巴，一面跟着主人慢慢地家去了。第二日晚上，再聚，再继续。这种生活的过程像一帧一帧浓重的油画，将人真切地融入或镶嵌在那个具体的时间、空间、场景以及具体的人群里，每一天，甚至整个人生由此变得具体、踏实、触手可及。就像人，躺在清澈的溪水里，清晰地感觉着流水在自己身上缓缓流淌过去一样。但今天，这种简单的日子已一去不复返了，即便在乡村，亦是如此。唉⋯⋯

岁除的余想

年,是越来越近了。到了除夕,就是高潮了。最显著的证据,在上海,便是街头的车和人,越来越稀少了;相应地,较之平时,倒也清净了许多。而在乡村,情形则大相径庭,乃逐日地喧嚣起来了。但无论身处何地,感叹大抵是相似的:这年味儿,竟是越来越淡了。这样的感叹,随年纪的增长,说得渐渐多一些了。可见这确乎是心态上的事儿,与年或节,没多大的关系。

淡归淡,也要郑重其事过的。早晨起来,特地去了菜市场和超市,购了些吃的和喝的。超市按例一直都是开着的,随时可以光顾。因此,买与不买,今日买或明日买,买这样或那样,其实都是无碍的。但既然是过年,就得有过年的样子,总须买一些年货堆着,在家里演绎出一些五谷丰登的寓意和气氛出来。下午,再带孩子们去买个大大的福字挂着,选几束新鲜而应时的花插在瓶里,聊做过年的一种仪式或姿态吧。文化也者,说到底,岂不就是一些仪式与仪式感?

但城市里的年,相较于乡村,究竟还是有些尴尬的。在我看来,从古到今,过年的仪式,似乎总适宜在乡村里展开,才够味儿些。杀猪,宰鸡,贴年画,贴春联,贴门神,祭天祭地祭祖,等等。大年三十,各家各户忙碌的,大约就是这些事体吧。最隆重的,便是贴各色的春联了。倘是猪圈牛棚，便贴"猪牛顺序"；倘是鸡窝，便贴"金鸡报晓"；倘是食厨，便贴"五香六味"；等等。每一件物什，都被赋予了美好的寓意；每一颗心，都是热烈而向善的，就像海子诗里写的那样。到了傍晚，村头巷尾，满眼皆是红艳艳的一片，爆竹声此起彼伏，山河一时新。

但这些在城市，总不免有些方枘圆凿，倘要范水模山地一一施展出来，还是难为的。前些天，朋友亲写了一副春联送了我，龙飞凤舞，谊切苔岑。这几日，却颇费踌躇起来了，举着对联，竟不知将之贴向何处。按说该是贴在门口的，但于公寓，总觉不伦不类，颇有农家乐之概，便只好权作墨宝收藏着吧。不过，按往年的惯例，在客厅和书房窗户的玻璃上，贴上一些精致的大红窗花，却是极美妙与适宜的。傍晚，在夕阳的余晖下，透过红彤彤的窗花，去看那窗外的世界和人，端的感觉格外的喜庆与热烈。

城市，特别是现代城市，按学者们的说法，本就是理性化的产物，是个祛了魅的文明场域。因此，关于年的各种叙事、神话与传奇，在城市总容易被现代文明的理性剃刀划破，而现出它赤裸而冰冷的原形来。关于那个叫"年"的怪兽，以及关于驱赶年兽的三件法宝——对联、爆竹和守岁，这些叙事在城市里便显得苍白，甚至虚无。近些年来，那爆竹，还因噪声与污染的缘故，被政府悬为禁厉，可见它的危害，竟比年兽还要大一些。

不过，剥离了各种神秘的伪饰后，春节倒袒露出了它最真实、最真诚的一面。人与人之间的拜年、问候与祝福，也与传说中的相互恭喜未被年兽所伤，便毫无干系了，而独立成了一件人际间最纯粹、最美好、最世俗的心灵沟通与情感表达的事件与行动。因此，告别了各式关于年的"迷思"（myth），仅以一颗爱与诚的心，发出热烈的问候与祝愿来，就够了。

时间真疯狂

昨晚,找了一部电影看,叫《火烧圆明园》。这是一部三十多年前的电影,如果没有记错,我是在附近一个叫凰山村的露天电影上看的,那年八岁。为什么突然想起来看,倒没有什么特别的甚至高大上的理由,似乎只是想核实一下,这些年来残存于脑海的那些片段,是不是真确的。

记忆当然是准确的。这倒是我长年来对自己的记忆较为自信的依据。里面的几个镜头和场景都在。但失望和遗憾却很多,因为在我的印象里,至少在小时候的印象,以及在这些年来对这些印象的印象里,这是一部无与伦比的精彩电影。现在看来,不是。相反,特别粗糙,简陋,难以卒观。像现在的棒棒糖,也没当年甜了。

想法就是,有些事与情,它本就该存于记忆中的。此情此景此人,它们会随着时间,逐渐离开自身,而不断自我生长,自我演绎,而成为我们美好心灵的一部分。时间,将油彩一层一层地刷上去,我们便很难区分它的真与伪、虚与实了。记忆,只是关于记忆的记忆。电影是在的,镜头是在的,你却难以依凭着再次进去;或进去的,是个异度空间。

用一部老的电影,来迎接新的一年的到来。潜意识里,似乎想拉开更大的距离，以一种重返的姿态，或以一种重新出发的姿态，以一种更从容的姿态，来稍微抵消一些关于时间的焦虑。——本质上，是关于衰老与死亡的焦虑，以及，或更重要的是关于意义的焦虑。但是，这些努力都是徒劳的，因为我们即是时间。

时间真疯狂。我们开始手忙脚乱、狼狈不堪起来了。

风起正清明

清明节快到了。前些天，和母亲通电话，说了自己下周回家扫墓的事儿。母亲说，以前都是你爸爸张罗这些事的，你太公太婆，爷爷奶奶，都是他。现在竟轮到你们张罗他的事了……待要伤感，我便抢着插了她的话，说总会有这一天的，不过爸爸早了一些罢。况且，世上的每个人，早晚都要如此的。母亲说，也是。

前天，和朋友聊起父母的去世，都觉得这样的经历，对于人生与心境，颇有无形且无限的戕伤。"整个人竟颓唐起来，似乎一下子开始不想说话了。"朋友说。我的感想，倒是觉得对于生与死，自兹看淡了许多。似乎死，亦不是什么特别可怖的事。毕竟，父亲已在那儿了，似乎已有个家在。人生即逆旅，总要回家的。

说来奇怪，父亲去世半年了，我竟没怎么梦到过他。似乎仅有一次，梦见自己暑假回家，父亲从地里回来，见到我，说你怎么回来了？其余的片段，总难连缀起来了。印象中，我和父亲的交流，都是具体的，谈的都是事儿、活儿，抽象层面的人生、理想等极少。唯一的变化，是参加工作后回家，晚上父亲抽烟时，竟破天荒地亦递了我一支。

突然想到，父亲在我这个年龄时，我两个哥哥，双胞胎，已24

岁了，姐姐22岁，我最小，正在读大二。家中的境况，极贫窘，而记忆里的父亲，却是无比的深沉与坚韧，恍如峰岳。其时父亲的内心，我自是无法做同情的理解的，但至少觉得现在的我，是远无法与之相较的。或许，在我两个孩子眼里，抑或如是，但也未必。

母亲说，这些日子，她偶尔去镇上赶集，经过葬着父亲的山，便会转进去看看。墓碑上嵌着父亲的像，双目炯炯，和活着时一样。"我就对他说，你这辈子没怎么享过福，现在就好好在这儿休息吧，家里都好，不消你牵记。但我的眼泪总禁不住簌簌地流出来……"母亲说。我就劝，开始总是这样的，再过些日子，便会好起来的。

突然想，过几日回家，山上的杜鹃花，该是开得正热烈吧。

香烟的故事

偶尔会抽几支烟，至于说烟瘾，倒是谈不上。记得前几天，和大学宿舍的老大见面。他惊讶道："咦，老二你怎么抽起烟来了。记得读书时候，我抽烟，你不抽。现在竟反过来了，我不抽，你倒抽起来了。"这倒是一桩颇为有趣的事儿。但其实在我，竟也不知道什么时候开始抽起来了，虽怙恶不深，却也莫名得很。

老大是安徽桐城人，记得刚入学之际，他便已是资深的烟枪了。印象中，老大戴的是一副茶色近视眼镜，一只手举着烟，另一只手环抱着腹，烟雾缭绕之间，颇有些深不可测之概。其时，214宿舍住着"八大金刚"，天南海北，个个器宇轩昂。因为宿舍空间促狭，南北不通，每日老大几支烟抽下来，整个房间便颇有些供暖以后的帝都气象了。印象中很少听到舍友抱怨其抽，毕竟四年下来，八个人照样虎虎生威地活下来了，并且顺利活到了现在。

我抽烟似乎在考研那段日子，较为剧烈一些罢。当时跟一班的阿三和二班的东生混住在曹家村的一间出租屋内。夜深人静之际，大家便一起煮点茶，抽支烟，发发呆。偶尔心血来潮，就对着窗口学鸡叫，叫得活灵活现，惟妙惟肖。这些情节多年前我在《通往纱窗的路上》一文里曾经提及。那段日子着实抽了不少烟，都是蹭阿三的大前门,简易包装那种,很烈,是在华师大附近天桥下的一间小卖部里买的。每日深夜,窗外寒风呼啸,三个人裹着被子,背靠着墙坐着。阿三抽,我们也抽。吸进去的是烟,吐出来的是迷茫,还有寂寞。

  记得在中学时代,每俟晚自习之时,总能看到隔壁班级有个男生——抱歉,他的名字我一时想不起来了——总倚靠在栏杆前抽烟,他目光凝重而忧郁,仰望皓月,若有所思,很酷。每当抽完一支烟,便将烟头在手臂上冷静地掐灭,以致手臂上留下各色斑驳的印记。那种高冷的情形令我至今印象深刻。后来,我读米兰·昆德拉的小说《身份》,才突然地想到,这大概就是昆德拉所言的"反抗者的无聊"吧。但这种吸烟的做派,着实是酷到骨子底里了。按照最新的说法,应该算得上灵魂烟手的级别了。

  我旁边是很有一些大烟鬼的,有一位甚至算得上是烟魁了。有时候我去他办公室聊天,整整一上午,他指间的烟竟没有断过。一支点着了,便拼着命地吸,疾速而短促且用力地吸。吸到一半长短时,便果决地将其摁灭,再点燃第二支,再拼命吸。这种抽烟的做派颇有拼命三郎的架势,一般人甚至两般人,是追随不来的。记得有几次,我亦步亦趋地跟过几回,一上午下来,胸口几乎要喷出火来了,只能服气。

  曾经读过许寿裳的《亡友鲁迅印象记》,其中一个情节印象颇深,便是鲁迅先生的烟瘾。据说他每日需五十支烟,早上醒来,便在卧帐里吸烟,所以他的白色蚊帐总被熏成黄黑的。这个段位算是高的。印象中,先父在时,烟瘾亦极大,倘在田间遇到村里的烟友,两人便就地坐下,一面聊,一面轮流递着抽,日落西山方罢,常引得母亲抱怨。毕竟,对于不吸烟的人,特别是女人,烟友身上的那股烟味儿,端的是"是可忍,孰不可忍"的。记得当年歌里唱,"想念你……手指淡淡烟草味道",一看就是男词人一厢情愿在写,换成女词人,断不会这样。

在我的印象里，至少在当年的乡下，递烟有时候还有若干的社会互动之符号意义。一般的日常小事，倘需要人的帮助或支持，便将第一支烟递过去，俾以作为初步试探的信号。对方倘接了，并低下头来，让你把烟点着了。再深深吸一口，悠悠地将烟吐出来，便意味着事情基本上达成意向或有转圜的可能了。对方说出来的话，往往也开始松懈与温和起来："按说这桩事体……不过……"倘若对方以不会或身体不好的理由，决绝地拒绝了你递过去的烟，说明情形就颇为不妙了。可见，一支烟的递送，已超越了自身，而颇有丰富的社会学功用了。

记得法国人类学家克洛德·列维－斯特劳斯曾经说，人们一起吸烟，不仅有利于加强个人关系，而且还经常成为一种社会启蒙之形式。这话颇有几分道理，至少有七八分吧。经常参加一些会，茶歇之际，便能见到会场外露天的一隅，烟友伪烟友们三个一群五个一堆地聚着，每人夹着一支烟，神清气爽，谈笑风生地聊，竟成一景。记得汪曾祺先生曾经写过，他十几岁便学会了抽烟，其父抽烟时，总一次抽出两根，自己一根，递给他一根，并总先给他点上火。因了这种抽烟的仪式，按其父的说法，两人乃"多年父子成兄弟"了。——虽然浪漫，但这究竟有些怪。

遗憾的是，不，可喜的是，上海这些年厉行室内禁烟，成效是颇为显著的。抽烟骎骎乎成了一件非但不甚美妙，甚或有些不大文明的行为了。在街头，指间夹着一支香烟招摇过市的人，渐渐地少了，烟手便渐渐地退回到了私人空间。偶尔，遇到旧雨新知，瞥见对方的包里露出的烟，不禁眼前一亮：你也抽烟？或：你还在抽烟？一时恍如他乡遇故知，亲切得很，便各自取出，掏出火，你一支我一支，且聊且抽。这番其乐融融，直追唐虞三代了。遗憾的是，这样的情形亦将日渐少了。——好的事体！

海边的大姐

前些天，在青岛出差。办完了公事后，便和大姐发了信息，说已在青岛了，有空的话可以见一下。毕竟，自大学毕业以后，我们之间已暌违二十年了。信息发出不久，便接到了大姐的回复，惊叹地责道："天，到青岛好几天了，今天才联系。"便约定大家第二天上午一起见见。

大姐是我大学班级的同学，姓赵，按照张楚《赵小姐》里的说法，你可以叫她赵姐、赵小姐、赵大姐，都行。其实，我一直不清楚当时的班级同学为何叫她大姐，似乎大家都这么叫，也就成了大姐了。大学入学之际，我和她都是班级召集人，工作上的接触比较多，感觉她的确具有大姐风范。她时常穿一件深蓝与白色条纹的上衣，衣领下有个蝴蝶结，深蓝色的裤子，两个手总习惯性地插在裤兜里，偶尔低下头，看看自己的脚，身子轻微而优雅地左右晃着，英姿飒爽之中，透出许多威严来。她说话不多，总很专注而严肃地听你说，但一旦开口，却总有一种不容置疑的气势，大姐的气势。

第二天上午，大姐便开车到了我住的宾馆，提议一起到海边去转转。据说现在是青岛一年中海景最美的时刻了。第一眼见到大姐，似乎和大学时代没什么变化，就像当年在校园里见到一样，依旧凛然自威，只不过感觉稍微胖了一些——但谁又不是呢？路上，大姐给我介绍了这些年来她的经历和感受，先是做律师，后来在公司做法务，再后来和几个相得的朋友，一道开了一间茶室，在海边的岛上搞点茶会或读书沙龙，等等。看得出，这是一个逐渐走向心灵自由的过程，是一个汉娜·阿伦特意义上的关于自由的"行动"。想象中的大姐，似乎就该是这样诗性地活着的。

我们在海边随意地聊了一些对人生与社会的看法和意见，许多感受都是共通的。毕竟，都是被同一个时代塑造的人，立场、见解与情感大抵都是相通的——如果不是相同的话。我们也聊了一些大学里发生的有趣的事儿，很多事儿在当时或许并不有趣，甚或特别无聊与无趣，但经过了二十年的沉淀，特特地回想起来，竟变得有趣起来了。而相应地，一些当年觉得颇为有趣的事儿，现在思及，竟让人泛起了莫名的伤感。这大约便是人生的辩证法吧。我还特地询问了大家叫她大姐的原因，她说大约是因为在班级女生里，她的年龄最大的缘故吧。想想，也是。但我仿佛记得，班级的同学还有叫她格格的。

中午，大姐邀我去她的茶室看看。茶室设在一个新建的小区内，面积不大，叫半日闲，一看即是取自"偷得浮生半日闲"一句。这个名儿很常见，极雅了，便是极俗。我便建议，其实不妨叫半月闲或半年闲，会让人有更多一些惊喜的。当然，半生闲也行——那已是下岗的心境了。茶室收拾得挺雅致，墙上挂了不少字画，精致的木架上，摆放着各式各样的茶饼，以白茶为主。她的朋友热情地为我们泡了几种特色的茶，每一泡有每一泡的颜色和风味，洵为茶中之上品。当然，因为我的牛饮，总不能体味其高妙，可谓暴殄天物。大姐说，她每日都会在这儿待上一会，喝喝茶，聊聊天，发发呆。寻寻觅觅，最后发觉，这样优游地度着日，才中她的意一些。

现在想想，我和大姐自大学毕业，二十年再未见过，甚至未联系过。如今见到，就像她说的，依旧像在校园里遇到一样，自然，亲切。其实，变，大家都是在变的，但那些在年轻时代被沉淀下来的东西，恐怕是难以真正改变的。当然，倘若真要刻意做出一番变的模样与姿态来，似乎也可以，但这倒是一种让人遗憾乃至悲哀的真正的改变了。无疑，大姐和我，以及班上的每一位同学，都不是这样。记得前些天，我为大学毕业二十周年写过几句话，其中一句是："二十年后我们归来，云淡风轻，留下的都是美好。"这是我每次与大学同学相遇后的真实感受。无疑，这次也是。

向晚的趣味

每日晚上，饭后的项目，大抵是遛娃吧。固定的去处，便是附近的一家超市。超市固定的去处，则是一个家电柜台，那儿摆着形形色色的液晶电视，播放着各式各样的广告或风景。这是孩子的最爱了，便站在那儿，目不转睛痴痴地看。对我来说，最欢喜的，倒是音响里播放的那些经典老歌。大多是邓丽君、高胜美、韩宝仪等人的歌，甜，腻，却特别抒情。就这么几首歌，每日循环地播着，倒让我常常好奇，这销售员竟是何许人也？但似乎总缘悭一面——大概吃饭去了吧。总之，父与子各得其所，倒是双赢。

家电柜台的邻近，是图书售卖的地儿，书架上摆放的，大多是儿童读物。小家伙尚不识字，便一本一本翻看里面的图。其实，也未必真的去看或能看懂。翻，或许本身即是一种乐趣。乃父便一本本从里面找出些有趣的书来看。比如格林童话，内容就不去说它，有益的倒是，上面的文字都是标了拼音的，便一个字一个字校着读，前鼻音、后鼻音、卷舌音、平舌音等，竟纠正了自己在发音上的许多根深蒂固的谬误。书架上还有一些关涉动物、植物及物理、地理等方面的儿童读物，因其浅白，倒意外地符合了一位文科男的境界，便饶有兴味地胡乱读，一段时间下来，花鸟鱼虫，飞禽走兽，倒有许多知识之增量。洵为一乐也。

当然，遛，其实仅仅是陪伴，角色大抵是跟班而已。至于孩子的世界，却是极难进入的。这不排除大人们经常一厢情愿地或自作多情地以为自己顺利进入了，但几个回合下来，发觉自己其实依旧在孩子的城堡之外，恐怕连同情的理解都算不上。记得有一次，带孩子去海底世界玩，一群群硕大的鲳鱼优美而矫健地在孩子眼前游来游去，游去游来。我在旁便痴痴地玄想："这些鱼倘要下厨，是清蒸好呢，还是红烧好？倘要清蒸，则须觅得多大的一个蒸笼啊？倘蒸的时候，能放些剁椒在里面……"想着想着，竟连自己亦自惭形秽起来了。只好咽了口水，闷闷地走开去。

遛娃，其实也是被遛。因为大人总不免要尽量按着孩子的意思，去走，去看。说去这里看看，就去；再说去那里看看，就去。一个小时下来，倒常常被孩子遛得精疲力竭。最为不幸的是，你跟着孩子，遛与被遛着，渐行渐远。待到意兴阑珊决定返回时，"再回首，云断遮归途"，孩子此时却再也不肯自己走了。你纵恨得咬牙切齿，却也无计可施，只得大汗淋漓地抱他回来，可谓自作自受，非天与人也。此中教训，可径入《资治通鉴》矣。

孩子的兵法

孩子们期末的成绩,大约要出来了吧。一幕幕家庭悲喜剧,一如既往地,亦要轮次上演了。记得前些天,在网上看到一则新闻,说贵州一个孩子,因期末成绩逆袭,远远超出父母的预期,便在放学路上,龙行虎步,一路招摇,走出了一副六亲不认拽上天的步伐,让人忍俊不禁。

这是考得好的。考得不好的,或远未达到自己或父母预期的,自然另有异趣了。记得前些天,听朋友讲,有一次期末,他孩子从小学取了成绩单回来,甫入家门,乃父乃母尚未开问,他便先发制人,用极同情与极叹惋的口吻说:"唉,老爸,你知道吗?我们班的首席学霸,就是那个大毛,这次期末数学考砸了,居然没有得到满分。"吾友闻之,心下一紧,看来这次数学很难,连人家学霸都失手了。对孩子的预期,兀自先降了一层。

待要发问,孩子又露出神气的神情,说:"发卷子时,俺偷偷看了同桌二毛的试卷,他数学才考了三十一分呢。前面的三毛,呵呵,才四十五分。"吾友闻之,心下不禁又是一紧:看来这次数学试卷确是难了,居然还有考这么低的学生。孩子这次倘能及格,就算得不易了。由是,心中的预期,自然又降了一层。乃探问:那你考了多少？孩子便故作轻松，答：我比二毛三毛高多了，七十八分，差二分就八十分了。乃父闻之，心中竟如释重负，还莫名地生出了一丝欣喜：幸甚幸甚，还好还好，要再接再厉哟……

　　这番有趣的情形，大约许多家长都见识过吧。鄙人亦不例外。可见，每次期末的询问，乃是对孩子的心理学、语言学，以及外交辞令与表演艺术的全面检测。其间，各种战术、心术与话术，轮番上阵，综合施策，或虚则实之，或实则虚之，或先抑后扬，或先扬后抑，运用之妙，存乎一心矣。现在看来，至少在这些领域，孩子的表现是可圈可点，乃至出类拔萃的。虑及此处，心中竟也是一松。

飘浮的羽毛

十多年前,应该是 2004 年吧,我从鲁迅公园附近的租住地搬到现在的住所。附近有个菜市场,步行十分钟便到了。菜市场的一角有一家鱼摊,各色的鱼和虾,都有。摊主是一对年轻夫妻。男的不高,却极壮实。女的很瘦小,脸色很苍白,她的嘴总紧抿着,很少说话,脸上的表情也不多。两人的老家是哪儿的,我从未问过。倘买鱼,我便去那儿买。

有一天,我又去那儿买鱼。有个老太太正围着鱼盆耐心地挑着鱼:这条,不对,那条,不对,还是这条吧。男的便将鱼取出,狠力往地上一掼,再捡起来,用刀熟练而有力地刮着鳞。一会儿,要剖鱼腹了,男的回转头,对女的说:把剪刀拿过来。女的便弓下腰,四处找,一时竟未找到。男的便停了手里的活儿,一个抢步,冲到女的跟前,抡起手狠狠扇了妻子一个耳光。一面找到剪刀,一面依旧暴躁地骂:"连个剪刀也找不到,你给我滚回老家去,马上滚,下午就滚!"

女的挨了耳光,苍白的脸上立马一片通红,却依旧没有什么表情,亦无一句话,似已习以为常了。只是默默地捋了捋垂落到脸上的头发,把男的手掌上沾到的一片小鱼鳞拭掉,然后背转了身,低着头，弓了腰，默默地用网竿将死虾一只一只地从虾盆里捞出来，放在另一个塑料盆里。这猝不及防的变故，让我和其他候在一旁买鱼的人都呆住了。我斥道：小伙子你怎么能打人？！大家七嘴八舌，用上海话指责之。男的竟不答话，只是深蹙着眉，狠力地掏着鱼肚。大家见状，便不再买鱼，各自散去。

  这以后，我再也没有去过这家鱼摊买过鱼。再后来，菜市场停业装修。待半年以后，重新开张时，已不见那夫妻俩的摊位了，大概是租金提高抑或其他什么缘故，我就不知道了。但在附近的几个菜市场，亦未见到他们的身影。

  前天，周日，带小孩去幼儿园办入学登记。在返回的路上，见到一个新设的西瓜摊，叠着一堆西瓜，便想过去买一个。近旁一看，摊前坐着的，竟是那个男的。虽十多年未见了，他似乎没什么变化，依旧极壮实，红光满面，皮肤竟比以前还白一些。他一眼便认出了我，站起来热情地拍着我的胳膊说："你还住在这儿啊？来，买个西瓜，正宗的8424，刚进的。"我拿眼看了看四周，没看到他的妻子。在挑瓜的当儿，聊了几句。他说他这些年回老家去了，在镇里开了家小超市，这几年生意越来越淡，便关了门，重回了上海。"上个月刚到的，先卖点西瓜吧。"他说。

  我拎了瓜，牵着孩子，往家的方向走。边想，他的妻子大概还留在老家，继续种地或带小孩吧，这倒是农村常见的情形。走了大概一百米，在红绿灯的街口，有个女人正静静地伫在对面等红灯。仔细一看，正是那个女的。十多年不见了，她依旧显得非常瘦小，弱不禁风的样子。身上裹着一件男式的灰色旧夹克，双手环捂着，像怕冷似的。细小的脚下套着一双大号的男式运动鞋，特别打眼。她的嘴紧抿着，脸色黧黑，眼睛依旧没一丝光芒，茫然地四处张望着。她的手里似乎攥着一把零碎的纸币，大约是刚从对面的农商银行兑完钱回来。

  一会儿,红灯成了绿灯。我牵着孩子与她在斑马线上相向而行,交会之际,我惊讶地发现,她的腿居然已经瘸了,整个身子侧歪着,一瘸一拐地走过来。与男的不同,她黑瘦的脸上已爬满了浅浅的皱纹,眼睛空洞地向前望着,没有一丝表情。风,偶尔把她的头发吹起,又凌乱地垂散到脸上,遮住了她的眼。她似乎不以为意,依旧一瘸一拐地走着,似乎斑马线上只剩了她一人。待过了十字路口,我再回头看,她还没有走到街道的对面。此时,午后的阳光垂直地照射着她,使她的整个身体在斑马线上显得苍白而迷幻,最后在我眼里,竟像一根羽毛般地飘浮起来了。

给孩子的信

前些天,接到孩子学校的通知,要给学生举办十四周岁集体生日仪式,其中一项内容,便是让父母给孩子写一封信,并交给班主任。这是写信的背景。

孩子,不知不觉,你已十四岁了。你小时候牙牙学语与蹒跚学步的情景,依旧历历在目。时间过得真快啊,常常让人有一种生命有限的紧迫感,进而有一种让自己有限的生命绽放出更精彩的光芒的使命感。这意味着,到了十四岁,你要学会思考:在有限的生命里,你要做一个什么样的人,以及度过一个什么样的人生?

十四岁,是个重要的人生阶段,它意味着你逐渐要脱离童稚和天真,进入相对成熟与沉静的阶段,也意味着你开始要为十八岁的成人仪式在心理上和思想上做好各种准备并奠定基础,还意味着你开始要从被爸爸妈妈寄予热望的阶段,而渐渐地转向自己自觉地树立理想的阶段。我想,这大概也是你们学校举办十四岁集体生日仪式的初衷吧。

十四岁,是一个人的人格、体格、性格、品格等,逐渐趋于成形的阶段,如何强调其重要、关键与精彩,亦不为过。希望你能勤于学习,善于思考,坚持锻炼,学会与人相处,学会见贤思齐,学会自强自立，勿以善小而不为，勿以恶小而为之。对于男孩子，还要学会宽容，心胸开阔；学会坚韧，意志刚毅；学会爱，善于并惯于用爱的眼光，去看待世界，看待社会，看待身边的一切人和一切事。这些希望，如果对于你现在而言，尚有一段距离的话，那么希望从现在开始，心中常存此意念或执念，心向往之，身体力行之，渐渐地，便一定能达致。

十四岁了，对于我和你妈妈来说，也是一个界碑。在此界点，我们亦须重新审视一下十四年来，在伴随你成长过程中的所有美与不足，并逐渐调适自己，学会与习惯和十四岁以后的你更好地相处。这于我们，也是一个必须经历与正视的不小的挑战。因为我们，包括你在内，都需要去厘清并理解什么才是真正的爱，而不是溺爱——甚至是害。你知道，有时候，作为父母的爱与责任，并不总是那么泾渭分明的。所以我们都得继续学习，继续练习。

在写信前，我粗略地回忆了我十四岁时的生活与学习的情形，颇感慨系之。你也知道，爷爷奶奶家在江西山区的农村，孩子多，家境极为贫困、窘迫，遇到青黄不接时，常饔飧不继，而要去亲戚家借粮度日。那些艰难的日子真的不堪回首啊。不过，虽然物质上极为贫乏，但我尚能坚韧、乐观地学习，竭力做到内心诚笃、精神富足。至今思来，常让人唏嘘。人常道"别在最应该吃苦的年纪选择安逸"，诚哉斯言！吃苦，乃是对一个人身体和精神的最佳塑造与锻造。孟子曰："天将降大任于斯人也，必先苦其心志，劳其筋骨，饿其体肤，空乏其身……"这就是吃苦。一切伟大人物及其伟大事业，都源于一种吃苦的精神，甚至以苦为乐的精神。小人物的成功，亦不外乎此。

最后，祝十四岁以后的你，继续并永远快乐、健康、进步。

依旧水连天碧

　　每天总要尽量硬着头皮写几个字，若有若无，断断续续，人与物，见与闻，感与想，做流水账而已。背后倒没有什么宏大的计划，定要炫耀出文采或思想来——倘若有的话。萨特说，人生就是一堆无用的热情。无用与否，吾人姑且不论，但人活着，总是依凭着这股热情发着力，这是毋庸置疑的事实。发了愿，就写下去。毕竟，每日倏尔逝去，总要存留下一些痕迹来的，纵极纤微，亦表明了曾经来过一遭，并度过了这样一日。

　　胡适先生曾经在《四十自述》里，特别地号召大家都来写点自传或私人史之类的文字。读下来，适之的野心其实是极为宏大的，似乎要以私人作史的分散荧光，共同来烛照出时代与社会的样貌与路线来。这便是史家的眼光与雄心了。但在胡适的眼里，倘要写点自传，似乎须是在"社会上做过一番事业的人"，且目的端在"给史家做材料，给文学开生路"，并非阿猫阿狗皆能觊觎的，这背后颇有些精英主义的意味。但在我，却仅仅是一点时光痕迹的存留而已。

　　近来，对于写，我的体认倒一日一日地更为深切了。直接的触动，自然是前些天父亲的去世，其最让我和家人悲恸的，乃是因了老人家的猝死，没有一句话、一个字留下，一个曾经鲜活的人及其心灵世界，便因为死而被封闭起来，最后消逝，成了虚无。一生的经验与经历，心事与心境，酸甜苦辣，亦如黑匣一样，随着他的逝去，堕入永恒的时间的深海里去了。这是何等的一种遗憾呵。泰戈尔说："天空没有留下翅膀的痕迹，但我已经飞过。"父亲就是。

犹记得尼采十四岁时，便已开始为自己写回忆录了，这是天才的存在，自不必去看齐。我们的写，自有其微义。至少可以经由文字的中介，让孩子们或孩子的孩子们，隔开数十年，乃至数百年的时间和空间，尚能感受到自己曾鲜活地在这个世上存在着与存在过。对孩子们来说，因为他们幼时的记忆是模糊的，乃至没有。这些文字，无形中亦把他们个体的信史向前推进了许多。经由这些文字，他们可知晓自己当年是如何来到这个世界，并如何懵懂地与之打交道的。倘鉴于此，这竟是父母的一项神圣而义不容辞的责任。

然而，写，倒未必定要按胡适先生说的，来郑重其事地作传。在我看来，许多传记总免不了背后那种致命的上帝视角，硬把一生中的各式偶然，塞进一个流畅的情节里去：发生、发展、变奏、高潮、谢幕。似乎整个人生就是一个，就像黑格尔说的，时代精神的逻辑展现。这无疑是颇可存疑的。道济和尚临终前曾索笔书偈云："六十年来狼藉，东壁打倒西壁。"以一路的跌撞与狼藉，来形容一生之情状，充满了各种跳跃、断裂与偶然。这种见识，颇有后现代的意味。而无疑，我们的写，便是一种后现代的写。

父亲的无名诗

晚上，陪三岁的孩子玩。他指着茶几上的糖果，历数着说："这个给爸爸，这个给妈妈，这个给哥哥，这个给爷爷，这个给奶奶。"我在旁陪着，听到，心内悚然一震。不禁唏嘘地想："孩子，你竟已忘了，你的爷爷已不在这世上了。"

但我没有提醒他。孩子就是孩子，即便两个月前，他随我们返了乡，参加了父亲的丧礼。但总以为，在遥远的老家，是有一个爷爷，确实地存在着的。其实，在我，亦常有这种错觉与错误。以前，每次打电话回家，总拨父亲的号，一起聊聊村里的事儿，自家的事儿，等等。最近几次，依旧拨父亲的号码出去。

前几天，在车上听到李健翻唱的歌儿，《父亲的散文诗》。第一次听，特别感动。可惜，我的父亲没写过日记，也不会写。他总"在场"地活着，活在真实的时间里。我和兄弟姐妹，尚能在记忆里凭吊与思念。对不谙世事的孩子来说，那个曾经存在着的鲜活的灵魂，却化为了一个遥远的，甚或空洞的符号——他叫爷爷。

大约八年前吧，一位河南的朋友曾对我感叹，父母在，感觉人生有个寄托，荣辱与焉。成功了或失败了，父母是真正替你高兴或担虑的。一旦不在，整个人生便似乎不必为谁负责，陡然丧失了方向和意义。当时听到,觉得他说得极好。父母在,人生尚有来处。父母去,人生只剩归途。确实。

近些年来,冗务繁杂,每次和父母聊起出差,父亲或母亲总叮嘱:尽量坐火车,少坐飞机。又说,在外地,晚上少出去,酒要少喝。少跟生人打交道,知人知面不知心。还说,你现在两个孩子了,自己更要保重,等等。我便漫应着。即便四十多了,在父母眼里,我依旧是孩子。

有时候想想,这世界上,无论你年龄多大,境遇好坏,依旧这般无微不至,唠唠叨叨,牵肠挂肚,关心着你的一切的,大概也只有父母吧。父母倘不在了,我们才算开始真正独立了罢。可惜,当时,我们总不能珍惜,甚或不甚耐烦。而一旦发觉,却只化成了无尽的怀念与惆怅。

这段日子,每次和母亲联系,我总先进入书房,把门掩上,才拨电话。因为按照惯例,孩子总爱凑过来,抢过电话,与母亲说几句,或唱一遍字母歌,或有一搭没一搭地回答母亲的问话。母亲不识字,也不能说普通话,祖孙间的交流,便仅仅是会意的,但似乎总是无碍的。不过,每聊过一阵后,孩子便会兴奋地问:爷爷呢……

法象与法意

关于吃面的事儿

我是特别喜爱吃面条的,其中的原因,倒没有特地去思考过,似乎就这么喜爱上了,也无须什么理由。在南方的乡下,正如众所周知的,平素是吃米饭的。记得成语"酒囊饭袋",说的是湖南人的事儿。倘换在北方,似乎应该叫"酒囊面袋"才是。——这些就不去提它了。当然,在南方,除了米饭以外,偶尔也会延伸一下,煮点粥喝,蒸点米糕,打点麻糍,这也是常见的。

在我的印象里,似乎家里只有客来,才会特地煮面条招待之。毕竟,在南方的乡下,面条要用大米去换或用钱去买,所以显得珍重些。倘要优渥一些,则在煮面时,打几个鸡蛋进去,这算是一种极高的礼遇了。记得小时候,听村里人说,在北方,倘家里来了客人,作为殊遇,便隆重煮米饭招待之,当时颇觉好奇,不过迄今亦未真的向北方的朋友打听过。但这是否就是我喜欢吃面的原因,似乎也算不上。

每个人爱吃面条,缘由其实尽可不同。仔细思来,我爱吃面条,端在可以自由选择喜爱的浇头。同一碗面,因为浇头的不同,尽可组合出无数的面的品类来。至于这浇头的门道与花样,倘要细致论及,恐怕洋洋数万言,亦难说尽。记得多年前去河南,印象至深的,是那里的一切肉类和菜蔬,皆可作面的浇头。一种浇头,一种面类,形形色色,至于无穷,令人叹为观止。在有些宴席的末节,稍微考究一些的,则是各色面条一道道端上来:先是番茄面,一人一小碗,量不多,止于一二筷子而已;接着是茄子面,也是一人一小碗;再丝瓜面;等等。颇有面过三巡的意思。这大约算是一种隆重的待客之道了。

吃面,因为浇头可变幻出无数的品类来,使得吃面成为一种富于想象力的事儿。有多少浇头,便有多少种面,乃至穷尽人的一生,每顿似乎皆可品尝到不同的面类,这简直是一件颇为浪漫的人生美遇了。当然,浪漫归浪漫,要说奢华,倒是谈不上的。毕竟,吃面乃是极为世俗的饮食,纵便山珍海味做了浇头,这面毕竟还是面。记得八年前,先父来沪小住,我们一起去吃面。老人家见价目表上一碗面动辄数十元,便叹:"面不过是面的味道,又不能吃出鸡的味道来。"朴素的一句话,便切中肯綮,揭示了马克思的"质的规定性"。印象中,在《红楼梦》里,提到面的场合就极少,即便有,亦止于寿面而已。至于浇头,则不着一词。不像《儒林外史》,市井之气横溢,动辄"下了一斤牛肉面吃了,各自散去"。

当然,吃面,除了浇头,调料的添加亦是一件特别富有创意的事儿。面条端上来,每个人自可按自己的喜好与想象,给面条添加各种不同的调味品,譬如辣椒、香菜、芫荽、蒜泥、葱末、镇江或保宁的醋及酱油、香油等,从而使一碗面最后呈现出自己的口味与趣味来,特别富于人格化,彰显了某种"自由之思想与独立之精神",端的是一件令人满意乃至惬意的事儿。

记得有一次在一家河南拉面馆吃面。进来一位老人,他叫了一碗拉面:"三两葱油拌面,不要牛肉汤。"不久,面端上来。老人便继续叫:"给俺再加点小把香菜,另外来三瓣蒜。"这些作为佐料,在面馆是免费的。两样送到后,老人便从桌上取了山西的醋瓶,将醋浇在拉面上,又舀了一调羹的剁椒酱和辣椒油,拌在面里。最后从桌上的葱碗里,用手指头撮了一小把葱撒了进去,搅之,拌之。一碗全素的,重口味的,色香味俱全的拉面,便顺利制作成功了。看着老人一面剥着蒜瓣,一面低下头酣畅地吃着面的情形,俺在对面端的感佩得无可无不可,这大约便是吃面的智慧与魅力所在吧。

当时只道是寻常

高温，酷暑，无可逃遁。有时候就会想，当年在没有空调甚至没有电扇的年代，人怎生消受得了？算一算，这段日子离现在其实也不算太遥远，对于"70后"，对于农家子弟，感触不可谓不深。偶尔想来，盛夏时节的情形，依旧历历在目，但似乎过得也还算顺利，不唯顺利，甚至还挺快乐，远不至想象中的"往事不堪回首"的地步。当然，当时的大人们，或许不会做如是想。——但这也未必。

现在琢磨下来，原因大概是，相较于这种火般的酷热天气，更为艰苦乃至痛苦的，乃是乡村夏季的"双抢"之苦。"双抢"之苦，端的是对肉体与意志的双重熬炼，堪称人间炼狱。人常道："吃得'双抢'苦，何事不可为？"抑或"'双抢'都能熬过去，还有什么坎儿迈不过去？"在此炼狱的映衬下，所谓酷热与暴晒云云，实在算不得什么，难以刷出存在感来。按照古代的司法原则，这也算是"举重以明轻"吧。

所谓"双抢"者，乃抢收与抢种也（不明所以者，可百度之）。每日凌晨三四点便起床，睡眼惺忪，摇摇晃晃地下地。收割，打谷，拔秧，插秧……昼间，晴空万里，骄阳似火，稻浪如潮。倘在镰刀挥舞的间隙，挣扎着把腰直起来，站立一会儿；抑或叼一根稗草，坐在田埂上休憩一会儿，看着不远处的青蛙，一动不动，鼓鼓地瞪着你，便是莫大的快意了。倘若此时刚好有一阵风，掺杂着新鲜野草的芳香，从远处吹拂过来，此番惬意，端的是无可无不可的幸福。

中午，拖着沉重的身子返家，简单冲洗罢，草草用过红烧冬瓜或南瓜、辣椒炒韭菜或茄子之属，便在老屋的弄堂或过道里，胡乱摊开一张凉席，四仰八叉地躺将下来，呼吸着青石板上发出的苔藓气味，伴着屋外知了声嘶力竭的鸣叫，在阴凉的穿堂风里，疲惫而酣然地入睡。偶尔毫无睡意，便偷偷去村头的池塘里采点莲蓬，或摘点菱角，或粘知了，或摸鱼儿，再浑身湿漉漉地回来，跟大人继续下地。此番情景，洵为童年至苦至乐之情形。

傍晚，便到附近的赣江里去洗澡。在大片白色的沙滩上，清澈的江水缓缓流淌着，晚霞映照在江面和沙滩上，反射出迷幻的光彩。这是一天最富诗意的辰光了。入夜，蚊子奇多，花脚的，不是花脚的，轰鸣着，宅前屋后，铺天盖地，极嚣张，便在竹席附近燃起一堆堆稻壳来熏，村里一时狼烟四起，也呛声四起。但总比蚊虫叮咬，周身不得安生为佳。夜深矣，唯月色如水，稍靖吾心。此时此际，什么都不想，也不去想。今夕何夕，唯愿这夜能长些，再长些。

"双抢"结束，便是下地摘花生了。同样是烈日暴晒，因为是沙地，甚至比水田还艰苦些。记得其时幸好家里有台红灯牌收音机，是盖房时外公送的，伴随我度过了许多艰苦的日子。剩下的作业，便是和小伙伴一道，牵着牛到赣江的河堤上去放。大家总是先挑块丰茂的草地，把牛安顿好，随后便如一群鸭般扑进江里去。江水清澈，鱼儿游弋，鹅卵石在阳光下熠熠生辉，偶尔有货船哒哒地驶过去，划破午间的寂静。其情其景，依旧历历在目。

想象中的乡村的夏日，就应该是这样的吧。就像想象中的苦瓜，就应该是苦的。相对于乡村生活之艰辛，夏天的热，或许仅仅是一种背景，而并非一种主体的艰与苦。而乡村生活的丰富性，也让这种背景相对地变得越来越淡，甚至于无。今天，生活日渐惬意和舒适起来了，相应地，也渐渐变得单一和单调起来。这个酷暑的背景，便开始逐渐凸显出来，成了主要的敌人，成了需要战胜的强大对手。或许，这就是我们生活的辩证法吧。

法象与法意

格物之后

王阳明的《传习录》中载,有一属官,因久听讲先生之学,曰:"此学甚好,只是簿书讼狱繁难,不得为学。"先生闻之,曰:"我何尝教尔离了簿书讼狱,悬空去讲学?尔既有官司之事,便从官司的事上为学,才是真格物。如问一词讼,不可因其应对无状,起个怒心;不可因他言语圆转,生个喜心;不可恶其嘱托,加意治之;不可因其请求,屈意从之;不可因自己事务烦冗,随意苟且断之;不可因旁人谮毁罗织,随人意思处之……这便是格物致知。簿书讼狱之间,无非实学;若离了事物为学,却是着空。"

这段教导很剀切。经常和人聊天,三教九流,五行八作,种地的,杀猪的,做公的,做私的,做买的,做卖的,都有。只要对于本行特别热爱,又善于思考总结,且为人又特别通透,便总能结合自己的职业与技艺,谈出许多精辟的人生道理来,让人有醍醐灌顶之感。而且,这些谈出来的经验、道理、思想,乃至哲学,大抵都是相近、相通的,颇有万流归宗之概,这大约就是王阳明言下之意旨吧。毕竟,人世间的道理,就那么几个。所不同者,无外乎在大道理里面,又化出了无数的小道理而已。倘若最后竟不能在大道理上会合,说明脑子还不够睿智与通透,至少经验尚不够充分与深入。尤为要者,"若离了事物为学,却是着空",脱离了具体的物质与物质实践,不仅难以获致真知,相应的修养和境界亦难以提升。凭着架空臆想,总不免走火入魔。总之,格物,才能致知。

法象与法意

养心妙物

前些天,在黄山的一家新华书店,见到清代名臣张英的家训《聪训斋语》,与其子张廷玉之《澄怀园语》,合编为一册,曰"父子宰相家训"。当时颇感兴趣,便倚着书架,细细翻看了几页。家训言简意赅,器宇弘深,颇为心怡。——据说,曾国藩对之亦推崇备至,要求子孙后辈终身诵读。回到上海后,便特地买来一本读。

对于家训之类的书,我一直颇为喜爱,亦读了不少。毕竟,家训也者,大抵是写给自己家人或后辈读的,自是毕生经验与思想之菁华,"意念之所及,耳目之所经",虽不免有被人目为"狭隘的经验主义"之嫌疑,但对著者而言,其真诚性及个体上的有效性,却是毋庸置疑的,否则便不免要误己子弟了。不像鲁迅说的那班"挂着金字招牌的导师",仅仅误人子弟。

张英一生以"敬、慎"处世,将"立品、读书、养身、择友"奉为座右铭。他的《聪训斋语》乃是其官宦仕途、为人处世、读书治学等方面的经验与体认,使用的是箴言体,一是一,二是二,旗帜鲜明,有观点,有论证,从常理与常情切入,谆谆教导,老婆心切。绝不搞春秋笔法,隐微教诲,让子孙们去钩玄索隐地琢磨,最后以至于南辕北辙,跑偏走火。不值当。

《聪训斋语》的好些处，都谈到读书，与其他古人之意见，遥相呼应，颇切中肯綮。譬如，关于读书与养心，张英认为："书卷乃养心第一妙物。闲适无事之人，镇日不观书，则起居出入身心无所栖泊，耳目无所安顿，势必心意颠倒，妄想生嗔，处逆境不乐，处顺境亦不乐。每见人栖栖遑遑，觉举动无不碍者，此必不读书之人也。"

这是我读到的关于读书与养心最细致的论述。类似之言，陈眉公的《岩栖幽事》亦曾引过："黄山谷常云：士大夫三日不读书，自觉语言无味，对镜亦面目可憎。米元章亦云：一日不读书，便觉思涩。"曾国藩亦曾建设性地提及："人之气质，由于天生，本难改变，惟读书则可以变其气质。"里面的经验，大抵相通。此教益，不仅对读书人有效，对其他人，譬如资深麻友，三日不叉麻将，似乎亦要"身心无所栖泊，耳目无所安顿"，乃栖栖遑遑，满大街找麻将搭子。症状庶几类之。

张英在另一处指出，读书不贵多，而在精，在熟，在用。颇为精辟。家训云："古人之书安可尽读？但我所已读者，决不可轻弃：得尺则尺，得寸则寸；毋贪多，毋贪名；但读得一篇，必求可以背诵，然后思通其义蕴，而运用之于手腕之下。如此，则才气自然发越。若曾读此书，而全不能举其词，谓之画饼充饥；能举其词而不能运用，谓之食物不化。二者其去枵腹无异。"这也很精彩。吾人亦常深以为然，为憾。

遥想当年，在书籍贫乏的时代，倘若觅得一部好书，自不免日夜玩读，时时揣摩，受益深远，沦肌浃髓矣。大家读的，思的，聊的，写的，无外这几部书，洵为热闹、温暖、充实。如今出版泛滥，新书好书汹涌而至，竟不知如何选择了，便我读这部，你读那部，他读另一部，读的、思的、写的，各不一样，聊起来自是各说各话。兼之博而不精，贪多嚼不烂，不能吸收，遑论运用矣。最后"去枵腹无异"，读了白读，可谓至憾。戒之。

吃摩擦饭

萨孟武的回忆录《中年时代》里，有一段关于抗战时期国民参政会的回忆，里面提及了一些有趣的掌故，亦从个体之视角，记录了对于一些社会贤达的观感："参政员之中最讨厌的就是那些'六君子'，罗隆基本来只想在考试院内做一科长，因为目的不达，就在上海创办《新月杂志》，以攻击国民党为事。终而成名。沈钧儒更觉讨厌，穿了长袍，手执纸扇，每次登台说话，声音小，又无内容，不知他说什么，其状有似冬烘先生。"此一家之言，自见仁见智，付之一哂。

有趣的是，在其他处，萨孟武发明了一个特别的词儿——吃摩擦饭，意指一些唯恐天下不乱的人，芝麻大的事儿往往喜欢扩大，最好彼此发生摩擦，以至情势严重，自非解决不可，而要解决，非用金钱不可，或非授予权力不可，由此可以投机取巧，借摩擦升官发财。而且，摩擦越大，对于吃摩擦饭的人来说，其转圜之余地也越大，进退裕如也。倘不能解决，自是因为情势严重，洵可谅宥。倘竟能设法解决，自然名利双收，风光无限。就此言之，古代一些讼师，乃至战国时代的一些纵横家，大略亦可归于吃摩擦饭之流矣。

刘馥之死

《三国演义》第四十八回，讲了扬州刺史刘馥的死，常常让人惋叹不置。悲剧发生在赤壁大战前夜，"时建安十三年冬十一月十五日，天气晴明，平风静浪"。是夜，曹操先生的心情不错，乃大宴群臣，这个派对的规模很大，气氛也很嗨，老曹的酒喝得也到位了，一时诗兴大发，乃横槊赋诗，即兴吟了《短歌行》，诗歌唱罢，"众和之，共皆欢笑"，马屁震天响，大概就是遗憾当时没有诺贝尔文学奖了。

偏偏这时候，那个刘馥老夫子，真的太不识时务了，连个空头人情都不会做，以为还是平常那些初出茅庐的文学青年来请他指点呢，竟不知人家曹先生不过要大家意思意思，谈点读后感，他老兄居然傻傻地冒出一句："大军相当之际，将士用命之时，丞相何故出此不吉之言？"老曹听了，当时便已动了六分肝火了，心想：你什么级别，还有资格来评论我？但还是压住了，问："吾言有何不吉？"老刘还真答："'月明星稀，乌鹊南飞；绕树三匝，无枝可依。'此不吉之言也。"老曹一听，大怒道："汝安敢败吾诗兴！"手起一槊，把这个不识时务的刘评论家刺死了。悲哉！

有时候想想，老刘的悲剧，主要原因，恐怕还是定位不准，还天真地以为他和曹操之间应该是诗人跟诗人的对话吧,就像海棠诗社搞活动,大家脱略形骸,切磋切磋,放松放松,断无上下尊卑之分的。讵料"翩其反矣",其竟忘了人家老曹不仅是个诗人,还是个枭雄,不仅有诗,而且有槊。一边吟诗,一边举槊,拗的是横槊赋诗的造型,谁敢说俺的诗不好,谁就败了俺的诗兴,俺阿瞒就要在肉体上结果了他。可惜刘老夫子只看见了诗,没看见槊,就此成了槊下之鬼,何其冤哉!

突然想起了另一件事,倒相映成趣。众所周知,毛主席早年写过一首著名的词,即《清平乐·蒋桂战争》。新中国成立后,报纸公开发表了这首词的墨宝手迹。许是一时疏忽,毛主席将"黄粱"写作"黄梁",成了板上钉钉的错别字。对此人家郭老就另有洞识,立马写了篇文章,评论道:"主席并无心成为诗家或词家,但他的诗词都成了诗词的顶峰。主席更无心成为书家,但他的墨迹却成了书法的顶峰,例如就这首《清平乐》的墨迹而论,黄粱写作黄梁,无心中把粱字简化了。龙岩多写了一个龙字。'分田分地真忙'下没有句点,这就是随意挥洒的证据。然而这幅字写得多么生动、多么潇洒、多么磊落。每一个字和整个篇幅都充满着豪放不羁的气韵。在这里给我们从事文学艺术的人,乃至从事任何工作的人,一个深刻的启示。那就是人的因素第一、政治工作第一、思想工作第一、抓活的思想第一,四个第一原则,极其灵活地、极其具体地呈现在了我们眼前。"郭老的观点,就有创意,有高度,有境界,做到了学懂弄通,让人高山仰止,不服不行。

知识前传

萨拜因的《政治学说史》第四版第一章，是修订者托马斯·索尔森增写的。这一章在某种程度上，构成了西方政治学说史的史前史或前传。按修订者的观点，增写之目的，"在于将政治理论史纳入一个有人类进化和前希腊（即前哲学思想）构成的背景之中"。无疑，这种放宽学说史的视界，有其特殊的意义。

索尔森认为，今人提及政治学说，往往言必称希腊。屈指算来，二十世纪的我们与伯里克利时代相距已约2400多年。我们得认识到，伯里克利时代与基奥普斯大金字塔的建造者们，亦相距了大致同样的时间，而大金字塔的建造者们其时的天文学知识和工程技术，已然达到了很高的水平了。可推知，他们的治理水平及政治理念与技艺，应该也不低，甚至较高。否则，如此精致而浩大的工程，又如何能组织得成？因之，前希腊时代的政治学说及其政治制度与实践，亦不可忽视，不可轻视。

索尔森分析，当代人在评论柏拉图、亚里士多德和古希腊一般科学和哲学时，之所以只是将他们与当代西方科学和哲学加以对照，而几乎从不将他们与之前出现的科学和哲学相对照，部分原因是当代西方人所持的那种狭隘视角所致。让人感觉，甚至让一些知识分子亦感觉,在轴心时代之前,乃万古如长夜。而事实是,人类社会照样治理得好好的,活得好好的。好好的,指的是有他们的价值、他们的规则、他们的秩序。当然,也有他们的幸福。因此,史前史被忽视或轻视,可能是因为考古文献的匮乏,或许更重要的,是话语/权力以及各种中心主义的结果。

  法学也是。翻开法学史,各类线索,无外乎推溯到古罗马,大不了古希腊。而之前的法治文明及其源流、制度与实践,提的很少,虽然也有。这常给人一种错觉,即,轴心时代之前的人类,乃是生活在霍布斯的自然状态里,按丛林法则生存的;或生活在卢梭和洛克的自然状态里,其乐融融地活着。但无论哪种状态,似乎都是"无法无天"的,属于人类学甚至神话的范畴。这种知识与实践的断裂,无疑都是一种狭隘视角的产物。按知识社会学的观点,开展"史前史"的研究或放宽历史的视界,至少可以揭示"知识"被创造出来的条件及其之前的风格和样式吧。

锅里翻饼

《培根随笔集》里有一篇《谈狡猾》，文中历数了15种耍滑的手段，皆有理有据，洞悉三昧。其中，第10种耍滑，即英人所谓之锅里翻饼。按培根的解释，即"本来是他对别人说的，他反而赖成是别人对他说的，说实话，两个人之间的话，要弄清楚究竟是谁开的头，还真不容易"。

此锅里翻饼之法，古今中外，实在见怪不怪。培根说的，其实也只是翻饼的情形之一。还有的是，本是他说的，引诱你赞成或默认，最后赖成是你说的。甚至，他原本也没说，直接硬生生翻成你的饼。这种翻饼，也有，还不少。可见，遇到是非之人，无论说啥话，恐怕连颔首或微笑都不能给他的。最好，最好，须第三人在场才行。彻底的解法，恐怕还得尽量少见，少聊。——抑或，今天的天气，哈哈哈哈，让他翻饼不成。

读过一则高僧的故事，具体的情形已忘却了。大意是，有个员外，请教一位高僧：俺拟在院子里放一块卧石如何？僧颔首曰：妙哉妙哉。员外又道：卧石恐太大，植一株梧桐如何？僧再颔首：妙哉妙哉。员外不解，乃问：师父，为何俺说啥您皆妙哉妙哉？僧再答：妙哉妙哉。窃以为，高僧之高，端在不粘锅。无论别人说啥，只管承认，让他自己负责，自己则一尘不染。实在是高。

　　不过，高僧纵高，遇到培根的锅里翻饼，我看也在所难逃。譬如，有人与他臧否时事，月旦人物，倘继续妙哉妙哉，最后人家一翻饼，统统成了他的话，这饼便未必有福消受了。高僧之滑，尚在小聪明的层次，远未达致"不可说，不可说，一说即是错"的境界。但，纵便是一言不发，遇到善于翻饼的，便认作是默认与默许，最后照样赖你个百口莫辩。唯一的解法，恐怕还是敬而远之为好。

和珅之道

《乾隆王朝》里有一个情节，乾隆询问和珅办事之策，和珅略作沉吟，答曰："大事小办，急事缓办，这是句俗话……"其中"大事小办，急事缓办"，揭示的乃是清代官员为官处事之道。要说一点哲理也没有，也不客观。

所谓大事小办，按我的理解，首先指的是一种过程管理思维，即善于将一件大事转为一件件小事，或将一个大目标，就像王健林说的，转为一个个小目标，然后一步一步，步步为营，分阶段推进实施。凡办大事者，皆是从一件件小事入手办起，小事办好了，大事亦水到渠成。这里面彰显的是一种大与小的辩证法。

其次，大事小办也是一种分析思维，乃是善于将一件大事分解成整体的各个部分，然后从细部与细节着手，去实施与发力。分而治之，各个击破，最后一而统之，大事谐矣。譬如大飞机的制作，即是由各个零部件的分工来实现的。各个零部件制作的"小事"办好了，大飞机便呼之欲出了。此中体现的，乃是整体与部分的辩证法。

另外，大事小办亦是一种处世之道。便是将一件大事化成一件小事，一件小事最后化成无事。此即坊间所谓的"大事化小，小事化了"。至于化小之道，五花八门，有性质化小，情节化小，后果化小等，不赘。大事小办，有时彰显了一种处事之气度。将大事视作小事与寻常事，小而化之，淡然处之。有时，则为一种腐败之手法与样态。每一桩枉法裁判背后，大抵有它的影子。

所谓急事缓办，乃是一种办事哲学。越是十万火急之事，越要从容应对，冷静对待，绝不能手忙脚乱，以致忙中出错，误了大事。另需注意者，何为急事，何为缓事，须审慎判断。倘时间允许，或可放一放，看一看，"研究研究"，以免被人带节奏。最后会发现，有时候，所谓的急事，其实也并没那么急，端在想让你"急办"。

大事小办，急事缓办，背后则是小事大办、缓事急办。仔细琢磨，这些话虽然片面，但都有其合理性，以致在清代竟成了某些官员的官箴，甚至撰入了一些家族的家训。不过，道理归道理，实践起来，却是个精妙的技术活儿，"运用之妙，存乎一心"矣。

死屋手记

前天,在上外附近的旧书摊儿,淘到了陀思妥耶夫斯基的《死屋手记》,人民文学出版社 1981 年版。这是一部描写沙俄时代监狱生活的小说,以前倒没有特别想去读它,包括《地下室手记》。毕竟,读过他的《卡拉马佐夫兄弟》《罪与罚》《复活》《白痴》等,觉得一个作家的作品,读到这个份儿上,就差不多了。现在看来,《死屋手记》倘未读过,是个巨大的遗憾。

类似的书,其实国内也有不少写得不错的。印象最深的,是尤凤伟的《中国1957》,这本书好像是花了一个晚上一口气读完的,读到最后,书越来越薄的时候,居然有一种舍不得读下去的感觉。还有高尔泰的《寻找家园》也不错,就像北岛说的,"融合了画家的直觉和哲学家的智慧"。杨显惠的《夹边沟记事》比较知名,里面有几章,比如"上海女人"等,令人读之潸然。此外,还有巫宁坤的《一滴泪》、王学泰的《监狱琐记》等。这些书讲的都是苦难,是宏大叙事背后的微观叙事,文笔都不错。

但陀思妥耶夫斯基可能更别具一格一些。首先,他的小说里总有大段大段的反思,有些甚至就是主人公的独白,比如《卡拉马佐夫兄弟》,都是一页一页地说,汪洋恣肆,直达人心。其次,陀思妥耶夫斯基的所有小说都弥漫着较为浓重的宗教情绪，情感真挚、朴素，总能把心灵和精神升华到那个最神圣、最神秘的地方去，超越于个体与政治，显得崇高而博大。当然，你也可以说这是一种不想、不敢继续反思下去的偷懒的方法。

公正何以难行

近日，读了美国德雷塞尔大学法学院亚当·本福拉多的《公正何以难行：阻碍正义的心理之源》一书，受益颇多。该书较好地融合了前沿科学研究与法律实证案例，以案说法，条分缕析地揭示了影响司法公正的种种深层次的机制与因素，切中肯綮，颇富洞见。印象深刻的是，作者在论证中借鉴了不少心理学和神经科学的新发现，挑战了法律体系中的诸多假设，令人耳目一新，兹胪举几例。

首先，视角决定态度。有研究表明，我们看待一个案件现场的方式，常常会受到记录设备拍摄角度的影响。在案件中，摄像机拍摄角度的差异，会影响人们对于有罪或无罪、罪重或罪轻的看法。在一项实验中，摄像机原本同时拍犯罪嫌疑人和讯问人员，当研究人员将拍摄角度调整为仅仅聚焦犯罪嫌疑人后，定罪的比率翻了一番。这个研究的现实意义是，众所周知，在当下，包括中国，越来越多的执法巡逻车都安装了行车记录仪，越来越多的执法人员随身佩戴了执法记录仪，但绝大多数录像设备都是从执法警察的角度拍摄事件经过的，这无疑对随后的观看者，包括律师、检察官和法官产生潜在的影响。因为这些单一视角的视频不能充分记录事件及事件当事人的全部环节与细节，因此需审慎对待其效力。

其次，公正也分时段。即如作者所追问的：法官在每天的不同时段作出的裁决有没有区别？曾经有美国专家对1000余份裁决进行过分析，结果显示，法官们在每天早晨或者第一次餐后更加倾向于批准罪犯的假释申请（约有65%的批准率），而在每天晚上或休息之后则恰恰相反，批准假释申请的比率逐步降低，直到为零。该项研究的主持者分析认为，每天随着时间的推移，法官们开始变得精神疲惫，不再费力审查罪犯的申请，而较倾向于选择维持现状，从简处理。这种研究与结论，颇有美国法律现实主义的特色。饶有兴味的是，以前曾读到一项关于教师批改试卷的实证研究，具体过程就不细说了，研究的结论是：从分数的分布来看，当教师在精神饱满、精力集中时批改试卷的严格程度，要比精神疲惫时高。揆诸经验，似乎亦不失肯确。

再次，厌恶感易致"非人化"。一项神经实验显示，当人们看到流浪汉和吸毒者而产生强烈的厌恶感时，大脑的岛叶和杏仁核区域会有明显的神经活动，但作为评估他人和社会交往神经区域的大脑内侧前额叶皮质却无明显反应。而在正常情况下，人们看到中产阶级群体、运动员或残疾人等，大脑内侧前额叶皮质都会有反应。只有对于那些品行不端的情形，几乎没有反应。简而言之，当我们经过一个无家可归的醉汉时，通常不会把他当作一个拥有意识、情感、需求和观念的"活生生"的人类个体，而毋宁当作一个能引起岛叶和杏仁核区域神经活动的讨厌垃圾，这种"非人化"思维极大地影响了我们对待他们的方式，譬如对自己厌恶的人缺乏同情、反应冷漠、无动于衷等。

最后，欺诈力与创造力相关。一项实验证实，那些更具有创造力的人通常认为，他们很容易编造令人信服的说辞来粉饰自己的不法行为。因此，那些最具创造力的测试对象，也是最不诚实的人。

研究人员还发现,通过培养测试对象的创造思维,他们将变得更加倾向于实施欺诈行为——看来观察诈骗犯的关键,端在其创新思维,即说谎和圆谎的能力。而且,欺诈与智商水平没有相关性,而仅仅与创造力有关。因此,那些欺诈成性的人,应该是那些最善于"讲故事"的人吧。毕竟,要讲好一个天衣无缝的"故事",最需要的便是创造能力。记得在江西老家的方言里,倘要说某人说谎或欺诈,**辄**径直以"讲故事"目之:"你这是在跟我讲故事吧?"颇犀利。

勤勉的闲散

济慈在给友人雷诺的信里写道:"我有一种想法:一个人可以用这种方式愉快地度过一生——让他在某一天读一页充满诗意的诗,或者精练的散文,让他带着它去散步,去沉思,去反复思考,去领会,去据以预言未来,进入梦想,直到它变得陈旧乏味为止。可是到什么时候,它才能使人感到陈旧乏味呢?这是永远不会的。任何一个崇高绝俗的片段,都会变成他超凡入圣的起点,这种'构思的旅程'是多么的幸福啊,勤勉的闲散又是多么美好!"

这般简单而精致的生活,在信息泛滥、泥沙俱下的今日,已然是奢望了。但每个人的内心,大抵是向往着梭罗那般的生活的——不,还是陶渊明吧,至少还可以喝几杯。至于诗和散文,其实可以不读,亦不必去想。而说与不说,都无所谓了,也没谁听。回忆,似乎是可以有一些的,但亦不必过度,大略止于午夜酒醒之际吧。毕竟,它终究改变不了什么。惛惛懵懵,沉浮于事实之流中,"此中有真意,欲辨已忘言",这样多好。倘若一定要带一部书,就不妨带《聊斋志异》吧。我觉得。

托翁的忏悔

读托尔斯泰的《忏悔录》，总感觉过于悲观了些。人为什么活着，这个简单的问题，似乎很难去反思透彻的。不同的年纪，不同的经历和心境，结论总是不一样的。似乎谁也没这个资格和自信，去宣布看透了或看个半透。

读许多人的回忆录——庄严一些的，叫忏悔录，字里行间，像众所周知的剥洋葱，剥到最后，剥出了虚无，剥出了佛与道。这倒是极真切。但问题是，我们要做的，在做的，本就是剥洋葱，似乎没有谁许你定要剥出什么来的。剥下去，就是。

回忆的文字，或者忏悔的文字，读多了，亦未必真的有益。年纪不同，经历不同，心境也不同。看透与不看透，或真与伪的看透，也是相对甚至偶然的。就像吃馒头，吃到第八个，边际效益递减，便觉得满心的厌与恶，反思起来，似乎连吃第一个馒头时的欣喜，都虚无得很。

昔日尼采多病，那时节里写的文字，悲绝兼之，江河为之变色，似乎生无可恋了。后来，病体康复，意气日渐昂然，生命重又焕发了活力，笔下亦精神了不少。可见，许多回忆文字，乃囿于一时一事一地的感受与见解，未必真的看透，相应地，亦未必真要隆重对待。

以今日之我，否弃昨日之我，似乎总是有理的。但明天之我，又何尝不否弃今日之我？这便很难算是扬弃了。琢磨一番，原因还端在人总是向死而生的，到了晚年便恍如进入了深秋或冬。身体的衰化，勾连起了精神的衰化，悲秋的情绪自然弥漫起来了。

托翁最后把生存的意义，放在了劳动上。这个我倒极赞同。这劳动，我倒愿意将它限在农民的劳作上。一日日，贴着泥土和草，在日头下耕耘，挥汗如雨，心无旁骛，然后望着庄稼一日日生机无限地长。累极了，躺下便睡，睡便睡着，似乎再也无心思去问：人为什么要活着？

掩饰的掩饰

《掩饰》是一部很特别的书。首先,主题很特别,关涉到同性恋问题的法律反思,但又并非纯粹的学术作品,文笔流畅、优雅。其次,作者很特别,为美国纽约大学法学院宪法学教授、"出柜"的同性恋者、日裔美国人,叫吉野贤治。

"每个人都在掩饰。掩饰,即淡化一个不受欢迎的身份,去迎合主流。"作者说,"掩饰之所以有如此强大而顽固的生命力,是因为它是同化的一种形式"。掩饰,就是装着被同化,就是混在人群里,该干啥干啥,好好地或安静地做同性恋,但别张扬。不要让同性恋者成为一个特定的群体或"问题",因为"现行的法律不能保护我们免于掩饰"。

作者以案说法,揭示了同性恋发展史的三个阶段:矫正、冒充和掩饰。矫正,即通过治疗,把同性恋转变成异性恋,包括前脑叶白质切除、电击疗法或精神分析等。冒充,即,只要同性恋者同意冒充异性恋,便可该干啥干啥,"有关部门"亦睁一只眼,闭一只眼。掩饰,即同性恋可以出柜做自己,但别"炫耀"自己的身份——"去搞同性恋吧,但别张扬到我们的地盘上来。"

三个阶段,每个阶段背后,都是血泪史,都是权利斗争史。按吉野贤治的观点,即便是掩饰,也涉嫌违宪:凭什么要求我们同性恋者掩饰?作为同性恋者,难道就不可以,像春晚小品里的台词,"我骄傲"?要求同性恋者掩饰,而不要求异性恋掩饰,这就是歧视。"当异性恋要求同性恋掩饰时,他们是在要求我们变得渺小,要求我们放弃异性恋所拥有的权利,最终放弃平等。"

吉野贤治希望,美国民权法的重心,应当由平等向自由转换。因为平等的进路,总和身份政治有千丝万缕的联系,而身份政治又和某种本质主义纠缠不清。换言之,就是别把权利和身份勾连起来,只要是人,就尊重他或她的自由,至于他或她是谁,不重要。——让种族,宗教,肤色,同性恋还是异性恋,大长腿还是小短腿,等等,统统见鬼去吧。

吉野贤治说,民权的愿景始终是:允许人们在自我实现的路上不受偏见阻扰。"过分强调法律,会使我们看不见这个革命性愿景的广度,因为法律已经将民权局限在特定的族群中了。"所以,民权范式要向人权范式转换,不要去强调人与人的差别,而更要关注人与人的共同点。——我们是什么人,这并不重要。重要的是,我们都是人。

身份的焦虑

莫泊桑的著名短篇《月光》,讲的主要是一个关于爱情的主题,但我觉得里面涉及的信仰主题,倒让人更为印象深刻。小说的主角叫马里尼昂,是个极为虔诚的天主教神甫,"他真心实意地认为自己了解天主,能深刻体会天主的目的、愿望和意图"。大自然中的一切现象,在他看来都是"按照一种绝对完美、妙不可言的逻辑创造出来的。""为什么"和"因为"始终是成双成对,保持平衡。

在马里尼昂的头脑里,从来没有产生过"大自然是没有意图的"这种设想。相反,他认为一切有生命的东西都得服从季节、气候和物质的必然性,这种必然性是坚不可摧的。譬如,曙光是为了使人醒来感到欢乐而创造的,白昼是为了使将要收割的庄稼成熟而创造的,雨水是为了滋润万物而创造的,傍晚是为了准备入睡,黑夜则是为了安眠。一切井然有序,妙不可言。

宗教的魅力,就在其无微不至与无远弗届的解释力,以及对于个体与群体的意义赋予、价值赋予,乃至神圣赋予。生活世界中的任何事与物,在这样的体系里都能得到妥帖的因果安置,由此建构出一个独特的意义世界,让人在此安身立命,进退裕如。按卡尔·波普尔的观点,这样一个意义世界,虽不能确凿地证实,也不能确凿地证伪，却具有某种确定性，就像中国人说的"命"，以及命中注定。

阿兰·德波顿在《身份的焦虑》里，曾提到一个让人感动的细节。他发现中世纪的人，无论富人还是穷人，脸上的表情都很安详，绝没有现代人所普遍表现出来的栖遑与焦虑。考其原由，显然与宗教有关。因为中世纪的人，都有一种共同的宗教情怀，他们虔诚地信仰并接受着上帝的安排，安身立命，安分守己，不以物喜，不以己悲，踏踏实实履行"天职"。他们不会无端地提出一些莫名其妙的问题并让自己深陷其中，由此也不会有"身份的焦虑"。

回到小说。有时候想想，一个人的信仰倘能够如此之坚定，就像马里尼昂神甫，即便在外人看起来有些愚昧与固执，却具有一以贯之的整全性和彻底性，其人生该是极安详与淡泊的吧，至少幸福指数应该是比较高的。古罗马皇帝奥勒留曾说，人生的最高境界是内心的宁静，而宁静不过是心灵的井然有序。我看这就是。当然，这宁静的心灵未必一定是宗教的，也可以是其他，比如哲学。

致命的躲闪

四点多就醒了,读米兰·昆德拉的《庆祝无意义》。前几天买的,很薄的一本,近些年,渐渐开始喜欢读薄一些的书了。小说的第七部分是"摩托车上的对白",虚拟了阿兰母亲与他的对话,里面的一些话很深刻,相应地,也很犀利。

她说:我说话坦白,我一直觉得把一个不要求到世界上的人送到世界上来,是很可恶的。瞧你的周围,就你看到的人中,没一个是出于自己的意愿来这里的。大家都在喋喋不休地谈人权,闲扯淡,你的存在就不基于什么权利上,即使你自愿要结束自己的生命,这些人权骑士,他们也不会让你这么干。

又说:瞧瞧所有这些人,瞧,你看到的至少有一半长得丑。长得丑,这也属于人权的一部分吗?一辈子长个丑相你知道意味着什么吗?没有片刻的安宁!你的性别不是你自己选择的,还有你眼睛的颜色,你所处的世纪,你的国家,你的母亲,重要的一切都不是你自己选择的。一个人只有对无关紧要的事拥有权利,为它们,那就实在没有理由斗争或写什么宣言了。

还有许多话都很酷,显然是继续了昆德拉的调儿。拉蒙说,无意义是生存的本质,这就解构了存在的一切基础,一切矛盾、尴尬和荒诞：生与死，爱与恨，神圣与卑微，等等，也就随之霍然消解了。加缪说，荒诞以人为前提，离了人，亦无所谓荒诞。因此，只有一个真正严肃的哲学问题，即，自杀。这话也酷。

当然，"致命的躲闪"，可以给生活以意义，以希望，但相应地，也背叛了生活。

赵高的流派

蔡东藩的《前汉演义》里,关于秦朝赵高的文字颇夥。众所周知的指鹿为马,说的就是这厮。同样著名的,便是他与李斯勾结,让胡亥篡其兄位。李斯,乃法家代表人物,自是无疑。但赵高的流派或路数,似乎少有探究。以前的文章,或归之于儒家,亦为一说。不过,从《前汉演义》所载之言行看,赵氏该算是较为典型的法家人物。

《前汉演义》第六回对于赵高的基本情况,专门有一段文字介绍:"赵高是一个阉竖,在宫服役,生性非常刁猾,善伺人主颜色,又能强记秦朝律令,凡五刑细目若干条,俱能默诵。始皇尝披阅案牍,遇有刑律处分,稍涉疑义,一经赵高在旁参决,无不如律。始皇就说他明断有识,强练有才,竟渐加宠信,擢为中车府令,且使教导少子胡亥,判决讼狱。"可见,从知识结构与专业素养上看,赵高应该算是个不赖的法律人。

至于赵高的思想,在第十五回里,记载了赵高对胡亥说的一段话,可以看出,其基本理念与韩非子等法家人物庶几近之。赵高问胡亥:"陛下贵为天子,亦知天子称贵的原因吗?"小胡不解,赵解释道:"天子所以称贵,无非是高拱九重,但令臣下闻声,不令臣下见面。……今陛下嗣位,才及二年,春秋方富,奈何常与群臣计事?倘或言语有误,处置失宜,反使臣下看轻,互相诽议,这岂不是有玷神圣吗?"这种君不可测的路数,颇有韩非子的影子。

赵高又说:"臣闻天子称朕,朕字意义,解作朕兆,朕兆便是有声无形,使人可望不可近,愿陛下从今日始,不必再出视朝,但教深居宫禁,使臣与二三侍中,或及平日学习法令诸吏员,日侍左右,待有奏报,便好从容裁决,不致误事。大臣见陛下处事有方,自不敢妄生议论,来试陛下,陛下才不愧为圣主。"

赵高这番话,主观意图姑且不论。——据说是为了让胡亥深居后宫,不理朝政,便于他把持朝纲,为所欲为。但从思想脉络上说,与韩非子在《主道》里所阐述的思想,譬如君上要"寂乎其无位而处,漻乎莫得其所",及"明君无为于上,君臣竦惧乎下",或"道在不可见,用在不可知君;虚静无事,以暗见疵"等,是一脉相承的。有论者认为,赵高是潜伏在秦政权内部的儒家,推行的是"复辟的儒家路线",倘说到这份儿上,事儿就玄虚了。

赵母的教诲

《世说新语·贤媛第十九》中载："赵母嫁女，女临去，敕之曰：'慎勿为好！'女曰：'不为好，可为恶邪？'母曰：'好尚不可为，其况恶乎！'"

赵母的教诲，初略视之，颇似悖异。按道理，女儿出嫁，做娘的应教之"慎勿为恶"才是正经，岂能诲之"慎勿为好"？但仔细琢磨一下，这话背后乃大有乾坤，彰显的是赵母深刻的舐犊之心。

第一层意思是为人不能太好，即太老实。嫁入夫家，便进入一个大家族，倘若为人太好，过于单纯、善良、忍耐、宽容、好说话等，在家风不良、人心惟危的大家庭内，可能"人善被人欺，马善被人骑"，以致老实人吃亏。

第二层意思是表现不能太好，即太出挑。一个大家庭就是一个小社会，人际关系复杂，倘表现太好，处处示能，出尽风头，则"木秀于林，风必摧之"，极可能受到妯娌、小姑等其他女性的嫉妒、排挤甚至构陷。

第三层意思是想法不能太好，即太理想。立意与做事，尽量悠着点，适可而止，千万不要像狮子座，追求极致的完美主义，最后慧极必伤，不仅身累，而且心累，何苦来哉？不妨允执厥中，随份守时,保持一份淡泊。

不难看出,赵母的高明处,是在不为恶的道德底线上,为女儿提出一个明哲保身的为人处世之道,这是建立在对人生、人性与人世的深刻洞见基础上的现实主义策略。毫无疑问,这是一个亲妈。

赵母,"颍川赵氏女也",东吴才女。其夫虞韪,做过桐乡县令。夫死,被孙权召入宫中为官,专门为《列女传》做注释,其注曰"赵母注",颇不凡,可见其对古代人情世故及女性生存技巧,体认颇深。

子高的逻辑

《孔丛子》儒服第十二记载：子高游赵，平原君客有邹文、季节者，与子高相善。及将还鲁，诸故人诀，既毕，文、节送行三宿；临别，文、节流涕交颐。子高徒抗手而已。分背就路。其徒问曰："先生与彼二子善，彼有恋恋之心，未知后会何期，凄怆流涕；而先生厉声高揖，此无乃非亲亲之谓乎？"子高曰："始焉，谓此二子丈夫尔，乃今知其妇人也。人生则有四方之志，岂鹿豕也哉，而常聚乎？"其徒曰："若此，二子之泣非邪？"答曰："斯二子，良人也，有不忍之心，若取于断，必不足矣。"

这里的子高，是沈诸梁的字——后改姓了叶，叫叶公。叶公好龙，说的就是他。其实，想想邹文、季节两位，也挺冤的。明明是重感情，伤别离，一时"流涕交颐"，眼泪鼻涕一齐流到下巴，可谓有情有义。讵料竟因此被好友鄙视：原以为是王者，"乃今知其妇人也"，可谓"多情总被无情伤"，真何苦来哉？问题是，人家子高说得对不对？也不能说不对，好男儿志在四方嘛，一个大老爷们，不考虑独立去闯一片天地，还习惯聚在一起过日子，混日子，"岂鹿豕也哉"，这跟猪们鹿们有啥区别？而且，离别时刻，还哭鼻子，搞十八相送，堕入缠绵一派，这在子高眼里，不是妇人之仁是什么？

毕竟，人一旦有了情，就会有"不忍之心"，做事就会瞻前顾后，决断就会犹犹豫豫，这样的人，能有啥出息？

人有不忍之心，端在于多情。这个情，丰富得很，既包括爱情，也包括友情，还包括亲情，以及其他说不清道不明、剪不断理还乱的情。但对大丈夫而言，为了事业，为了理想，似乎这些都是次要的、负面的，可以冷落、轻视，甚至牺牲。古人说了，天若有情天亦老，老天之所以永恒，之所以伟大，端在于无情。钟嵘《诗品》里说"儿女情多，风云气少"等，说的都是一个道理。因此，做不到"无情"，不能摒绝"不忍之心"，在子高们看来，都是妇人之仁。楚霸王即是，当断不断，当杀不杀，最后落了个霸王别姬，"多情总被无情笑"，竟成了历史笑柄。

妇人之仁，在症状上，总要受制于情，总要感性，总要不忍，最后做不成大事。与之相对的，该是丈夫之仁吧。所谓丈夫之仁，是大仁，是大气象、大格局、大事业。大仁压倒小仁，小仁为大仁让路，这大约就是子高的逻辑。毕竟，人一旦有了情的因素，就羼杂了感性，就不理性，就不会按最"正确"、最"理性"的方式或遵循"事物之本质"来做事情，最后就干不了大事。推演下来，这也算不得错。而对于旁人来说，唯一需自觉的是，倘要和子高们做朋友，就像邹文和季节两位，得做好迟早被人抛弃甚至出卖或牺牲掉的准备。毕竟，人家志不在此，志不在你。有这个准备，也无所谓。好男儿志在四方，子高的话没错，甚至很对。关键在于，这个志，是忧国忧民的雄迈大志，还是追求做"人上人"的个体小志。倘是大志，自然需要大爱、大义、大情，自然是要超越私人间的小情与小义，这样的"断舍离"，即便偶尔让人唏嘘与遗憾，但终是令人肃然起敬的。倘是为了个体的上位，而弃绝"不忍之心"，爱情、亲情、友情都成了道具与工具，合则用，不合则弃，这样的朋友，少一个，就是你祖上积德了。

文人与藤葛

在《罗念生文集》第九卷里，收录了一篇纪念闻一多先生的短文。最后一段，针对一多的死，罗先生感叹道："一个文人的政治见解，应该放进他的作品里。他也许懂得许多政治原理，富于政治良心，但若参加实际活动，往往因不明白这里面的藤葛纠缠，会惹出多少事来。像一多，这老大哥若明白这点道理，把精力完全放在学术上，国家的命运不知要好多少倍。"

这感叹，正确与否，自然见仁见智。但是，罗先生提到的"因不明白这里面的藤葛纠缠，会惹出多少事来"，是极富洞见的。试看古今中外，多少文人意气风发，趔趔从政，最后落得一轮明月空照了沟渠。有的甚至身败名裂，误了卿卿性命。原因不少，有时势的，有格局的，有理念的，还有技术的，等等。但大抵还是罗先生所言"不明白这里面的藤葛"——其实，不消说文人，古往今来，又有多少人明白呢？但，罗先生所提倡的"一个文人的政治见解，应该放进他的作品里"，这也是颇为浪漫的想法。

罗先生在文中还提及了另一个细节。在闻一多牺牲的前一年，他听说一多很热心政治，便四向"劝朋友莫推着一多往前跑，省得惹是非"。这个细节颇让人唏嘘。想想，这或许是最真诚、最厚道的人，才会从这个角度来关心朋友。毕竟，同样是古今中外，双手笼在袖管里，冠以各种斗士或勇士的头衔，让朋友越挫越勇、血脉偾张地往前冲的人，亦大有人在矣。一旦一个趔趄，跌倒在泥泞里，甚或摔下了悬崖，好戏看完，他便收了声，扫兴地摇着头，从袖管里松了手，反转身淡然地离去。这也有，而且还不少。

八卦与虚构

尤瓦尔·赫拉利的《人类简史》是一部特别有想象力的作品。书中的许多叙述与分析独出机杼，颇有见识，既有历史学的视野，又有哲学的维度，给人以启迪。譬如，书中在解释为何智人能够将尼安德特人和其他人类物种赶出中东乃至世界时，引入了八卦能力和虚构故事的能力来分析，就特别精彩。

所谓八卦能力，就是嚼舌根和说坏话的能力，换言之，即舆论监督能力。通过八卦这种非正式社会调整，可以维持小范围团体的凝聚力，协调团体内部的合作与行动。按照社会学的观点，经由八卦来维持的最大"自然"团体大约是150人，只要超过这个数字，大多数人就无法真正深入了解，非正式社会调整的效果便不逮。这个结论是如何得来的，我们不得而知。从经验上看，以大学院系为例，倘若要建立理想的"熟人社会"模式，同届之间能维持基本的了解与互动，一届的招生规模的确最好控制在150人内。一旦超过此规模，信息共享的程度降低或成本增加，八卦能力便会明显削弱，非正式社会调整的效果便不够理想。

当然，更大团体的合作，则需要虚构故事的能力，即"讨论虚构的事物"的能力。按更正式一些的说法，即意识形态的建构能力。职是之故，各式各样的传说、神话、神以及宗教等，便应运而生。"虚构"之重点，不唯让人类能够拥有想象，更重要的是，可以"一起"想象，编织出种种共同的"故事"来证成自身，确认并强化成员的身份意识与集体认同。譬如"龙的传人""上帝的选民""战斗的民族"等。多数人很难接受自己的生活秩序只是虚构的想象，但其实我们自出生便已经置身于这种想象之中。"历史的铁则告诉我们，每一种由想象建构出来的秩序，都绝不会承认自己出于想象和虚构，而会大谈自己是自然、必然的结果"，哲学成了哲学史。

作者在书中指出："就算是大批互不相识的人，只要同样相信某个故事，就能共同合作。"因此，这种虚构故事的能力赋予了智人前所未有的能力，"它像胶水一样把千千万万的个人、家庭和群体结合在一起"，从而可不断拓展智人大规模合作的能力以及战斗力。毋庸置疑，这种虚构故事的能力在今日世界已达到炉火纯青、登峰造极的地步。在某种意义上，所谓法治，即是人类虚构的一个"故事"。

奥卡姆的剃刀

罗马皇帝马可·奥勒留在《沉思录》卷四里说:"哲学家说,如果你愿意宁静,那就请从事很少的事情。但是想一想是否这样说更好:做必要的事情,以及本性合群的动物的理性所要求的一切事情,并且像所要求的那样做。因为这不仅带来由于做事适当而产生的宁静,而且带来由于做很少的事而产生的宁静。因为我们所说和所做的绝大部分事情都是不必要的,一个人如果取消它们,他将有更多的闲暇和较少的不适。因而一个人每做一件事都应当问问自己:这是不是一件必要的事情?一个人不仅应该取消不必要的行为,而且应该丢弃不必要的思想,这样,无聊的行为就不会跟着来了。"

这段话的中心思想,便是告诫我们,要做必要的事。反过来理解,即是勿做不必要之事。按这个逻辑,我们每个人身体与精神承受着的各式烦与疲,皆缘于做了或正在做种种不必要之事。而且,正因为我们过于沉浸于许多不必要之事(并尚不自知),以致经常错过了许多必要之事(并依旧尚不自知)。换言之,人生中的许多不必要之事,遮蔽了必要之事,从而也遮蔽了我们人生的意义,使我们的生活世界变得如此无聊、烦琐、沉重、迷茫、晦暗等。虽然何为必要之事与不必要之事,殊可见仁见智,但马可·奥勒留提出的这种原则，却是需要我们认真对待的。——总之，我们如今的生活，的确越来越沉重且无趣了。

宋明理学常讲"存天理，灭人欲"，粗略地讲，本质上亦关涉必要与不必要的问题。《朱子语类》卷十三里说得很明白："饮食，天理也，山珍海味，人欲也，夫妻，天理也，三妻四妾，人欲也。"即，吃吃喝喝，填饱肚子，这是必要的，是天理。但动辄要山珍海味，"食不厌精，脍不厌细"，这便是人欲，是不必要的。又，找个对象，这是天理，有必要。但奢想"大红灯笼高高挂"，甚至三宫六院，七十二嫔妃，这就是人欲，不必要。所以，理学家讲"灭私欲，则天理明"，言下之意即是，人欲遮蔽了天理，不必要遮蔽了必要，生活的本真状态便难以呈现——假设有的话。因此，我们得习惯像苏格拉底一般，过一种反思的生活。每做一件事前，便手持"奥卡姆的剃刀"，扪心自问：这是不是一件必要之事？

辟幕起家的逻辑

《郎潜纪闻初笔》中云:"中兴人物,多由辟幕起家,其最著者,如合肥二李之客曾文正,左、刘二公之客骆文忠,尤为表表。"这个总结或者判断,颇有几分道理。

中兴将相多起家幕僚,首先,自然端在自身素质比较高。能被大佬们延聘入幕,甚至引为知己的,本身腰里就有几把刷子,否则西宾是做不成的。翻翻《官场现形记》,里面涉及幕友甚夥,形形色色,五花八门,哪个是吃素的?都是吃大荤的。

其次,入幕以后便意味着进入特定的山头、地盘或圈子,按照现在的说法,叫某某帮,这是起家的政治基础和背景。因为政治人脉扎实,背靠大树好乘凉,背后有势力,跟踪培养,跟踪保护,不容易玩坏,所以要起家也容易一些。

再次,幕僚的工作使其能隐在东家幕后,第一线参与政治实践,包括政治斗争。政治阅历和经验较丰富,能较好掌握政治动态、规则和潜规则,洞悉权力格局及其趋势。人脉资源亦颇可观,一出山,便能迅速上手。又因见多识广,知道轻重利害,不像一些菜鸟,经常 hold 不住,犯低级错误。

最后,幕僚涉及专业活动,从事具体事务,解决具体问题,因此，都比较务实能干，不谈玄论虚、虚头巴脑，注重实用和功效。无论钱粮、刑名还是一般的文秘、参谋之类的岗位，行政能力和素养都能获致极大锻炼与提升。因此，幕僚一旦有平台和机会，能脱颖而出，自在情理之中。

地下室里的居士

卡夫卡在1913年1月14日至15日写给女友的信,即《致斐丽斯》里写道:"我常常在想,对于我来说,最好的生活方式也许是一个人待在宽大而又幽闭的地下室里最靠尽头的一间小室,只身伴着孤灯和写作用的纸笔。吃的东西叫人给我送来。让地下室的大门的启闭,老是离我远远的。我唯一的散步就是穿着睡衣,经过地下室里的一个一个的拱顶,去取别人给我送来的饭食,然后很快回到自己的书桌旁,一边默思一边慢慢地用餐,然后马上又拿起笔来写作。"

这种状态,用来写博士学位论文,倒是极佳的。但作为一种生活方式,一周、一月大不了一二年,尚勉力可逮,甚或有些浪漫。但倘若作为一辈子的状态,颇有修行意味,实在令人望洋兴叹。——抑或不敢苟同,难以恭维。不知其女友斐丽斯读到此信之际,心中作何感想?不过,卡夫卡一生三次订婚,三次解除婚约,个中原因,此处颇可窥斑。在这封信里,卡夫卡提出:"写作就是把心中的一切都敞开,直到不能再敞开为止。写作也就是绝对的坦白,没有丝毫的隐瞒,也就是把整个身心都贯注在里面。"此言倒极精彩。

"五四"的魅力

"五一"假期,又"五四"将至,抽空读周策纵先生的《五四运动史》。这是一部写于二十世纪五十年代的书,英文版1960年由哈佛大学出版社出版。而我们见到的,包括我手头的,大抵是岳麓书社的版本。

对于"五四运动",周策纵先生在英文版自序里说:"在中国近代史上,再没有任何的主要事件像'五四运动'这样引起各种争论,这样广泛地被讨论,可是对它的正式研究又如此的贫乏不足了。"似乎"五四"具有一张普罗透斯的脸,变幻莫测。其实,从历史解释学的角度看,这本就是常态。不消说意识形态及价值和观念的变迁了,即便是一个自然事实,最后成为历史事实,亦是颇费考量的:哪些被关注,哪些湮没不彰,哪些是重要之事实,哪些又被认为无关宏旨,等等,都绝非任意的——即便不是故意的。这便是历史与历史学的魅力。

周策纵在香港版自序里提及,当年哈佛大学杨联陞教授催促其出版此书时,劝解道:"我们现在著书,只求在五十年内站得住,就了不起了。"杨联陞这话颇剀切,似乎竟给了周先生出版的勇气与信心。但于有些作品,窃以为,倒未必真的要从"站得住"的角度来考量。毕竟，这些作品，或许一出版，以其他视角与立场观之，即未必站得住，甚至都没有站起来。但这种研究在"所见异辞，所闻异辞，所传闻异辞"的学术与社会之语境下，也有极大的价值。毕竟，它呈现出了另一张脸，按陈寅恪先生的观点，即便是作伪的，站不住的，也有其价值。因为为何作伪，如何作伪，以及为何站不住等，亦耐人寻味，值得吾人深究。

在我看来，有些学术作品没有站住，倒非一件完全糟糕的事儿，乃是因为它的重要与引人注目，处在风口，而常被人讨论、商榷甚至批判的结果。这种命运竟是对作品的另一种褒扬与光荣了。就像苏力曾自嘲说的：批你，那是看得起你。倘一本书，一种见解，出版与发表了，无人知晓，无人关注，无人评价，湮没于图书馆角落的尘埃里，这种站得住的意义，便极微渺，甚或连学术史的价值，亦未必有。当然，在历史的风吹雨淋中，依旧能岿然不动，甚至焕发出新的光芒来，于作品，自是至高的荣誉了。

屈指算来，自出版，六十年已逝，周策纵先生的这本书站住了吗？这也是个无解的题目，还须读者亲自去读去品去评判了。至少这本书长年来一直被人提及、引用和讨论，说明它还没有倒下，甚至还是岿然地站立着的。

迈向德性的法治

《法律篇》是柏拉图所著《理想国》《政治家篇》《法律篇》三部曲中的最后一环,主要围绕公元前四世纪中叶一个讨论展开。全书一共分为十二卷,对话内容极广,涉及国家生活的各个方面,集中反映了晚年柏拉图对其生平思想的反思成果。

法治乃是《法律篇》的基本题旨。在卷初,柏拉图便以论辩的形式,探讨了立法的目的与宗旨。在论辩对手看来,国家立法之目的端在备战,而法律服务的目的自然在于战争的胜利,各种美德的排列顺序亦根据战争之需要来确定。柏拉图通过一个法官的比喻批驳了此观点,认为一个好的立法者应保持国内的和平与善,战争不过是实现和平的工具,最大的善才是立法者立法之目的。同时,柏拉图多次强调,立法者立法之时,除受最高的美德指导以外,不应考虑其他意见。且立法者考虑的美德,应是美德的整体,而非部分。

立法乃是一项极度需要理性的事业。在此问题上,柏拉图继承乃师苏格拉底的观点,认为知识即美德,赞同专家治国。在某种程度上,柏拉图的理性、神性和德性三者,乃是相互印证的关系。在《法律篇》中,他通过一个懂得航海知识但会晕船的人不适合做船长,以及一个有军事才能但临危而惧的人不适合指挥的例子,证明仅仅具有专业知识而不具有德性与实践能力的人,是不适合做立法者的。

与苏格拉底不同,柏拉图认识到,获致真理和德性本身并不重要,重要的是实践。众所周知,德性乃是一种实践理性,由此可窥柏拉图立法哲学之旨趣:为追寻德性而立法。在《法律篇》第四卷,柏拉图指出:"我们始终在寻找哪些立法有助于美德,哪些立法无助于美德",并且,"我希望公民们非常乐意遵循美德的指引,显然这是立法者试图通过立法来取得的效果"。可见,柏拉图的法治观,乃是一种迈向德性的法治。

晚年柏拉图思想的一个重要转向,便是放弃了最优而不可得的哲学王之治,而转向了较为可行的法治。他指出:"哪里掌握最高权力的一个人把明智的判断和自制力结合起来,哪里你就可以看到与法律相配合的最好的政治制度。"柏拉图特别强调统治者与法律的配合,从而彰显政治统治中的法治观念。他认为:"为众神服务的最高职位必须授予最善于服从已制定的法律并在城邦中取得此种成就的人。"这无疑开启了对法治基本范畴的探讨,即便话语中充满神性与伦理的色彩。

最好由谁来管理国家才最妥当?柏拉图给出了明确答案,即这个国家要在一个独裁者的绝对控制下,而这个独裁者要年轻、记忆力强、学得快、勇敢、具有天生的崇高品格,且自制力强。重要的是,还要有运气,即该统治者须是一个与出色的立法者同时代的人,并有幸与这个立法者有接触。强调运气,具有不小的意义,说明柏拉图已经考虑到了《理想国》中哲学王如何获致的问题,而在《法律篇》中通过一个较为可行的条件设定即运气来加以解决。虽然,毋庸置疑,这种可行性极为脆弱。

值得关注的是,据译者的梳理,柏拉图在《法律篇》的探讨中,竟涉及将近六十个具有现代法学意味的概念,甚至有些概念或者范畴,是首次被讨论的。比如法律至上、法律与平等、法律与正义等,这些法学范畴迄今依旧在形塑着法学研究的视角和路径。这或许就是《法律篇》作为法学经典存在的重要理据吧。

布罗茨基如是说

晨起，读到布罗茨基1987年获诺贝尔文学奖时的获奖演说，特别精彩。粗略比较了书本和网上的几个版本，感觉王希苏的译本更精确一些。我说的精确，倒未必是词典意义或翻译学上的——按鲁迅先生的说法，那叫硬译——乃是指在有效传递演说者的精气神及其思想力量上的。因为没有对照过原文，我说的仅仅是"感觉"。兹摘录几段：

• 如果艺术（首先是对艺术家）有所教益，这便是人类的单独状态。艺术是最古老同时亦是最名副其实的个体的事业。无论人自觉与否，它在人身上培养出的独特性、个体、分离性的意识——于是使人从一个社会动物转化为可感的"我"。

• 形成"与众不同的面容"，正是人生的意义所在。既然遗传的规律事实上决定了我们各自的独特性，所以无论是作家还是读者，他的首要任务是掌握哪些属于他自己的生活，而不是接受一个从外部强加于他或为他规划的生活，不管这生活的外形如何高尚。因为我们每个人只有一次生命，而且我们全都知道它将如何结束。如果将此唯一的机会耗费在他人的模式、他人的经验里,使生活成为一种单调的同义反复,这是一件多么令人遗憾的事。

• 我毫不怀疑,倘若我们以读书的经验而不是政治纲领为标准来选择领袖人物,地球上就不会有今天这样多的痛苦。我认为,对未来可能掌握我们命运的主人,我们所提的问题,首先不是他的外交政策,而是他对司汤达、狄更斯、陀思妥耶夫斯基的态度。

• 既然没有法律阻止我们侵害自己,没有刑事法典能够阻止对文学的真正犯罪:虽然我们可以谴责对文学的压迫——对作家的迫害、检查制度、焚书行为——那么对文学最恶劣的犯罪,即不读书,我们便无能为力了。对这一罪行,个人付出的代价是他的整个生活。如果罪犯是国家,它付出的代价是它的历史。

• 美学的选择具有高度的个人性质,美学经验始终是私人经验。每一个新的美学现实使这种经验更具私人的特点,这一特点不时以文学(或其他)趣味的面貌出现,能够成为拒绝奴役的防御形式,或者竟可以说是抗拒奴役的保证……一个人美学经验越充实,他的趣味越成熟,他的道德焦点更集中,他的精神——未必更愉快——更自由。

辩，还是不辩

读了苏力对张扣扣案律师辩护词的评论，一如既往地缜密、精彩，大多数论证和观点，如果不是针对本案，无疑都令人信服。尤其不易的是，在字里行间还能读出一点年轻人的气势出来，特别好。作为刑辩的门外汉，还是有几点粗略的感想，值得说说。

首先，作为张扣扣案的辩护律师，从何种角度来替张扣扣辩护，无疑有各种策略可以选择。煽情是一种，政治化是一种。像刘强东案的律师一样，"让事实说话"，也是一种。针对不同的案件、不同的法律文化，采取何种辩护策略，以更好地完成委托，恐怕正是律师工匠精神的一种体现。事实上，采用其他的辩护策略，甚至是煽情策略，最后成功辩护而名垂中外司法史的辩护也不少。今天看新闻，章莹颖案中被告人的辩护律师在法庭上"当场落泪，提醒陪审团要仁慈"。这说明煽情辩护并非"中国法学教育的重大欠缺"，美国亦然。我们需要关注的是：情，为什么能被煽起来？难道仅仅是律师的修辞水平，而没有一点点受众的情绪基础？进而，被煽起来的民意，难道就一定是苏力的"民粹"？

其次，苏力主张的"让事实说话"，是一个颇为合理的辩护策略，相信也是许多律师愿意首先考虑的辩护路径。其实，在张扣扣案的辩护词里，我们也读到了不少"事实"，虽然未必是法律事实。如，他自幼家庭贫寒，学历不高，父亲小学文化，母亲去世早，家里没有给他足够的关爱等。但这些，在苏力的言下，不是"事实在说话"，而"纯属虚头巴脑的社科类辩解"。事实固然重要，事实背后的东西，以及那些与当下事实没有必然法律上因果关系的其他"事实"，难道对于理解案件、理解案件当事人、理解当事人行动的"动机"，甚至心理状态和精神状态，没有一点益处？苏力早期的研究及立场，不就是主张大家去发现制度和事实背后乃至深层的东西？不就是鼓励大家要重视制度及其实践的"语境"，以及种种"具体的因果"？

再次，律师采用何种辩护策略，是辩护学问题。至于律师围绕特定的案情，采取何种辩护策略，抒情或煽情的，政治的或道德的，以及围绕这个策略建构的各种话语及其修辞，最后能否被法官接受，这又是另一回事。记得周星驰主演的《唐伯虎点秋香》里，唐伯虎向石榴姐论证自己的惨，说："我指甲里都是黑泥，还不够惨吗？"这仅仅是唐伯虎方面的论证，石榴姐信不信，是另一回事。平心而论，张扣扣案件在法律和事实上的辩护空间很小，但"受人之托，忠人之事"，甚至"死马当活马医"，律师基于责任伦理，从其他关联角度切入，最大限度地来辩护，此亦情有可原，甚至义不容辞。这虽然没有体现苏力希望的"教义学态度"，但至少也体现了作为律师的职业使命吧。——至于法官采信不采信，这是法官的事儿。

复次，从苏力的文章里可以看出，苏力的心是热的，他总担心律师的辩护策略把我们的法官忽悠了，把吃瓜群众带坏了。但案子的结果表明，即便辩护词如何具有煽动力，依旧没有把法官说服，最后成了一个失败的辩护。如果说，按苏力的观点，律师煽情的概念化辩护，体现了"中国法学教育的重大欠缺"，那么案件的主审法官坚持法律理性，没有采信律师的辩护意见，是否又体现了"中国法学教育的重大胜利"？我们也可以设想，如果换一个案件，律师的辩护策略或许也会随之改变，甚至会按照苏力的意见，"让事实说话"，这也是大有可能的，未必与"中国法学教育的重大欠缺"有关。世界各国的律师在法庭上煽情的，上纲上线政治化的，也并非没有，甚至不少，而且还很精彩。

最后，不得不说，张扣扣案辩护律师的失败，或许，蔓攀一下，还与苏力有关呢。我们知道，苏力早期作品谆谆教育大家，要关注制度的语境，关注具体的生活事实，关注制度及其背后那些"活生生的东西"，关注具体的人和具体情境，等等。并且按这个进路，苏力自己曾从法律社会学的角度，极为修辞地、精彩地分析了几个经典案件，让法律学子个个阅之血脉偾张、跃跃欲试。这些主张，或许仅仅是苏力的研究进路。但在张扣扣案中，律师"活学活用"地将学习成果使用到辩护论证上，极为修辞而煽情地谈了张扣扣的家庭背景、童年经历和心理隐伤等"语境"和案件背后"活生生的东西"，在如今转向"教义学态度"的苏力眼里，成了"虚头巴脑的社科类辩解"，未免让人略觉遗憾。——"我不杀伯仁，伯仁却因我而死"，这份洋洋洒洒的辩护词里，难道没有一丝苏力的影子？

当然，这些粗略的感想，是对苏力的评论的评论，即便是商榷，亦绝不影响本人对于苏力所持有的大多数立场、观点及才情一以贯之的认同与欣赏。但，在这个特定的案件和事件上，倘能多一些他在文中所提倡的"从不同的角色的视角分析案件和自我利益"的意识，对辩护律师——未必是张扣扣，多一些"同情的理解"，可能会更客观一些、妥当一些。

法象与法意

庄绰的 "小人观"

宋代庄绰所撰之《鸡肋篇》里，有一节关于小人的记录，如下："小人之相亦多，其易验者，有一绝载云：'欲识为贱，先须看四般。饭迟屙屎疾，睡易着衣难。'盖无不应者也。"

这段话颇为蹊跷。饭迟也者，对迟的解释，一则可解释为缓、慢之意。即，吃饭徐徐为之，细嚼慢咽，每分钟咀嚼三十下，颇符合现代健康饮食的习惯，似与道德评价无涉，何以成了"小人之相"？二者，倘若将迟解释为"晚"之意，那么吃饭吃得晚，可能说明工作忙碌，宵衣旰食，枵腹从公也，怎见得就是小人？颇费解。

屙屎疾，词义自不必解释。按现代医学，这仅仅说明肠胃功能好，肺气通畅，脾胃调和，进而说明饮食结构科学、合理，乃不啻为一桩极好的事体。何以在庄绰引诗里，竟成了小人之相？难不成便秘，乃至肠梗阻，敬恕莽昧，倒是君子们的标配？当然，疾，也可理解为急，即匆匆忙忙、急吼吼地奔向厕所，但这也仅仅说明了忙或急，似与小人无干吧。

睡易，即容易入睡，躺下即着也。平心而论，此乃当代人梦寐以求的妙事矣，似与小人难以挂上钩。相反，子曾经曰过：君子坦荡荡，小人长戚戚。小人因经常琢磨事儿，算计事儿，按理该经常辗转反侧、失眠心烦才对。而"君子坦荡荡",做事鬼神无欺,问心无愧,倒下自然能睡,一睡便能到天明也。

着衣难,即穿衣慢,慢吞吞,慢腾腾也。倘若排除衣服款式的复杂程度,着衣之难,应该仅仅关涉性格之急缓问题。慢性子的人,早起时穿衣的速率自然慢一些,这好像也和君子小人的道德评价无关。甚至相反,君子也者,因其稳重,穿衣时自是有条不紊,有板有眼,一丝不苟也,何来"小人之相"?

众所周知,古人习惯从人的相貌、行为特征甚至卫生习惯的角度,来辨别人之忠奸。即便偶尔甚或经常不科学,但大体亦能持之成理。譬如,苏洵谈王安石,"衣臣虏之衣,食犬彘之食,囚首丧面,而谈诗书,此岂其情也哉?凡事之不近人情者,鲜不为大奸慝"。此言纵便刻薄,却也并非完全荒谬。但庄绰引诗里的"小人之相",便有些荒腔走板,令人难以解其玄机。或许,按我的猜测,他身边或有这么一个模范"小人",恰恰符合这四个特征吧。

古代书生的释放与升华

近日,随便翻了翻《清代笔记小说·精怪卷》,里面讲了很多狐仙女鬼的故事,具体情节和《聊斋志异》差不多。在这些小说里,无论是狐仙还是鬼怪,长相都是极为出众的,"娥眉横翠,粉面生春"。总之,很少有难看的。毕竟人家都有道行,动不动五百年,上千年,什么好看,就变什么,绝无现代女人抽脂拉皮的烦恼。

而且,小说中的狐仙鬼怪,大抵都是文艺女青年。琴棋书画,无所不通,"每评诗词,瑕辄疵之,至好句则曼声娇吟。意绪风流,使人忘倦","谈及音律,辄能剖悉宫商",一个个厉害得邪乎。这样的女性,在女子无才便是德的古代,我看除了秦淮河畔,或若干开明的富贵人家略有出产外,滚滚红尘之中,洵为少见。

精怪小说里的爱情,模式大抵是"女追男"。女主角个个风情万种、顾盼有神,男主角却大多傻傻懋懋,只知道背书,什么风情都不懂,让读者急得跳脚。他们大抵借宿山野古刹或蜗居残破旧宅,每日捧着统编教材,摇头晃脑,抹鼻子,画空圈。此时女鬼或女狐出现了,"秋波频顾,眉目含情,肌映流霞,娇丽尤绝",倚着门娇滴滴地问:"清夜兀坐,得勿寂耶?"或"妾良家女,慕君高雅,幸能垂盼"。这番勾引,书呆子们哪里抵挡得住?

尤让人羡慕的是，这些女鬼狐仙们，不仅漂亮，还都特别能烧菜，特别能做家务。晚上一进门，袖子往桌子上一甩，满桌便是珍馐佳肴，香气扑鼻。稍稍整理房间，恍如猪窝狗窝的陋室，立马焕然一新。于是乎，书生与女狐，且高斟低饮，且谈文学与音乐，快乐似神仙。唉，想想现在的读书人，除了每天要上菜市场买菜不算，回到家里还要抱孩子、拖地板，其命运怎一个"惨"字了得？

尤值得指出的是，狐仙女鬼们，每晚总是悄悄进门，鸡鸣时分就准时离开。绝不缠缠绵绵，绝不河东狮吼，绝不叽叽歪歪，绝不撒娇置气。除了谈理想、谈人生，除了举案齐眉、红袖添香，除了喝点葡萄酒、威士忌，除了演奏几首或悲伤或暧昧的管弦乐，人家绝不影响书生们写文章、做学问——有些甚至，好像在《聊斋志异》里，还能替他们搞到考试题目呢。至于现代男人最头痛的事，譬如陪太太逛街购物、吃夜宵、打麻将等，人家统统不要，这样的女子，哪里找得到？

总之，古代的精怪小说读多了，里面的套路和模式也见怪不怪了。这背后反映的，自然是古代小说家们对于理想的爱情，对于理想的女性，对于理想的人生，所怀持的理解与希冀，亦间接折射了他们在现实生活中所遭遇的各种矛盾、尴尬和困窘等——具体词汇参见窦唯的《高级动物》。因此，写写小说，既是一种"释放"，也是一种"升华"，对于文学史而言，更是一件特别美好的事儿。

孟子曰：论饮食

孟子曰："饮食之人，则人贱之矣，为其养小以失大也。饮食之人无有失也，则口腹岂适为尺寸之肤哉？"

吃吃喝喝，不仅人贱之，吃货们自己也"贱之"，看不起自己，痛恨自己。据心理学家发现，很多饮食无度的饕餮客，本质上都是心理上的无聊焦虑症患者。因为缺乏超越的动力，才通过口腹的快感，来填充此虚无，平息此焦虑。或按心理动力学的观点，因为内心"空空如也"，所以想用吃东西来填补，这叫"替代性的满足"。

按照孟子的意思，吃喝之本质，端非为了养膘、养生或养颜，乃是为了养心和养德。孟子说了："养其小者为小人，养其大者为大人。"小人们就知道各种进补，汤焉、膏焉、丸焉，以内养外，以形养形，吃啥补啥，"为尺寸之肤"，可谓挖空心思，不择手段。大人们则注重修身养性，注重教化与教养，有空看点书，做点研究，"日三省吾身"，不断提升自己的道德素养和人文素养。孰大孰小，一目了然。

按照马斯洛的需求层次理论，吃吃喝喝，这是最基础的需求，容易满足，也容易疲劳，还容易边际效益递减，一打肉包子下去，简直生无可恋了。所以各种进补,各种养生,绝非为了活着。活得寿比南山,活得貌美如花,最终还得满足被尊重的需求和自我实现的需求,把自己"投身到无限的为人民服务中去",这才是正经。整日价"饱食终日,无所用心""含哺而熙,鼓腹而游",那是"近于禽兽"的状态,都是浮云,"人贱之矣"。

孟子曰：论诛一夫

孟子曰：贼仁者谓之贼，贼义者谓之残。残贼之人谓之一夫。闻诛一夫纣矣，未闻弑君也。

孟子这段话说得有水平，抖了不少机灵。君，是不能弑的。君君臣臣，那是王道。但是，君如果"变修"，忘了初心，背离了君的本分，成了独夫民贼，或"残贼之人"，那么对不起，你就丧失了君的资格，就不是君了，而是"一夫"，自然人人可诛。

仔细琢磨一下，这里的逻辑，其实还挺巧妙的，有点诡辩的意味。类似的是，史料上记载，古代经常发生自然灾害，饥寒交迫之际，常有"人相食"的事情。按说人肉是绝对不能吃的，但羊肉却可以吃，于是就有人抖机灵，换个叫法吃人，即谓之"两脚羊"。李时珍《本草纲目》里就提及："古今乱兵食人肉，谓之想肉，或谓之两脚羊。"

同理，君主，按照伦常，是不能弑的。但如果不是君，自然是可以诛的。弑，那是以下灭上。诛，那是以正义灭不正义。你倘贼仁贼义，丧失了合法性，那就不是君，而是一夫纣，于是换个概念，红灯变成了绿灯，诛你没商量。想想也挺深刻的，人世间的一些事儿，甚至很多事儿，碍手碍脚的，唯概念而已。人千方百计要绕开的，也是概念。换个概念，换个名，按儒家的名实之辩，实也就不是那个实，那就心安理得了。

这种革命权的论证进路，和西方还真有点不同。比如，按照博丹的观点，如果君主不遵守神法和自然法，不遵守封建契约，任意侵害人民的生命、自由和财产，那么君还是君，但是一个暴君。相应地，人民依照神法和自然法，也就有了革命权，可以起来推翻他，革他的命。而老孟的思路是，倘君主不仁不义，就不是君了，是"两脚羊"。人民诛的，是一夫而已。总之，君是不能诛的，诛的就不是君。

但，君主是否贼仁贼义，是否不仁不义，进而是否可诛，诛的依据、基准和程序是什么，这些究竟是谁说了算，好像孟子没提啥建设性的意见。或曰，可否通过类似今日的司法部门来判断和宣布，抑或最终通过神神道道的天人感应与灾异说来识别，这些都是存疑的。不过，倘若程序真这么复杂，那就不是革命，而是宪制了。

孟子曰：论君子道

盆成括仕于齐，孟子曰："死矣盆成括！"盆成括见杀，门人问曰："夫子何以知其将见杀？"曰："其为人也小有才，未闻君子之大道也，则足以杀其躯而已矣。"

孟子知人论世的水平的确很高，盆成括甫入仕途，做了小领导，孟子就能见微知著，断言他死定了。按照老孟的意思，盆成括还是有些小才的，凭着这点才气和机灵，放在其他地方，写点诗歌随笔，上几堂选修课啥的，大概还差强人意，糊弄几下，问题不大。遗憾的是或者不幸的是，盆成括"未闻君子之大道"，修养不到位，能力不到位，技术不到位，关系不到位，却要"仕于齐"，那就是作死，最后果然"见杀"。可见，孟子不仅对盆成括很了解，对官场、对"君子之大道"也都很了解。

孟子说的"君子之大道"，究竟为何物？焦循在《孟子正义》里说了："君子明足以察奸而仁义行之，智足以面事而谦顺处之，是为大道也。"整理一下关键词，所谓君子之大道，在此四端也：一是要明，二是要智，三是要仁，四是要谦。可谓切中肯綮。众所周知，古代中国，甚至今日中国，一直讲究才要配位、德要配位。《易经》云："德不配位，必有灾殃。"这明智仁谦四端，便颇有些德才兼备的意思。

反面教材俯拾即是。想当年,秦攻赵,孝成王让赵括代廉颇为将。出发前,赵母就上书言于王:"括不可使将。"王问:"何以?"赵母摆事实讲道理,既有德不配位的问题,比如自私、贪财,也有才不配位的问题,比如纸上谈兵、缺乏实战经验等。赵王没听进去。果不其然,长平之战,不仅误国,还戕了身。《水浒传》里的白衣秀士王伦亦如是,本领平平,又妒贤嫉能,德才皆不配位,最后被豹子头林冲指着鼻子骂:"你这嫉贤妒能的贼!不杀了要你何用!你也无大量之才,也做不得山寨之主。"骂完一通,"去心窝里只一刀,肐察地搠倒在亭上"。下场也惨。

孟子的君子大道,明智仁谦,既有修身的维度,也有处世的维度。民间常说,"福薄之人,无缘消受"。仔细琢磨一下,里面除了迷信的因素,也有德才配位的问题。表现出来的症状,就是各种"hold 不住"。譬如年纪轻轻,便青云直上,一时感觉爆棚,腆胸迭肚,器宇轩昂,管不住嘴,管不住手,管不住身体的各个部位。身处彀中,不知轻重,不知深浅,不知利害,眼高于顶,看谁谁不顺眼,整个儿地球都装他不下了,这岂非作死的节奏?所以老孟说:"未闻君子之大道也,则足以杀其躯而已矣。"

古代关于"君子之大道"的书——类似于今日之官场读物吧,品种不少,良莠不齐。有些的确关涉明智仁谦,譬如元代叶留的《官箴》,清代汪辉祖的《官箴全书》等,归纳了为官处世的智慧和谋略,颇有教益。也有些纯属走技术路线的低级小手册。如唐代来俊臣的《罗织经》,揭橥了官场种种潜规则与毒辣手段,堪称"酷吏秘籍",让人阅之指寒。不过,有空翻一翻,见识一下各种小人之道,庶几可以更好地领悟与践行君子之大道,不亦善哉!

法象与法意

孟子曰：论士与仕

孟子曰："古之人未尝不欲仕也，又恶不由其道。不由其道而往者，与钻穴隙之类也。"话说得很明白，就是古人呢，其实也是很想做官的，学而优则仕嘛。"孔子三月无君，则皇皇如也"，公明仪曰"古之人三月无君则吊"，说的是一个意思，就是三个月见不到君主，心里就不踏实，就长草，就悲伤。

古之士为何这般急吼吼地要做官，是官瘾大吗？孟子说了，"士之失位也，犹诸侯之失国家也""士之仕也犹农夫之耕也"，这就说得很透，算是打开天窗说亮话了。士，寒窗苦读圣贤书，啃馒头，咽咸菜，喝冷粥，目的端在学以致用，修齐治平。如果没有君，没有君主给的位置，给的平台，给的乌纱帽，给的人财物，给你软件硬件，你空有一番豪情壮志，才学八斗，不照样烂在地里？

但，孟子又说了，要做官还得讲究取之有道，符合正当程序，该笔试笔试，该面试面试，该实习实习，要走正道，不能吃相难看，旁门左道，投机取巧，月黑风高，翻墙头钻狗洞，不择手段上位，那就让人看不起了。就像青年男女之间，即便双方一见钟情，你情我愿，但"不待父母之命、媒妁之言，钻穴隙相窥，逾墙相从，则父母、国人皆贱之"。不符合正当程序的婚姻，那是奔，是野。

所以古人之出仕,得"由其道",走正途,不走杂途,否则就和翻墙钻洞差不多了。古代留下了许多佳话,一顾二顾三顾,顾得差不多了,就出来了,"人在呢人在呢"。这些讲究的,也是程序。但这得把握好火候,三顾就差不离了,倘还指望四顾五顾,说不定人家转身就走了。但来来往往顾它几回,让街坊邻居看看,也很有必要,毕竟是请出来的,不是主动递名片投简历应聘来的,仿如旧时候夫妻吵架,女的总爱叉腰嚷:俺牛三姐可是你们老马家三媒六证,用轿子从正门抬进来的哈。言下之意,其合法性是杠杠的、妥妥的。

翻翻正史野史,士人们主动毛遂自荐出来做官的,也不乏其人。成功的不少,失意的也大有人在。《后汉书》卷八十《祢衡传》里讲,祢衡刚出道时,"始达颍川,乃阴怀一刺,既而无所之适,至于刺字漫灭",贵老兄贴身口袋里揣着一张名片,四处递送,都弄不到位子,最后连名片上的字儿,都被磨得看不清了,真是天可怜见!祢衡这是采用最直接、最坦诚的方法求仕,无可厚非。而其他一些动用小伎俩、小门道、小把戏、小聪明、小手段等翻墙钻洞而入的,就不胜枚举了,连缀成篇,恐怕又是一部《官场现形记》。

比如,唐朝的书生卢藏用就有点小脑筋,善于自我推销。他在长安附近的终南山找了一地儿隐居起来,搞钓鱼战法,又是辟谷,又是练气,一副仙风道骨、无欲则刚的样子,名声传出来,钓鱼成功,被武则天召授左拾遗,一直做到副部级。其中召授二个字很重要,意味着这可是皇帝请他出来的,是有商调函、有正式程序的。但卢藏用的终南捷径,纵便在当朝,也是"国人皆贱之"的旁门左道。孟子说了,"不由其道而往者,与钻穴隙之类也"。

当然,学而优则仕,这也仅仅是儒家的说法,是孔子、孟子的说法。出发点是好的,做官是为了做事,为了推行仁政,治国平天下。但不影响其他流派的人,按自己的立场和志趣,过自己的小日子。比如,弄一碟花生米,一碟白切羊肉,一碟海带丝,温一壶花雕,一边喝酒,一边翻闲书,嘴里还哼个小曲儿。听琴放鹤,终老林泉,挺浪漫的,我看挺好。但按照儒家的观点,总不符合士之大义,就像坊间说的,"哪有什么岁月静好,不过是有人替你负重前行",有道理。

孟子曰：论爱与敬

孟子曰："君子所以异于人者，以其存心也。君子以仁存心，以礼存心。仁者爱人，有礼者敬人。爱人者，人恒爱之；敬人者，人恒敬之。有人于此，其待我以横逆，则君子必自反也：我必不仁也，必无礼也，此物奚宜至哉？其自反而仁矣，自反而有礼矣，其横逆由是也，君子必自反也，我必不忠。自反而忠矣，其横逆由是也，君子曰：'此亦妄人也已矣。如此，则与禽兽奚择哉？于禽兽又何难焉？'是故君子有终身之忧，无一朝之患也。"

孟子这段话在修身的站位上是很高的。按照他的观点，君子要讲究仁和礼，以仁存心，以礼存心。仁者爱人，礼者敬人。君子之为人与处世，首先端在以真心、爱心和善心待人，客客气气的，人家自然亦回过来敬自己、爱自己。倘若对方对你"横逆"，横五横六，人五人六，跟你不对付，那么你首先该反省的，是自己哪里做得不对，做得不到位：要么是不仁了，没有设身处地考虑人家的感受、人家的难处、人家的面子等；要么是自己无礼了，譬如说话没大没小了、行事没轻没重了、该用"您"而用"你"了，抑或人骄傲了、口气大了、自我感觉良好了、觉得自己是根葱了等。倘若这两方面都没啥问题，你就该想，是不是你对朋友不忠了：要么人家托付你的事儿没放在心上，要么虚与委蛇、虚情假意、没全心全意替人办事儿，等等。如果这些都没问题，对方还是"横逆"，那么这家伙肯定是一个无知妄为的人。按照孟子的意思，这样的人跟动物世界一样，你还计较个啥。

　　孟子认为，君子之所以异于常人，主要是以仁存心，以礼存心，并且善于和惯于从自身的角度，从自我反省的角度，来理解人、理解事、理解问题、理解关系、理解社会、理解世界，并在此反躬的过程中，不断提升自身的道德修养，拓展自己的精神世界。这个进路的确比较有效，而且彰显了一定的主体间性和实践维度。问题是，这种自我修养之路乃是围绕他人的回应来展开的。我爱人敬人，对方相应地也应爱我敬我，倘若不是，我应该先反思，先自我检查，发现问题，改正问题。这种回应式路径倘若仅仅针对一对一的交友，尚可实行。但如果是一对多的交往或者是集体互动，比如一个宿舍、一个班级、一个单位，那么希望每个人对你体现的爱与敬，都能同一频率同一程度地回应以爱与敬，似乎很难实现。人言人殊，见仁见智，乃是常理常情。有人认为你仁至义尽，但不影响其他人认为你不仁不义，或者一般般，甚至糟糕得很，进而对你"横逆"，这时候你可能就会陷入自我反思的无所适从：自己到底有没有问题？更为关键的是，你的反思，乃是用自己的镜子照自己，能发现别人眼中的"问题"吗？

　　另须注意者，则是，一旦对方横逆，就先反思自己，检讨自己，调整自己。不知不觉，在此回应式自我调整的过程中，你可能会逐渐丧失了自己的本性和初心，甚至违背了自己的原则和立场，最终丧失自己，异化成一个"他我"。换言之，在此自我反省、自我改造、自我规训式的反思中，你的主体性如何维持？进而，你反思的准据是否仅限于仁礼忠？譬如，你排队，他要插队，你拒绝，他就横逆，然后你反思：不仁乎？无礼乎？不忠乎？这些都没问题。但，你的反思或许还是有意义的：你的拒绝态度是不是过于生硬，有没有做到婉拒，做到笑嘻嘻？但你反思的限度又在何处？是否可以无限地推演下去，比如悔恨自己没有事先以仁爱之心去帮助他提高道德修养，克服要插队的思想等。窃以为，如果你真的觉得对方也有问题，既不仁，也不礼，还不忠，那么应该在必要的自我反思之后，也可以对他横逆那么一点点。对方倘若也是个君子的话，也能感受到你的横逆，自然也会按照孟子的逻辑，"必自反也"，从而也给他提供了一个自我反思、自我提高的机会，这岂非好事一件？孟子说了，"与人为善，善莫大焉"，相互观照，相互学习，共同提高，多好。

　　当然，孟子在这段话里也给自己留了一个台阶、一个活结。即，如果你经过深入反思以后，确认自己既无不仁，也非无礼，还无不忠，对方却还继续对你横逆，那么你的结论应该是："此亦妄人也已矣。如此，则与禽兽奚择哉？于禽兽又何难焉？"也即，这人无知妄为，跟动物一个德行，咱不能跟动物一般见识，自兹落个心安理得，全身而退，也挺好。但是，事情或许没孟子想的那么简单。人家对你横逆，看不惯你，不买你的账，跟你不对付，难道就一定是你不仁、无礼、不忠？抑或，按照孟子的说法，人家就是妄人，就类似禽兽？未必。众所周知，个体之间的矛盾和冲突，在很多情况下未必就是个体修养本身造成的，有些可能是阶级、阶层、利益、文化、价值、宗教甚至性格等方面的对立和差异造成的，大家本来就不是一种人、一路人、一类人，我不认同你的价值观，你不认同我的价值观，相互不认同不买账，这种亨廷顿意义上的"文明的冲突"乃是天经地义并愈演愈烈的。倘若一方仅仅从自己的立场和价值出发，去反思、去调整，那么从中获致的问题可能并非真的问题，从中获致的提高也未必是一种真正的提高。

但是，即便如此，我还是建议能最大限度地遵循孟子的教导，参照对方的回应先来反思自己，观照别人，目光在双方身上往返流转。当然，偶尔也可以左顾右盼一下，看看其他人的立场与态度，从而实现反思的多维化、普遍化。这种反思，可以超越对自身单维度的承认和否认，以及对对方单维度的承认和否认，按照伽达默尔的说法，是一种双方或多方视域的不断开放过程，呈现出某种在场的对话性，最终实现视域的融合，从而真正实现自身价值与立场的全新调整，庶几为一种可取的君子之道。

孟子曰：位卑言高

孟子曰："孔子尝为委吏矣，曰：'会计当而已矣。'尝为乘田矣，曰：'牛羊茁壮长而已矣。'位卑而言高，罪也。"

这段话中心思想很明确，就是在什么岗位就说什么话，在什么山上就唱什么歌。踏踏实实的，安其分守其己，就像孔夫子，仓库管理员、畜牧管理员都干过，关注的，念叨的，也都是牛啊羊啊的本职工作，绝不去议论那些臭氧层的事儿。所以孟子说"位卑而言高，罪也"。位卑而言高，这叫"抗议"，叫不安分，叫僭越。国家大事，上级单位的事儿，"食肉者谋之，又何间焉"——你什么身份、什么级别，去掺乎个啥？

按照孟子的意思，每个人最好在自己岗位上，踏踏实实的，"以饱满的热情投入到自己的本职工作中去"。当仓库管理员，就好好做你的管理员，当弼马温就好好养你的马。既然做了一份职业，想的、说的、做的都应该是关于本职的事儿，这叫安分守己。换一句糙一点的话说，你屁股坐在哪儿，肚子就吃在哪儿，脑袋也该想在哪儿，嘴也该说在哪儿。按照柏拉图的金银铜铁说，每个等级、每个角色都能各守其责、各尽其事，便是最大的正义。

其实，现在想想，《西游记》里的孙悟空，就挺符合孟子的理念。自打上任弼马温后,"弼马昼夜不睡,滋养马匹。日间舞弄犹可,夜间看管殷勤:但是马睡的,赶起来吃草;走的捉将来靠槽。那些天马见了他,泯耳攒蹄,都养得肉肥膘满"。老孙养的是马,想的、说的、关心的都是马,这就是安分守己,这一点很不容易。倘哪一天玉帝来御马监视察,询问他御马的情况,我想老孙的答案指定能直追孔夫子,答曰:"肉肥膘满而已矣。"

当然,有人还把位卑言高演绎成讳莫如深的"莫谈国事"之类,也有点道理,这就复杂了,兹不赘。不过,从管理学上讲,每个层级和岗位,都有其特定之理念、知识、方法、视角、境界和气象,也有其特定的问题意识和思维方式。位卑而言高,指指点点,有时候的确踩不到那个点儿上,没那个历练,没那个视野,没那个气象,没那个情怀,达不到那个高度、那个格局,理解问题会出现偏差。所以孟子反对位卑而言高,也有道理。

但,道理是道理,不一定是真理。古往今来,许多怀抱日月、有经天纬地之才的人,在蛰伏隐居期间,即便位卑,但谈起国家大事、国际风云来,照样条分缕析、头头是道;写内参、写决策咨询报告,端的掰开揉碎,切中肯綮。这种位卑而言高,拼的是实力和情怀,让人刮目相看。想当年,三顾茅庐,孔明取一幅地图,挂在中堂,一边看图,一边说话,纵论天下情势,纵横捭阖,甲乙丙丁,把个刘皇叔佩服得不要不要的,五体六体投地:"先生之言,顿开茅塞,使备如拨云雾而睹青天。"所以真有实力、有情怀,位卑言高,我看可以有。

从今日的民主政治角度来看,位卑而言高,这不仅不是罪,而是权利和自由。毕竟,国家是共和国,人人都有份,人人得而参政议政。遇到国家大事,都可以也有权建言献策说几句。所谓位卑与位高,只是岗位不同而已。陆游《病起书怀》里说"位卑不敢忘忧国",顾炎武也说"天下兴亡,匹夫有责",位卑而忧国、而言高,那是行使咱们的神圣权利,履行咱们的神圣职责,又岂是罪哉?

孟子曰：饮食之正

孟子曰："饥者甘食，渴者甘饮，是未得饮食之正也，饥渴害之也。岂惟口腹有饥渴之害？人心亦皆有害。人能无以饥渴之害为心害，则不及人不为忧矣。"

饿了，渴了，吃啥，喝啥，都觉得香，这是心理作用，未必真的就有多么好。因之，评价起来，未必准确、客观，即"未得饮食之正也"。记得人常叹，小时候的鸡汤比现在的香。倘有机会再吃到，也未必真如是，无他，皆"饥渴害之也"。话说回来，倘真的是土鸡汤，的确香。

不过，这"饮食之正"，也很玄虚。以土鸡烧汤为例，"饮食之正"的做法，我看只能清煮。油盐酱醋，葱姜味精，啥啥啥，都不放。加了盐，撒了葱，就不正了。饿了渴了，再去吃，也不正。可见这饮食之正，实在难得，也没必要，不妨追逐一下饮食之甘。甘饮，甘食，我看挺好。

在没书读的年代，抓到一本书，便如饥似渴地读，读到一点没见过的思想，就叹为观止，五体六体投地，膜拜曰"经典"，曰"大师"。如今出版发达了，各种书，各色人，读多了，见多了，发现经典也有，大师也有，但没那么多，余者大率"Just so so"。无他，但"饥渴害之也"。

孟子要追问的是，人能无以饥渴之害为心害，而达致心灵之正？这很吊诡。毕竟，人活于世，总有欲求，高尚一些的，总有理想和追求。渴望出人头地，渴望建功立业，渴望德艺双馨，甚至渴望"心灵之正"。这其实也是一种"饥渴"，一种"心害"。有了"心害"，又何得"心灵之正"？

按《大学》里"正心"的说法，"身有所忿懥则不得其正，有所恐惧则不得其正，有所好乐则不得其正，有所忧患则不得其正"。这逻辑倒和孟子一致，要心灵之正，不唯喜忧哀乐不能有，名利心、得失心等也不能有，甚至心有所动便是不正。难啊！

孟子曰：论君子三乐

孟子曰："君子有三乐，而王天下不与存焉。父母俱存，兄弟无故，一乐也；仰不愧于天，俯不怍于人，二乐也；得天下英才而教育之，三乐也。"

君子有三乐，这里面"有"的含义，值得琢磨。第一种是"只有"之意，即君子只有这三种快乐。显然，这和孟子的原意以及吾人的经验不合。君子其他的快乐应该也有，历代贤人、文人、哲人总结了不少，见仁见智，不一而足。如果不承认，那就是伪君子、假道学了。第二种，是指君子视此三乐为最高尚、最珍贵、最可欲的快乐，其他快乐虽然也有，但不是 24K 的，含金量没这三样高。窃以为这才是孟子的原意。

正如许多人评论的那般，孟子所言的君子三乐，第一种快乐，是父母都健在，兄弟皆平安，其乐融融。要达到这个要求，似乎不甚为难，寻常人家，庶几可也。第二种快乐，是上不愧对于天，下不愧对于人。这个要求较高，具有某种超越性和终极性。但如何准确把握其中"不愧"之内涵，尚有商榷的空间。第三种快乐，便是得到天下优秀的人才而教育之。这个也有难度，要看人家愿不愿受教于你，不是你想就可以的。

所以，按照朱熹集注引林氏的话说："此三乐者，一系于天，一系于人，其可以自致者，惟不愧不怍而已。"言下之意，第一种和第三种快乐是不可控的，要取决于老天爷，取决于别人。而只有第二种快乐，是人可以自控的，可以通过个体的主观努力来尽量实现。有点道理。其实，如果我们仔细琢磨一下不难发现，孟子的君子三乐，每一种快乐的背后，都分别对应着一种积极的维度和消极的维度。

第一种快乐，"父母俱存，兄弟无故"。从消极的角度言之，诚如朱熹所引言，似乎是一件纯粹"系于天"的事，生老病死，端在运命而已。但从积极的角度言之，要获致这种快乐，君子是应当也可以有所作为的，关键端在其孝敬父母、友爱兄弟的心意、能力和行动了。倘若平素对父母供养有阙，对兄弟不闻不问，遇到病厄避之不及，家庭有事儿不出头、不出钱、不出力。这种快乐的确只能"系之于天"了。所以要获致第一种快乐，君子是可以也必须作出积极的努力的。倘若最后真有不测风云，君子亦自可"不愧于天"矣。

第二种快乐，"仰不愧于天，俯不怍于人"。从消极角度言之，最易获得这种快乐的人，该是道家，是隐士：找一处深山老林隐起来，餐风饮露，辟谷养气，断绝尘缘，不理人事。要做到"仰不愧于天，俯不怍于人"，简直小菜一碟。人都不见，何来怍于人哉？当然，对于有些读书人来说也容易。"躲进小楼成一统，管他春夏与秋冬"，家事国事天下事，都不关心，条件好的，还能演一出红袖添香呢。这种天人隔绝的小日子，也挺快乐、挺滋润。有时候写起文章来，笔下也颇有俯仰无愧的意思。

但，如果从积极维度来看，这个要求就极高了，高极了。首先你得做到为人处世公道正派，并"吾道一以贯之"，坦坦荡荡，问心无愧,这亦尚不为难。但是,如果你自己吃饱穿暖以后,看到穷人们衣不遮体、食不果腹,看到弱势群体陷于各种不义,你会有不忍之心,会觉得不安,觉得愧,觉得要做点什么,以及觉得自己做得总不够,像郑板桥诗里写的,"衙斋卧听萧萧竹,疑是民间疾苦声"。就此超越的角度而言,倘要真正达致"仰不愧于天,俯不怍于人",难,极难。但是,真正的君子还是会勉力去做,并在此过程中获致真正的快乐。

第三种快乐,是得天下英才而教育之。这种快乐的确弥足珍贵,而且很光荣,另外还透着一份幸运。经常听人说:某某是我的弟子,或某某听过我的课。那份光荣与自豪是溢于言表的。但我私下总以为,古今中外,能以"得天下英才而教育之"为乐的人,应该是圣人亚圣的级别吧,至少也应该是大师巨师,腰里一定得插了好几把刷子才行。如果没有此学术与思想的自信,是断不敢也没资格以此为乐的。当然,对于英才,可以有各自的定义和定位,各行各业,各式各样,得之,教之,乐之。有教无类,自得其乐,不亦快哉!

但,"得天下英才而教育之"的快乐,是可欲而不可求的。首先,要有一大把英才出现,其次还得看人家愿不愿意投到你门下。否则,强行收徒,强行调剂,强行罗致到自己门下,不情不愿,情形与下场总也不妙。就像《天龙八部》里,南海鳄神岳老三强要收段誉为徒,天山童姥强要虚竹学逍遥派功夫一样,皆是剃头匠的担子——一头冷,一头热,教育过程似乎也很难快乐。不过,倘从积极的角度言之,君子们自然亦可通过各种努力,去吸引天下英才投其门而教之。至于如何努力法,只消观摩一下每年北大清华抢状元的手段,即可也。

孟子曰：论耻不若人

孟子曰："不耻不若人，何若人有？"简单翻译一下，即不以赶不上别人为羞耻，怎样能赶上别人呢？类似的话，即便不是原话，大约不少用心良苦的父母都对孩子说过的。譬如学业或事业不顺，却不思进取而淡然自若，乃父乃母便会恨其不争地叹："不耻不若人，何若人有？"即是。

孟子的这段话，我大体上是同意的。羞耻之心，乃是一种原动力，套用弗洛伊德的理论言之，人的许多高大上的精神和品质，背后便是这种耻感在发力，在推动。所以孟子说"羞恶之心，义之端也"，又说"人不可以无耻，无耻之耻，无耻矣"，还说"无羞恶之心，非人也"，等等。以致有人把儒家文化甚至东方文化，视为一种耻感文化。

考诸这种耻感文化，其表征，说白了，就是特别在乎别人怎么想，怎么说，怎么看。特别在意自己在别人或团体中的评价和口碑，进而，在意识和潜意识里特喜欢和人比较，每天都要问一句"吾孰与徐公美？"可谓荣辱系之矣。倘发觉不若人，便要感到耻，感到辱，便知耻而后勇，表现出来的品质，便是这位同志或同学特有上进心，特别能战斗，特别能奋斗。

所以我觉得孟子这句话,还是有点血性的。但,一个人耻感过于深重了,也有个后遗症或并发症,就是特别敏感,特别玻璃心,一不如人,便容易受挫,容易受伤,容易感到耻辱。倘若按照孟子的意思,这就对了,"不耻不若人,何若人有?"自兹以耻感为内在动力,生发出许多孜孜矻矻的励志故事来,营造出一幅你追我赶、可歌可泣的生动画面,幸甚至哉!

但,从历史和现实看,"耻不若人"的沙盘推演,还会有其他的甚至黑暗的模式:一旦不若人,便感到耻,便昼不能食,夜不能寐,便面色潮红,口干舌燥。耻到深处与极致,竟或恶化成了妒和恨,进而不择手段、另辟蹊径地来消弭这种"不若人":挖坑使绊焉,泼冷水、泼开水、泼脏水、泼各种水焉,总之让别人亦不能继续优秀与杰出,甚至被彻底地废掉。这种耻的效果、结果和后果,倒也颇符合孟子的要求,不仅赶上了别人,还"全面反超、主体超越"。不亦悲乎?

窃以为,孟子的耻理论或耻哲学,好就好在能就近取譬,用若人与不若人来做基准,用身边的人来做榜样,做标杆,做靶子,做对手。这个理论坏也坏在若人与不若人,因为这个基准有意无意地把人的进步置于人与人之间的比较与竞争中去衡量,以致这种耻感文化最后影响的乃至污染的,也正是现实中正常的人际关系。

引而申之,古往今来,人世间的许多悲剧与闹剧,打打杀杀,生生死死,恩恩怨怨,不少皆由"耻不若人"引发。战国的庞涓,就是一个典型,"自以为能不及孙膑……恐其贤于己,疾之,则以法刑断其两足而黥之"。这种"耻不若人"的后果,孟夫子看到,恐怕也要目瞪口呆、仰面跌足了。

记得很多年前读到一个"螃蟹理论",大意是:当竹篓中有一只螃蟹时,它便竭尽全力爬到篓口以求逃生。但当竹篓里有两只或两只以上的螃蟹时,螃蟹之间的脚便会相互交织牵制,结果是无一逃生——不知道篓底的那些螃蟹们,在伸出蟹脚之时,是不是也感到了耻?按照孟子的意见,我看应该有一点吧。

孟子的这句话倘被今日的杠精们读到,恐怕要被追问乃至喝问得狼狈不堪了:"我不若人,凭啥要耻?'我就是我,是颜色不一样的烟火'。俺这身高,遇到姚明,难道也要耻?俺这身价,见到马云,难道也要耻?俺这智商,假设见到爱因斯坦,难不成要羞杀?按孟子的意思,只要人比俺强,俺都以为耻,都要追追追,这辈子岂不疲于奔命,没个消停?"

这番见解,话糙理不糙,竟也胡乱地有几分道理。当然,孟子可答曰:"吾所谓耻不若人,乃德不若人,而端非技不如人矣。"这也在理。惜乎道德品质和精神境界之若人与不若人,也不是自己一厢情愿说了算的,端赖坊间与他人的评定才行。而一旦如是,无疑又陷入另一个更为黯暧的泥淖了。总之,累。

孟子曰：论仁义与利

孟子见梁惠王，王曰："叟！不远千里而来，亦将有以利吾国乎？"孟子对曰："王！何必曰利？亦有仁义而已矣。"这里所言的"利"，按照朱熹老先生在《孟子集注》里解释为："王所谓利，盖富国强兵之类。"仔细品一下，其实人家梁惠王这句话似乎也没说错啥，不仅没错，还挺对。

稍微设想一下，老孟作为当时"国际"知名人士，抑或"国际贤达"，风尘仆仆大老远来到魏国，作为国家领导人，人家魏䓨（梁惠王名）第一时间亲切接见他，真诚地请教一下子富国强兵的大计，这都在情理之中。讵料好好的一番心意，被这孟夫子站在道德制高点上，着实抢白了一番：王何必曰利？王何必曰利？意译一下，就是王上您怎么能这样？好家伙，闹了个下不来台，硌硬得很。好大的一轮明月，竟照了沟渠。

平心而论，人家梁惠王也很不容易。考察一下当时魏国的"国际"环境，乃是群雄环伺，弱肉强食，东败于齐，西丧地于秦，南辱于楚。一句话，亡国灭种，迫在眉睫了。因此，富国强兵乃魏国的第一要务和最大政治，也是魏国人民根本利益之所在。梁惠王会见孟子，第一时间请教利国大计，这是职责所在，使命所在。难不成要一起聊究竟是物质第一性还是意识第一性，才上档次？所以我觉得在这一点上，孟子有些苛责梁惠王了，显得迂阔。当然，话说回来，孟子念兹在兹的仁义，的确是个好东西，堪为一国之核心价值观。但在弱肉强食的战国年代，国之不存，仁义安附？凭一腔仁义，怎敌那船坚炮利？《世说新语》亦云：覆巢之下，焉有完卵？可见保其家，卫其国，乃是最大的仁义。

　　说这么多，倒不是在为梁惠王评功摆好，歌功颂德。众所周知，魏罃这厮也不是个仁君。一辈子缺的，就是两个字——仁义。一辈子做的，就是四个字，不仁不义。所以孟子这般指摘他，亦渊源有自。吾人之意见是，谈谈利，也并非一概见不得人，说不出口。《易传·乾文言》里说，"利者，义之和也"，极有洞见。我看还得分是利己利家，还是利民利国利天下——按照庞德分类，得看是个人利益，还是公共利益或社会利益。林则徐在《赴戍登程口占示家人》里说，"苟利国家生死以，岂因祸福避趋之"，里面说的，不也是一个利字？这个利，虽貌似有功利与实用之考量，但因为是利国，就很有高度，很有境界，还有情怀。我看对于这样的利可以多讲，而且坦坦荡荡地讲。

孟子曰：大勇和小勇

孟子曰：昔者曾子谓子襄曰："子好勇乎？吾尝闻大勇于夫子矣：自反而不缩，虽褐宽博，吾不惴焉；自反而缩，虽千万人，吾往矣。"

虽千万人，吾往矣。这句话很流行，火了两千多年，似乎曾经入选过史上最霸气金句之一。很多人想当然地以为这话是孟子说的，看原文，应该是曾子转述孔子的话，所以知识产权应该是孔子的，至少创意是他的。里面有个"缩"字，值得考察。孔颖达"正义"云："缩，直也。"即是理直、正义的意思，挺复杂，兹不赘。

按照这段话的意思，如果一个人反躬自省，觉得正义的确在自己这一边，那么对方纵然有千军万马，"虽千万人"，亦义无反顾，勇往直前。这句话读起来很有气势，有一股子飙劲儿，特有感觉，特有既视感。有人干脆还把它放在微博微信的签名里，经常读读，当"补钙"用，很酷。孟子想强调的，也正是这种无所畏惧的气概。屈原也说，"余心之所善兮，虽九死其犹未悔"，意思庶几近之。

不过，"虽千万人，吾往矣"，这句话得有个前提，即，"自反而缩"。也就是说，在"往"之前，你得先自己反思一下、掂量一下，确定正义在自己这一边或者自己做的是正义的事业，再"义之所在，蹈死不顾"。就像朱总理说的，"不管前面是地雷阵还是万丈深渊，我都将勇往直前，义无反顾"。但，如果你做的事情或事业，本身就不正当、不正义，不地道、不厚道，那你还是洗洗睡，消停消停。继续"虽千万人，吾往矣"，那就很危险，不仅误人误己，甚至误国误民。

按照孟子的意思，"虽千万人，吾往矣"，彰显的是一种大勇。即为了社会的正义事业，为了革命理想，而义无反顾，而知其不可为而为之，绝不是为了一己之私义、私情和私利，妄逞血气之怒，逞强斗狠，动辄以性命相搏，人挡杀人、佛挡杀佛，一副亡命之徒的做派，那不是大勇，是匹夫之勇，是小勇。真正的大勇是有情怀、有原则的，不是一概混不吝地往前冲。"自反而不缩，虽褐宽博，吾不惴焉"，即在真正理亏之时，即便遇到弄堂口的葱姜大妈，也能放下身段，降低姿态，来一句"哪里哪里，岂敢岂敢"。

问题是，翻翻历史，总有那么一拨人，一辈子邪性得很，傲娇得很，固执得很，"自反而缩"，总认为自己的事业是正义的事业，乃以"虽千万人，吾往矣"的气概，去行动，去战斗，去替天行道。明明叫小勇，却以为是大勇，扛一个花岗岩脑壳，越挫越勇，至死不渝，这就不妙了。这种情形与教训，古今中外，俯拾即是，似乎总绝不了。毕竟，正义不正义，像普罗透斯的脸，见仁见智，朦胧得很，而孟子这句话，最后竟成了一剂兴奋剂，谁都可以扎一针，然后血脉偾张，豪情满怀，大无畏地往前冲。

孟子曰:言与不言

孟子曰:"士未可以言而言,是以言餂之也;可以言而不言,是以不言餂之也,是皆穿逾之类也。"

关于要不要说话,以及如何说话,古代的家书家训,遗嘱遗训等,大多提及。正反经验教训,亦历历可寻也。孔夫子也说:"可与言而不与之言,失人;不可与之言而与之言,失言。知者不失人,亦不失言。"意思和孟子一样,就是该说话的时候,就得说;不该说的时候,就不要说,都高屋建瓴地提出了总的指导思想。但落实和执行起来,却是极难。什么时候该说,什么时候不该说,没个基准,纯属不可交流的知识,这需要情商,需要情境。可见说话之难,做人之难,处理不好,进退得咎,里外不是人。

按照孟子的意思,不该说时却说,是用言语来套人;该说时不说,是用沉默来套人。这话未免有点上纲上线。有时候不该说的时候,按照社交的礼仪,那就随便聊点无聊的事儿吧,譬如探讨一下澳大利亚的斗牛犬蚁厉害还是行军蚁厉害,或者"今天的天气,哈哈哈哈",似乎都算不上"以言餂之"。而该说话的时候不说话,可能是人家不想说或觉得说不好、不好说,甚至可能是不敢说,怕你听了胡思乱想、深文周纳或干脆是怕祸从口出,统统目为"以不言铦之",甚至"皆穿逾之类也"(翻墙头或钻墙洞的盗窃行为),这有点冤。

总体上,从技术角度看,统统不说,当哑巴,沉默是金,大抵可以勉力恪守的。而"可以言而不言",这个要求太高,大概圣人和亚圣庶几可以做到。按照富勒的观点,这属于"愿望的道德"。虽不能至,心向往之而已。对于普通的君子,恐怕还需下一番功夫,跌过几跤,额头撞过几个小包,才能达致。所以,明代洪应明在《菜根谭》里说"君子宁默毋躁",取的是最保守的进路,有点道理。

孟子曰：养心与寡欲

孟子曰："养心莫善于寡欲。其为人也寡欲，虽有不存焉者，寡矣；其为人也多欲，虽有存焉者，寡矣。"

在寡欲、节欲、禁欲诸问题上，儒家和道家是统一战线，都提出了不少类似的观点，但套路和西方不同。以前读哲学书，说西方强调的积极自由，有欲望就勠力去实现、去满足，最后达致自由。走的是一条向外扩张的道路，人如是，国如是。而东方哲学，包括中国哲学，强调的是消极自由，有欲望就不断节制与禁止它，不去想它，最后无欲无求，照样达致自由之境，可见走的是一条向内发展的道路。想想也是，就说李莲英先生吧，干脆一刀下去，自兹无欲则刚，坐怀不乱，彻底进入自由世界了。

按照孟子的说法，养心莫善于寡欲。欲望和本性似乎是跷跷板的两端，搞的是零和游戏。欲望多了，本性就少了；欲望少了，本性就多了。就像吃必胜客，要见识其本性，最好点原味套餐。这种观点的确很形象、很物理化，似乎本性和欲望是油和水，大家能隔着玻璃瓶一目了然地观察到。实际上没那么简单。按照叔本华的观点："生命是一团欲望，欲望不能满足便痛苦，满足便无聊，人生就在痛苦和无聊之间摇摆。"言下之意，人生压根就是各种欲望的组合体，就是一团欲望。欲望可以不同，可以实现或不实现，但人这辈子是摆脱不了欲望的（这叫欲壑难填）。所谓本性本心，为何物哉？这和孟子老子们的观点，就彻底一刀两断了。

关于欲望，说法很多，甚至还有一门关于欲望的哲学。有时候，自己本来对欲望还挺了解的，感同身受，活灵活现。看了这些书，反倒模糊与糊涂起来了，最后连欲望也没了。最狠的是德勒兹，还提出一个欲望机器的理论，认为欲望就是生产，有了欲望，就要去满足，就有了动力，就能生产现实。可见欲望是个好东西，有那么一点点革命性，在欲壑难填而勉力去填的过程中，能不断生产出新的现实来。这种观点，就和孟老夫子有点不合了。

但，我们大抵还是愿意听孟子的，不仅仅因为他是亚圣，更因为历史经验和个体经验已经证明并将继续证明，清心寡欲（并非万念俱灰）之时，人往往较为理性、较为客观，无论决策还是行动，都能"致中和"，不至于利欲熏心、利令智昏，以致经常昏头昏脑出昏招。人如是，国亦如是。

孟子曰：东鳞西爪

● 孟子曰："梓匠轮舆能与人规矩，不能使人巧。"康德也说："尽管对于诗艺有许多详尽的诗法著作和优秀的典范，但人不能学会巧妙地做好诗。"有些"巧"，乃不可交流的知识，或可以交流但交流起来不经济的知识。老师只能教原理和规则，至于运用，乃用兵之妙，存乎一心矣。"巧"，需要慧根，需要实践。

● 孟子曰："爱人不亲，反其仁；治人不治，反其智；礼人不答，反其敬——行有不得者皆反求诸己，其身正而天下归之。"行有不得，反求诸己，这是对的。就像人经常说的，要多从自身找原因。但反求诸己，也得有个边界，得遵守为人处世的立场与原则，否则可能导致在不断反求诸己的过程中，渐渐迷失了自己。

● 孟子曰："中也养不中，才也养不才，故人乐有贤父兄也。如中也弃不中，才也弃不才，则贤不肖之相去，其间不能以寸。"此处之"养"，似可琢磨。倘译成熏陶，言传身教，引导人们"脱离自己加之于自己的不成熟状态"，无疑是极美好的。倘理解为改造和规训，或如卢梭说的，"强制他们自由"，则不免令人生忧。

- 孟子曰："有天爵者，有人爵者。仁义忠信，乐善不倦，此天爵也；公卿大夫，此人爵也。古之人修其天爵，而人爵从之。今之人修其天爵，以要人爵；既得人爵，而弃其天爵，则惑之甚者也，终亦必亡而已矣。"翻翻历史，修其天爵以要人爵者，自然大有人在，而天爵不修径受人爵者，亦不乏其人。这叫沐猴而冠。

- 孟子曰："存乎人者，莫良于眸子。眸子不能掩其恶。胸中正，则眸子了焉；胸中不正，则眸子眊焉。听其言也，观其眸子，人焉廋哉？"还是那句老话，眼睛是心灵的窗户。这或是有人爱戴有色眼镜的原因，罹眼疾者除外。心理学上自有其说法吧，但古人形容目光，确与心、神有关。曾国藩说"精神具乎双目"，即是。

- 孟子曰："人若无志，与禽兽同类。"这话很酷。平心而论，每日含哺而熙、鼓腹而游的状态（《庄子·马蹄》），从外观上讲，与动物世界有何区别？志者，心之所向也。说的是人要有志向、理想或梦想，不要混日子。星爷在《少林足球》里说了："一个人如果没有梦想，那跟咸鱼有什么分别？"这比"也禽兽同类"更狠。

- 孟子曰："无恒产而有恒心者，惟士为能。若民，则无恒产，因无恒心。苟无恒心，放辟邪侈，无不为已。"士，是有理想、有情怀的人，无恒产，照样能朝斯夕斯，奋斗不息。寻常百姓是实用主义者和现实主义者，心与行，随利益与情势变化，颇可理解。但让人私疑的是，今日之学者们此起彼伏地跳槽，据说不少端在"房子问题"。

- 孟子曰："大人者，不失其赤子之心者也。"赤子之心，婴儿之心也。揆诸常理，人的社会化过程，乃是主体被各式各样的范式、价值、知识等形塑的过程。按原理，人便在诸斗争中不断成长与成熟，主体也由此在实践中被改造，渐渐走向异己。但大人者，经历此进程，依旧能保持初心、原心与本心，实属不易。

●孟子曰："夫人必自侮，然后人侮之；家必自毁，而后人毁之；国必自伐，而后人伐之。《太甲》曰：'天作孽，犹可违；自作孽，不可活。'此之谓也。"此言颇彰显内因和外因之辩证关系。就个体言之，倘自己先不把自己当作人，附膻逐腥，曲学阿世，又焉能指望别人拿你当人？家国之道，同此理也。内因是决定性因素。

●孟子曰："不为者与不能者之形何以异？曰：挟太山以超北海，语人曰'我不能'，是诚不能也。为长者折枝，语人曰'我不能'，是不为也，非不能也。"这都对。尚需考量的是，人何以知其能？这是个自我认知的问题，其实这也挺复杂的，毕竟，人的潜能是无穷的。而知其能，是否必为或当为？譬如作恶诸项，则是一个价值判断与道德选择问题。

●孟子曰："君子之于禽兽也，见其生，不忍见其死；闻其声，不忍食其肉。是以君子远庖厨也。"这句话里面泛出一股子虚伪劲儿。今日观之，君子远庖厨，至少在城市是不必的。因为真正的宰杀现场，一般不在厨房，而在菜市场或屠宰场。所以家里倘有老人帮忙买汰烧的话，诸君只管放心在书房里做君子就是。鄙人不才，每日负责买菜，在菜市场总能见识到各种宰杀。"吾不忍其觳觫"，总要绕道走。买鸡买鸭，总是免不了了，只好挨到附近的树下去抽根烟，吐圈圈，看天气。待商贩宰杀好，清洗罢，拎了就走。可见，君子远庖厨还不够,还得远菜市场。要么就踏踏实实做个正经君子,坚决不买菜烧菜。

• 孟子曰:"取诸人以为善,是与人为善者也,故君子莫大乎与人为善。"无疑,这里的"与人为善",与今日的理解有所偏差。说的是君子之荦荦大端,便是要与别人一起来行善。"取诸人以为善",目的端在提升自己的道德境界和为善能力,这也是近朱者赤的表现。君子与人为善,人与人之间能相互激发、相互熏陶,其乐融融,共同提高,善莫大焉。记得以前总和朋友聊一个问题:为啥学校食堂里烧的红烧肉特别香,特别入味?经过多番论证,结论是因为学校食堂一个大锅烧一大锅肉,肉和肉之间亦相互激发、相互熏陶,其乐融融,善莫大焉,个体的品质自然能提升不少。可见这些红烧肉都是"与人为善"的结果,味道自然不凡,卖得也火。印象中上外食堂有规定,红烧肉每人至多供应两块,多要没有。君子莫大乎与人为善,有肉一起吃。

• 孟子曰:"大人者,言不必信,行不必果,惟义所在。"这里讲的是原则性和灵活性相结合。言不必信,并非言必不信。行不必果,并非行必不果。言下之意,言和行如何要视条件和情况而定,但指导思想和根本宗旨是一个——义也。为了义,言不必信,行不必果,都行。不过,这有一个前提,就是这是对"大人者"的要求,也即这是大人的道德。反之,对于小人而言,则要言必信,行必果。大人的道德与小人的道德,端不可相提并论。这种思想颇与马基雅维利遥相呼应。马基雅维利在《君主论》里说:"一位君主,尤其是一位新的君主,不能够实践那些被认为是好人应作的所有事情;因为他要保持国家,常常不得不背信弃义,不讲仁慈,悖乎人道,违反神道。因此,君主必须要有一种精神准备,随时顺应命运的风向和事物的变幻情况而变,然而,如果可能的话,他还是不要背离善良之道,但是如果必需的话,他就要懂得怎样走上为非作恶之途。"这话说得比孟子更狠。但孟子之"惟义所在",还是有前提有高度有境界的。而马基雅维利笔下的君主,目的端在"保持国家",意旨模糊宽泛。在正当性上,不免见仁见智,但他的观点也并非真的酷到底,毕竟人家说了,"如果可能的话,他(君主)还是不要背离善良之道"。

• 孟子谓戴不胜曰:"有楚大夫于此,欲其子之齐语也,则使齐人傅诸?使楚人傅诸?"曰:"使齐人傅之。"曰:"一齐人傅之,众楚人咻之,虽日挞而求其齐也,不可得矣;引而置之庄岳之间数年,虽日挞而求其楚,亦不可得矣。"此处强调的,是语言环境之于学习语言的重要性,这是无疑的。但也未必。记得去年在加拿大,认识了不少移居于此的华人,许多人据说几十年如一日,窝在唐人街,畅讲广东话,吃馄饨煎包,其乐融融矣。原因不在环境,端在无学习语言之压力也。孟子此处还强调了齐人教齐语的重要性,这也应是无疑的。惜乎现在国内的外语专业,大抵是中国人在教,似乎有些不合,但效果未必就差,甚至还可能更规范与精确一些。不过跨文化的濡染,毕竟还是缺的,所以倘有机会与便利,还得出洋去交流一番。记得当年在老家读书,个别英语老师的发音,透着浓浓的江西方言味道,外语成功转化成了母语,特别亲切,别有一番风情与焉。

• 孟子曰:"将大有为之君,必有所不召之臣;欲有谋焉,则就之。其尊德乐道,不如是,不足与有为也。"这话说得很浪漫。史书上类似的桥段,很多很经典,情节也很感人。遥想当年,周文王姬昌延聘姜太公,那是吃了三天素,洗了澡,做了头发,换了新衣服,干干净净,还带着厚礼,才去磻溪的。几千年来,知识分子就指着这个故事活着了。后来的刘备三顾茅庐也是。因之，按照孟子的意思，大凡有为之君，大率"尊德乐道"，重视知识，重视人才。标准动作就是登门，月下为佳，雪夜最妙。这是待遇，是人格尊严，是士可杀不可辱。你有权有钱就了不起了吗？"彼以其富，我以吾仁；彼以其爵，我以吾义，吾何慊乎哉？"咱有的是仁义，是知识，是道。不是你想见就能见的。再琢磨一下，这段话说得也很智慧，让你来"就之"，恰恰说明大王您是"将大有为之君"啊，一番来回，搞个双赢，皆大欢喜。不过，做不召之臣也得把握好火候，一旦过了火，撒娇变成了撒野，九族十族都要玩完。

- 孟子曰："吾闻之也：有官守者，不得其职则去；有言责者，不得其言则去。我无官守，我无言责也，则吾进退，岂不绰绰然有余裕哉？"做了官，"不得其职则去"，理儿是这个理儿，但也要分情况，比如在岗位上形格势禁，上下掣肘，而"不得其职"，的确该挂冠走人。当然，倘若遇到坚忍之士，或许会先争斗一番，"与人斗，其乐无穷"，勠力改变环境和格局，创造出一个新的局面来，并得以大展身手，自然极好。倘是因为底子薄，基础差，平台低，以致施展不开，"不得其职"，则不妨先静下心来，俯下身来，循序渐进地做，功成不必在我矣，也成。倘若干脆就是自己能力不行，德不配位，才不配位，性格也不配位，那最好走人。曾子说"士不可以不弘毅"，动辄辞职不干，似乎也不全对，不符合士的精神。在孟子看来，既无官守，又无言责，不在其位，不谋其政，平民一枚，最是潇洒。不要签目标责任状，不要填表格写材料，想说就说，想唱就唱，无官一身轻，进退"绰绰然有余裕"，端的自在。但有时候也没孟老夫子想的这么简单，进去了就未必能全身而退，退出了也未必能想进就进，你以为这是菜市场？

下篇·随想与随记

| 五祺斋·语 | 307 |
| 五祺斋·读 | 335 |

五祺斋·语

● 前些天，遇到一位浙江沿海的朋友。谈及其地的海鲜，他赞道：咱家那一带的海鲜，有独特风味，尤其野生黄鱼，品味不凡，乃至爱。便问：如何之不凡？答曰："只消稍尝其肉，口感极飘，便是不凡。"此一"飘"字，用来形容鱼的口味，竟有若干风情与焉。恕俺寡闻，竟第一次听到。乃再问：何者为飘？朋友仔细想了想，发现很难用言语形容。说："这个'飘'字，只可意会，不可言传。你只消亲自尝过，便能体会其妙也。"可见民间语言的特色，端在捕捉事物之精神，并能在特定人群中有效传递，而使闻者通其感，即可也。

● 在菜市场卖鸡蛋的摊点前，分门别类地摆着各式各样的鸡蛋，标价亦高低不一，有十三元一斤的，八元一斤的，五元一斤的，三元一斤的，等等。从外观上看，这些鸡蛋色泽、大小、形状大同小异，很难看出其间的区别或差别。每类鸡蛋在价格标签上，皆有简约的文字介绍，最高级的，写着"草鸡蛋，散养，吃虫子，吃谷子"，这算顶配或VVIP级别了。次一些的，写着"草鸡蛋，散养，吃谷子",说明这母鸡尚属贵妃级别,未特供虫子。余者皆按母鸡生活待遇之不同,排列组合成不同的品级和价位。最低端的,自属饲料蛋,其母鸡庶几近乎"答应、常在"的品级吧。总之,颇令人叹为观止。乃一时兴起,便问卖蛋妪:这些不同的鸡蛋倘若混在一起,可否区分出来?老妪旦旦答曰:"当然可以,一目了然也。"言虽如是,究竟还是让人生疑的,我想即便请专家化验一番,恐怕亦难以彻底地明白。可见信息不对称之甚。

• 今天是托儿所的开放日,上午带小孩过去,一路上,他显得极开心,一副新鲜好奇而无任欢欣的模样,连大人们亦为之感染。想想,人生开启之初的许多阶段,对于孩子来说,俱有一种独特的意义与价值,这是我们已无法再去具体而微地理解与重温的。大人们的义务,便是竭力空出时间和精力来——我们却总以为还有更重要、更有意义的事儿——去坚持与捍卫自己的"在场"(Anwesen),并与孩子一道,建构他们自身的童年的历史:成长史、心灵史以及对于人和这个世界的想象。这种在场,不仅是完整的,而且是快乐的,更是纯洁乃至圣洁的:鸟儿在歌唱,花儿在微笑,风儿在欢跳……这无疑是对一个油腻了的父亲,提出来的新的挑战。

• 上午去买菜,循着近日味蕾的惯性,便买了一小把尖椒,细长条的,很辣的样子。摊主是个中年男,胡子拉碴的。见之,似乎引为同道了,便很热情地对我说:这个辣椒很辣很地道,你用来炒蛋,很香很香。就是特别辣,我老婆吃了受不了。俺闻之,不置可否地笑笑。他继续热心地介绍:最好用来炒小鱼干,就是晒干的那种,再加点酒糟,味道就更好了。接着,再叹一句:唉,就是小鱼干在上海不好买啊。俺说:你给我再来一小把本地小韭菜吧,我要炒韭菜。摊主闻言，眼睛立马放出欣喜的光来：你也是江西的吧，辣椒炒韭菜一般咱们老家才这样烧啊。俺乃呵呵应之。可见，即便是一道菜、一项配料、一种口味，都是文化符号，皆关涉身份认同与家国情怀。

• 红芯造假风波水落石出了。看到有人评论，这是因为红芯讲故事没讲好的缘故，言下之意，是本可以讲得更好一些的。这种说法对不对先不论——道理还是有几分吧。回想近年来，官方、坊间都在大谈"讲故事"，主张把各自的事业当作一个故事，按照设计的剧情，把它讲好讲精彩。当时就觉得奇怪，因为在老家的方言里，认为对方在撒谎或胡诌，就会说："听你讲故事咯"或"莫听他讲故事"。言下便大有质疑和嘲讽之意。今天时代不同了，提倡要善于讲故事，要提高讲故事能力。仔细琢磨一下，再看看身边的各种"故事"，发现里面还是有一些家乡方言里的意味。当然，说完全就是，也不对。按照词典的解释，故事，乃是"真实的或虚构的用作讲述对象的事情，有连贯性，富吸引力，能感染人"。这个解释很准确。

• 昆山砍人案的官方结论出来了：正当防卫，不负刑责。平心而论，从法理上讲，这个案子的定性，还是有一些弹性空间的。这次官方解释，对于致死第一刀的认定，自然最为关键。同时，通告还披露了一个新的重要因素，即是于某从宝马车里取了刘某的手机，据说端在预防其叫人来帮忙，这就把于某后续的追砍行为，全部归为主观上感觉依旧处于危险状态了。这个情节对于正当防卫和特殊防卫的定性很关键。另外，从司法讲究法律效果和社会效果相统一，以及我国当前的刑事政策和正当防卫制度的价值取向等角度看，在相对弹性的释法空间里，正当防卫的定性也符合社情和民意，体现了情、理、法的统一。倘若反过来定性，便可能难以服众，难以回应广大民众的善良情感，而且对于法理和事实的论证要求，也会更高更难。总之，我个人对现在的结果表示支持。

- 前几日，重温了朱塞佩·托纳多雷执导的《天堂电影院》，里面艾费多对萨尔瓦多说了一段话："在这里居住了一天又一天，你认为这里就是世界的中心。你相信一切都永不会改变。然后你离开了，一年，两年，当你回来时，一切都变了。那条线断了，你所寻找的并不是这里。你只能再次离开很长时间……很多年……直到你能回来寻找你的人们，你出生的土地。但是现在不可能。现在你比我还要瞎。"

这段话很深刻，揭橥了人生的复杂性、局限性及其终极的意义。有时候，感觉这些话就是对着我们这些和萨尔瓦多相仿年龄便离开家乡、至今漂泊在外的人说的。不离开，以为家乡就是世界的中心，以为一切都永不会改变或感觉不到它的改变。至少这样，庶几可以清晰地感到自己在捍卫和坚守一些东西，至少保持着一种捍卫和坚守的姿态。而一旦离开，就再也回不去了——甚至，每次回去，就意味着离开得更远。

- 又到吃橘子的季节了。早上特地去买了一些来尝尝，味正其时也。我的老家也是盛产橘子的，附近的三湖镇，更是著名的红橘之乡。有乾隆爷御封的"大红袍"之名种，曾演绎了不少美妙的故事。当年，家里也种了不少橘树，所以俺吃橘子的水准，属于健将的级别。记得小的时候，每当橘子红了，几个伙伴傍晚倚靠着一棵温州蜜橘树，边摘边吃边聊，一席话下来，庶几可以消灭掉树上一半的橘子。大略言之，当地出产什么，便往往围绕着出产，亦形塑出相应的口味、风味及文化与观念来，这些就不必例证了。记得上次在单位，遇到一位同事，也是老家附近的人，谈起了吃，便探问：你肯定喜欢吃橘子吧？她惊讶地答："是啊，你怎么知道？"——这其实应在意料之中的。前些日，在上海的灵石路上，开了一家叫江西印象的饭店，我去吃过一次。店的规模不大，菜肴颇具南昌一带的风味。有一道剁椒鱼头极富特色，其胜出湘菜一筹者，乃是其剁椒里面竟放了一些红橘丝，橘皮的芬香遇热挥发开来，整道菜的风味便立马精彩纷呈了。这便是核心竞争力。

•晚上，孩子做作业，中间过来背诗。一首一首地背，语速极快，恍如和尚念经。便叫停，让他一字一句，字正腔圆地背，并逐句解释之。发觉不少句子乃一知半解，似是而非，未能正确理解其诗义，遑论意旨与情怀了。这种急火式的背诵，是断不能在心底打下烙印的，无须几日自然便忘得一干二净。所以古人之背诗，讲究吟或颂，乃至唱。抑扬顿挫之，摇头晃脑之，方能入耳入脑入心。

曾经读过一篇文章，说古人背诗，之所以需摇头晃脑，端在古代作品无标点符号，古人吟诵之际，摇其头晃其脑，以肢体引导节奏，庶几可起到断句之功效。想想并试试，颇有道理。记得曾在一部白话小说里——抱歉，小说名字已经忘记了——读到一句描画读书人摇头晃脑读书之情形的句子，叫"抹鼻子，画空圈"，可谓活灵活现，极尽画面感。可见，背诗，是需要仪式的。有些诗或词，倘缓慢从容地，一字一顿地吟诵出来，意境自然也就出来了。维特根斯坦曾在《文化和价值》里说"有时，一个句子如果只在适当的速度上来读，可能会被理解"，说的大概也是这个意思吧。

● 今天在外面开会，午间到附近一家律所转了转，曰：七方律师事务所。名字颇考究，乃渊源于《黄帝内经》里的"制方之用，大、小、缓、急、奇、偶、复七方是也"，可谓微言大义。诸同人引而用之，乃指涉七种不同的执业理念与策略甚至人生哲学，颇具文化内涵，令人眼前一亮。此律所为华东政法大学的几位校友联袂创立，且大多为赣籍同乡，据说好几位还是同县的。校友兼乡友，文化与观念相近，乡情濡染着乡音，可谓"情投意合"，其乐融融，这种合作的模式，让人耳目一新。其间，大家聊及江西人的若干文化性格，大略是"胆小"而"真诚"的。所谓胆小，以优点言之，乃是处世谨慎；以缺点目之，则是为人保守。——这自然须看具体的人与具体的事儿了。而所谓"真诚"，乃是一旦被人真心对待，则漙漙然感铭于心，而"全抛一片心"地回应之。这些特质与律师的执业，似乎倒也相得益彰。

● 前些天在北京，雾霾自不必说了，据朋友说，连续几日下去，心里的压抑乃至抑郁，便会弥漫开来，端的作孽。有意思的是，沿街所及，乌鸦与麻雀甚多，尤其是乌鸦，待到傍晚，竟黑压压地、遮天蔽日地飞过，堪为一景矣。突然想到"鸦雀无声"这个成语，琢磨一下，似乎发明者该是个北方人才是。印象中，在南方，至少在江西，麻雀倒是寻常物，乌鸦似不甚常见。偶尔能见到或听到，亦以凶兆目之，唯恐避之不及矣。倘若鸦们竟成群地在村头盘旋，这该是魔幻灾难片的场景了。按词典的解释，鸦雀无声，意即"连乌鸦麻雀的声音都没有"。一则，形容非常之静，这自无疑；二则，可见鸦与雀在日常中是极为常见的，且在当地的文化评价亦非负面；三则，鸦和雀应是常作为组合出现的。可见其发明者，从逻辑上，该是个北方人。即便就是北京人，似乎也是无碍的。——这些都是野狐禅了。

● 德国哲学家西美尔说，人若想真正保全自我精神，就须成为一个"边缘者"。这话倒有几分道理。边缘也者，是个规则和关注都较少的区域，相对而言，接受规训的可能性及程度亦较小较弱，自兹倒能自由自在、自得其乐。毕竟，相对于边缘，中心地带则是"高规则"的区域。记得小时候参加各种宴席，特别喜欢和几个相合的人，扎在角落里的一桌，可撇开主桌那些烦琐的规程，开吃开喝，吃个杯盘狼藉，前世不修，端的自在。又仿如深山的花木，自由自在地生长，活出自己的姿态来。但问题是，所谓边缘也者，往往预设了一个"中心－边缘"的权力结构，有中心的存在，而意欲成为一个自由的边缘者，"吾不知其可也"。又，中心与边缘之界分，亦预设了一个封闭的空间存在。倘若时空转换，所谓边缘者，辄可能豹变为中心者，按西美尔的意见，所谓"真正的自我精神"，又如何保全？更何况，倘是愚昧与荒诞的自我精神，而一味地保全之，颇可商榷。

● 关于法治，我觉得哈耶克在其专著《通往奴役之路》里说得最透："法治意味着政府的全部活动，应受预先确定并加以宣布的规则的制约——这些规则能够使人们明确地预见到在特定情况下当局将如何行使强制力，以便根据这种认知规划个人的事务。"无疑，哈耶克对法治的定义，乃是基于形式法治的界定——毕竟，里面并未对规则的实体内容提出具体要求——具有较为鲜明的宪制意味。以此观照，近日，浙江省高考英语科目加权赋分的重大责任事故，官方的表述是"决策严重错误"。窃以为本质上还是法治意识缺乏的表现。因之，在官方通稿里，应加上一句，"法治观念淡薄"。

- 近年来，经常在各种媒介上看到学者们在大谈"修昔底德陷阱"，唬得老百姓们一愣一愣的，不明觉厉，敬如天人。窃思天人们聊的，必定是个高深莫测的原理。但，众所周知，这词儿说透了，就是：一个新崛起的大国，必然要挑战现存大国，而现存大国也必然会回应这种威胁，这样战争就变得不可避免。有时候想想，这番简单的道理，不消说对于人类，即便对于兽类，对于软体类，恐怕都是一个常识了，远犯不着整出这么不伦不类的大词儿去表达，去吓唬老百姓，去把他们赶到神武门外去。这情势，颇似《隋唐演义》里齐国远先生双手抡的那副纸糊大锤。倘若野老村夫们都知晓了这神神道道的术语里面，包裹的竟是这般浅薄的道理，指定会从牙缝里嗤的一声："这不废话！"

- 傍晚回家，进入电梯，有一对五十多岁的夫妻在。女的对着电梯里的镜子，一路歪嘴努牙地照，突然发出哟的一声，惊道："要死快了，哪能回事体，头发里竟有这么多白头发了。"一面悲怆地叹，一面侧头抵近镜子，用手撩开头发，细细地看。男的见到，乃爽朗地笑，说："都五十多了，有几根白头发，有啥稀奇，勿要大惊小怪。侬看，我两鬓的白头发一大把呢。"女的便真的拿眼睛去探看，果不其然，便继续惊哟了一声，且嗔且嫌地道："竟没注意你有这么多白发了，难怪看上去越来越老相了。我们单位的老李，比你还大三岁，一脑头发，黑油油的，看上去像个小伙呢。"又说："晚上吃完饭你去理发店修一修，把鬓角推上去，勿要拖沓。"男的听了，看了看我，笑笑，未作答。

- 上次去青岛，见了小学同学，他在海尔研发部担任负责人。

据他介绍，研发部的工作节奏较快，每日总要忙到晚上七点后才得下班，双休日亦难保证。每至周六，研发人员便要聚到一起开会，研讨一周内全球推出的与企业相关的新专利、全球上市的相关新产品和全球相关领域研发的新技术，以及全球领域值得关注的新资源等，并在此基础上进行研判，作出对策。所有这些信息都是他们以不菲甚至巨额的费用，委托国外权威机构收集而来，保证专业性、及时性和权威性。当时听了，心中极为感叹。海尔集团能发展到如此地步，从研发部门这种全球意识、国际视野与专业精神，便可见一斑。倘若大学的研究机构皆能以此机制与精神去运行，"双一流"建设又何愁不成？当然，企业与高校的组织模式、动力机制和物质支持等毕竟各异，倘真要亦步亦趋地效仿，恐怕不逮：钱从哪儿来？

● 经常在星爷的电影台词里，听到"拉风"一词。今日读到一则民国史料，里面专门对"拉风"作了解释："电气风扇还未风行时代，到了夏天，商铺中如绸缎店、剃头店、酒菜店以及戏园中的包厢等，都临时装上几面白竹布做成长方形的风扇，扇端系了长绳，由人牵动，凉风即习习而生，此种土制风扇，名叫'拉风'。考究些的，竹布上面也涂着书画。稍为体面的人家，也都装置一面或数面。等到电气风扇盛行以后，此项拉风就归于天然的消灭了。"看来，此拉风者，乃真的是拉风。但，在其他地方，拉风一词，则另有渊源。据说最早源于1949年前的上海，乃是法国一个眼镜品牌LAFONT之法文发音，"拉风"为上海话音译。后来在台湾年轻人间先流行起来，即耍帅的、带领潮流的、吸引众人目光之意。

● 上海滩上的首位女律师为郑毓秀女士。她1924年在巴黎大学获法学博士学位，1926年获准在法租界会审公廨出庭代理律师业务,乃一时风云人物。报纸盛赞:"中国第一个而且也是唯一之女律师……故不唯是中国妇女界之新纪元,而亦为法租界之新纪元。"在民国的租界法律界,金发碧眼的外籍女律师,亦有人在。史料载:"当初审判制度为中外会审制,吾国律师能出庭辩护者殊寥若晨星。那时偶兴讼端,都请外籍律师辩护,而美国雷声布女博士亦在广东路组设事务所,行使其律师职务,此为外籍女律师中的第一人。"另查:"自1930年至1945年,在江苏高等法院第二分院、江苏高等法院第三分院以及上海地方法院登录的外籍律师共为187人次,除去重复者,在此期间登录的外籍律师实为100人,其中包括一位名叫雷齐布的法国女律师。"雷声布与雷齐布,似是一人,国籍不合。看音译,该是法国人。

● 近日,有学生问,在某直播平台,见到一段警示文字"直播内容和评论,严禁包括政治、低俗色情、吸烟酗酒等内容。若有违法,将视情节严重,给予禁播、永久禁封或停封账户",询我意见。窃以为,直播平台管理方的初衷与原意,吾人颇能以同情之理解。但将政治与低俗色情、吸烟酗酒等并而列之,甚或等而视之,实乃亵渎神圣,殊为不当。所谓议论政治者,或批评建议,或建言献策,甚或歌其功而颂其德也,此既为吾人依照宪法所享有之言论自由,亦为吾人监督权利之重要内容,岂可一禁了之?不过,直播平台之言论与评论,倘以恶意造谣、煽动等方式,危害政权与政制,涂污世道与人心,此自另当别论。依律悬为厉禁,予以事后追惩,亦洵可理解。另,政治者,有国内与国际之别。茶余饭后,或闲聊普京,或笑侃特朗普,纵论国际政治,月旦天下人物,私意亦非不可也。

● 昏君或者暴君,面对谏臣们的苦谏,按历史上的做法,要么是避而不见，要么虚与委蛇，好滴好滴，转身该干吗干吗。亦有不耐烦的，面露不悦，乃拂袖而去，都行。恶劣点的，乃大发雷霆：寡人的事儿，要你叽叽歪歪？降级、流放、罢官，都是常态。更恶劣些的，让人拖出去打屁股，曰廷杖；或当场拿下，投入大牢，甚至午门问斩，这也有。还有最残忍的，直接上炮烙。五花八门，不一而足。但这些手段，即便至为酷虐，大率是让人去执行的。最狠的，却是《东周列国志》里的暴君宋王偃，其"目如巨星，面有神光，力能屈伸铁钩"。这老兄在宝座旁边放一张弓，只要大臣进谏，便直接开弓射箭，射死你没商量，跟玩儿一样。原文是："群臣见宋王暴虐，多有谏者。宋王不胜其渎，乃置弓矢于座侧，凡进谏者，辄引弓射之。尝一日间射杀景成、戴乌、公子勃等三人。自是举朝莫敢开口。诸侯号曰桀宋。"

• 昨天去菜市场买了藕来炒，中间缺了点劲儿，便稍微加了点水，过了一会，锅里的藕片便渐渐变黑，乃至最后全部发了黑，恍若被人下毒之状，堪为称奇。起锅后，尝了尝，发现味道倒正常，似乎与颜色无关。乃遵循培根教导，总结了一个原理：炒藕片倘加水，易致色黑。颇扬扬自得。今日，钟点工过来，与其谈及此事。她不假思索，见怪不怪地说："你买的指定是浅水藕，一般在洼田、浅塘或稻田等浅水里栽培的，这种藕炒起来易变黑色。深水藕便不如此。"又说："你肯定在菜市场6号摊位买的吧，那儿的藕皆浅水藕。"一时叹服。

• 春晚看了几十年了，昨晚继续看。每次看到演员们喜气洋洋、载歌载舞的画面，便会想起小时候常常听到母亲的叹。那时候，一家人围坐在圆炉旁看春晚——那番温暖的情形，今日忆及，犹感慨系之。母亲一面看，一面兀自羡叹："这些人活得真开心啊，一天到晚总是笑的。"记忆中，每年除夕，她便会这样地叹。母亲不认字，一辈子活在乡村里，是分不清生活乃至人生的真与伪的。在她看来，开心便是开心，悲伤便是悲伤。人倘能这般舒心地笑和跳，便该是过着极快乐的生活的。父亲在旁听到，便应道："这些人本就是吃这碗饭的。"现在想来，父亲说的"这碗饭"，究竟指专门演戏的饭，还是专门负责开心的饭？当时我们在旁听着，竟从未问起过。

● 年初二晚，打电话给二舅拜年，聊了一些近事与家事。其间，舅舅提及了先父及郎舅间的情谊，言下颇唏嘘，后竟情难自禁，以至于哽咽而不能成言，乃沉抑着对我说："不和你说了，不和你说了……"便兀自挂断了电话。我持着电话，独坐书房，忆及先父种种，亦悲感兼之。过了一会，舅舅平复了情绪，又打过来，同我继续聊家族中的人与事，有美好，亦有遗憾，颇觉家族中的每个人都有了各自的局面与气象，并循着自己的轨道踏实地向前迈进，让人欣喜与欣慰。二舅六十多岁了，退伍军人，为人刚强正直，谠言直声，有浩然之气。大是大非，绝不苟且。家族里倘有事儿，总愿挺身而出，去襄赞与主持。当年他陪送我去上海报到，一路劬劳与教益甚夥，令我至今感念。

● 朋友提及一件事儿。说乡下有个亲戚，有一儿一女两个孩子，儿子小时候身体一直较羸弱，病病殃殃的，其时基督教在村里传播正广，有人便建议他全家信一下试试，乃遵照之。讵料孩子的病竟渐渐地好起来了，现已研究生在读，自兹便信仰弥笃。前段时间，他女儿一直低烧不退，在好几家医院检查，都难觅病因，便去寻问当地的活菩萨，活菩萨掐指一算，说这女孩命中犯克，极难禳除，一定要全家信佛才能断根。他儿子知道后，深为不满，认为全家由信基督改信佛，会影响他的命数，乃断然否决。其女闻之，极为悲愤，痛斥弟弟对己不管不顾、无情无义，姐弟俩春节期间闹得不可开交，竟至反目为仇，儿子寒假未结束便愤然返校矣。信仰至斯，不亦可悲乎，不亦可笑乎？

• 前些天，从上海财经大学和华东政法大学请了两位专家来担任评审。在答辩过程中，倘发现有可疑或模糊之处，他们便极自然地从兜里掏出一册法律随身查之类的册子，仔细查核相关法条或司法解释。这个细节让我颇感慨。曾几何时，法学界流行一个现象，法学家谈法，总爱凌空蹈虚地谈思想、谈理念、谈理论，话里不带一丝烟火气。似乎不谈这些，便显不出他的高明。法条则谈得极少，据说这些都是匠活儿，很 low。倘有学生请教他某个离婚案子，便笃定先拉开架势来，先谈半小时康德如何论自由，再谈半小时耶林如何论权利，最后半小时则谈各流派之立场与见解，末了，才淡淡带一句："案子具体怎么判，你还得去查查婚姻法和司法解释。"如今这种可喜的变化或回归，或多或少，与法教义学在我国的兴起有关吧。好事。

• 前天上午叫车，司机是个帅气的小伙。一路聊，他说是河南许昌的，便聊起河南的酒文化。他说：喝酒嘛，都是小意思。以前咱在矿上上班时，工友们晚上一起喝，哪次不是一人一斤多？三两的塑料杯，三口搞定。不喝的滚蛋！喝了一斤多，摸黑开车回村里，两眼放光，可带劲儿了。哦，我们走的都是乡里的道儿，没人查的。我叹道：那说明你有酒瘾了。他说：那肯定有，我现在每天晚上回家，睡觉前都要整上半斤，52度的，低度的咱不喝，都勾兑的，不得劲儿。一个人边看电视边喝，倒点花生米，几个鸭脖子就搞定了，爽得很。如果第二天要出车，就少喝点，他看到我脸上露出了一丝担虑的神情，便笑道：你放心哈，我昨天晚上没怎么喝，和媳妇吵了一架，这娘儿们唧唧歪歪了半夜，没个消停，烦，没心情喝呢。

• 下午，顺道去看一位初中同学，他在家乡一个村委会做党支书。三十出头就开始做了，是个年轻的"老支书"。我们喝茶聊天，大体上了解了村级层面的工作内容及其各种不易，拆迁、扶贫、调解、动员等，这些具体的事儿，倘要做好，需要智慧、耐心和决断。来自上面美好的理想和价值，在他们那儿，都需要转化成扎扎实实的技术与艺术，可谓如鱼饮水，冷暖自知。何为真问题，何为伪问题，何为抓铁有痕，何为花样文章，对于他们来说，乃一目了然，心知肚明——虽然未必愿意说出来。有时候想想，这样的经历和经验，对于一个知识分子来说，亦是极为重要和必要的，至少能借此更真切地了解与理解什么是农民、农村和农业，以及什么是中国。

• 家里订有报纸六七份，过了两三日，倘忘了取，信箱便塞得满满当当，邮递员就打门禁电话，催着清理。有时候想想，在电子时代，这纸质报刊早该退出历史舞台了。无论是资讯的时效性，还是多元性，纸质报刊皆远不及网络媒体。因此，即便不是全部，也应有区别、有选择地逐步取消纸质报刊，代之以电子报刊，或直接发到手机上，或登录特定网站阅读，可也。而且，铅字报刊的翻读，有化学污染之虞，亦不利于身心。至于对纸张进而对造纸材料的浪费之剧，更无以复加。记得上次去一位老师办公室，发现里面层层叠叠的藏书都被清空了，一问，乃是预防书籍纸张散逸出来的墨味——所谓的"书香"——污染室内空气,而影响身心矣。有理。

• 《雍正王朝》第 19 集里,邬先生与胤禛深谈,剖析时政利害:"四爷啊四爷,您真的该参详一下皇上的帝王心术啊。皇上这是在预备后事啊……您一看就知道,凡黜落的都是能员干吏,这些人囿陷于党争,于将来的朝局不利。这辅错了人,新主登基,难免大开杀戒,辅对了人呢,又容易恃功骄主,难以驾驭。所以现在,统统将他们监押保护了,新主登基,一纸赦书,他们就成了新的皇帝得用的臣子。哎,皇上这一计,虽苦,也算是菩萨心肠了。"邬先生这番话,可谓老谋深算,洞悉帝心三昧矣。倘可如此解读,则历史上贬黜功臣、能臣之帝王行径,似皆可作如是解也,可谓用心良苦。不过,那些动辄诛杀或夷族的,自不在此列。

• 回想自己阅读的经历,至大的遗憾,便是哲理性的作品读得多了些,而历史作品相对少了些,尤其是史料读得少。待年岁渐渐地长了,便发现倘仅仅是研读和玄思诸种奇妙而精致的哲理,固然会让人"速成"地深刻乃至犀利起来。但倘要获致真正渗入骨髓的体认与教益,除了真实乃至有痛感的经历外,还须多读史才行。

• 其实最可学习的,是高速收费口收费员的工作态度。只要在岗,便不奢想忙过一阵后,再痛快地歇一阵。毕竟,车流是永不停息的,他们的工作自然也永不停歇。因此,如何调整好心态,将工作本身,或者说将个个接续而至的"劳"与"烦",当作存在之当然背景,而有条不紊乃至快乐地度日,才是我们须勤力修炼的。

• 记得有位哲人说过:"积极的人生不过是从经验到技巧,从技巧到艺术，从艺术到原则，从原则到哲学的过程。"我觉得中国人的为人与做事，大体惯于从经验达致技巧，进而从技巧达致于艺术，但往往便停留于此而乐此不疲了，很难进入原则性和超越性的层面。所以各行各业形形色色的"玩主"与"顽主"，层出不穷。

• "王八蛋"这个词儿，糙了一点，意思倒挺清爽，颇能传递出骂人的效果来。读了许多明清小说后，发现这词儿在不同的书里，有不同的写法，有些书写的是"忘八代"，意即忘记了列祖列宗，属逆子佞孙，也是一种骂法。又有写作"忘八端"，据说是忘了"孝悌忠信礼义廉耻"，似乎也骂得过去，还典雅了不少。总之，待考。

• 人世间并非任何人都有资格去堕落。堕落是需要高度的，没有高度的人，谈不上堕落，他们表现的，只是一种沉沦，一种水平面的原地瘫倒。因此，有些时候我们努力获致的，或许只是一种堕落的资格。——堕落是令人痛心、值得谴责的，但我们偶尔猛省，发觉自己恐怕连堕落的资格都没有。得努力。

• 年轻人大抵是唯物的，不信神的存在，这是真确之理。但他们在恋爱上，又特别信赖缘分，有意思的是，相信这种抽象的缘分，与相信神的存在，又有什么区别？另外，在他们的身上，亦容易出现对于自己感觉能力的矛盾心理，在生活的其他事务上，他们极度理性与精致，绝不相信感觉，但在恋爱上，却特别相信自己冥冥之中的感觉。

• 每个人都喜好以自己的口味，去评价美味佳肴之优劣，但我们往往容易忽视，自己的口味或品味乃是饮食习惯的产物，是历史与经验的塑造之物。进而，人的判断力，不亦为直接与间接经验的产物？判断永远跳不出人的经验或视域。这导致有些时候我们所谓理性的思考，往往只是时间比较长、表情比较严肃的思考而已。

● 科学端在追求客观，但应时刻警惕其社会政治功能。可以想象，当几个权威的医生联合宣布一个人为精神病患者时，那么这种宣布，与法院对犯人的宣判，具有相同甚或更严重的影响，因为他从此失去了主体资格，被人自动隔离，进入无形的"监狱"。亦失却了表达之权利，因为无人相信。除非医生们宣布治愈，否则他将"终身监禁"，永无"出狱"之日。

● 小区附近有家面馆，店主是一对重庆夫妻。店名很白描，直抒胸臆，叫重庆小面。里面各式各样的面都有，颜色一个样——红，味道也一个样——辣。早晨倘买菜经过，便进去，点一份肥肠拌面。用的是保宁醋，风味颇佳。但店门有时开着，有时则关着，以致在这儿吃碗面，竟成了一件机缘了。昨日去，又关着——大约回老家度假去了吧。讵料今日去，竟开着，只男的一个在。闲聊之间，乃问其详，店主抱歉着说：昨天是五一节，我们一家人去动物园玩了。又问前情，则答曰：有时候关门，是遇到我老婆生日；有时候是女儿考试考好了。总之遇到好事儿，一家就出去玩一下。有时候呢，是心情不好，不得劲儿，就干脆不开了。

● 趁假日，和几个毕业了的研究生聚了一下。点菜时，先点了一个水煮鱼片，待再要点水煮牦牛肉时，服务员便插话：先生您点重了，前面已经点了一个水煮鱼片了。我不解地问：前面是鱼片，后面是牛肉，如何个重法？服务员答："都是水煮，做法一样，所以味道也一样。"想来有趣，鱼片和牛肉，本各异其趣，但因烧法一样，居然重合起来，成了一道菜，一种风味。竟不知这是美食之幸抑或不幸？记得多年前，俺在菜市场，见有人在叫卖新鲜驴肉，乃抱着打酱油的心情买了些。中午，母亲按江西烧法，一番操作猛如虎：大蒜焉、辣椒焉、酒糟焉、姜丝焉。待佳肴上桌，举箸一尝，口味竟与小炒牛肉、小炒猪肉一式一样。倘是龙肉，恐怕亦不外如是。这烧法里面，大约就是家乡的味道吧。

• 早上，经过虹口公园，有个老人在一条石板路上，用毛笔蘸着水练书法，观者如堵，皆啧啧称道。我便问：您练这书法多久了？他说，只有两年。又说，以前是单位写材料的，退休后便开始潜心练。旁人问：为何短短两年便有如此功力？答曰：因为退休了，心态淡泊了，无欲无求，练字时便能彻底静下心来，进步也就快了。

• 和人聊细心，都觉得是个好东西。细心者，心思细密也，能发现常人所不能发现之细节，这在工作中乃是个至上的美德。但在日常生活中，按亚里士多德的中庸之道，亦应竭力维持中道，避免过犹不及。细心者，亦心细也。善于观察，善于捕捉，善于琢磨，善于想象，善于阐释与过度阐释，以致生活之细枝末节，易被扩大化、复杂化。凡此种种，则可能走火入魔，成为心理重累。又，心细者，心小也。因之，心细者，固善于并惯于自小处、细微处入手看待事物，分析问题，倘成心理积习，则又不免心细多妒、心细多怨、心细多忌、心细多疑，乃需学习如何胸襟宽广待人，视野宽阔做事。一言以蔽之，细心者，吾所欲也，中庸可矣。

● 鲁迅公园有个征婚角。偶尔经过，人群如堵矣。累累征婚告示，白纸黑字，写于纸面，贴于伞背。其文字，乃汇集了修辞学之精萃，描摹了婚姻观之纤末。如："某女，肤白清秀，性情娴静，温柔可爱……"这些词儿，总不免让人臆想遄飞，但仔细琢磨，皆与颜值无涉。又，某女，上海211高校本科毕业，家住嘉兴路等。要求男方：上海211高校本科毕业，倘是外地进沪，则需985高校毕业。有单独婚房，最好在嘉兴路，四川北路亦可（但不得过海宁路）等，令人叹为观止。前几日，陪徐国栋教授在公园逛，发现一把征婚伞上竟张贴：某女，1985年生，上外本科毕业，等等。征婚要求：男，上海外国语大学教授或三甲医院医生……第一次知道，上海外国语大学教授原来是与三甲医院医生直接换算的。

● 早晨，送孩子上学，发现他在后座偷着乐，询之故。他说我们班又轮座位了。问：是不是调到当中去了？答：不是，是调到靠门位子了。问：这是啥好消息？他乐道："今后一下课，我就可以第一个冲出教室去食堂了！"孩子学校食堂紧张，每日排队甚费，亦为实情。这小子能从艰难之中觅出希望与快乐来，倒也珍贵。

● 傍晚，经过一家福利彩票销售点，有个年轻人匆匆凑近窗口，手里扬着一张纸，急切地对销售员说："给我买一注双色球，就这号码。"然后将一个个阿拉伯数字真诚地念出，其间里面听岔了，他便高声纠正道：不是7，是1。情形恍若刚刚穿越时间隧道归来，特地来取这期头等奖一般。彩票之痴，莫过于此。

● 在埃默里大学法学院的大厅里，专门设有开水设备。据法学院的陪同者介绍，这是因为近年来，中国留学者日渐增多，且多有喝茶水或开水的习惯，因此特设之。生源为王，市场的力量之大，可见一斑。而在其他的大学，扭转身子、伸长脖子凑着净水器喝水，依旧为一道见惯不惯的风景。记得以前读过一篇文章，分析西方人习惯喝冷水，乃源于其饮食以烤肉等高热食物为主之故，颇似是而非。

● 与美国几个法学院的教师交流，印象颇深的是，在其自我介绍中，研究领域无论是刑法、商法、诉讼法甚至房地产法，最后都会捎带上宪法。想想也有理，任何部门法的教学与研究，倘往上追溯，即便在具体法务中，亦最后归为宪法学或与宪法学相关。倘从权利的角度来理解，则最后乃无外乎宪法权利一端。因此，部门法研究最后拓展到宪法领域，乃情理之中。而这在中国，却较少见。

● 在亚特兰大地区检察官办公室，见到会议室黑板上写着"正义高于审判"，颇精辟。据检察官解释，在他们办理的一些受害人为儿童或妇女及其他弱势群体的案件中，倘仅仅满足于法官作出裁决是远远不够的，还需对这些受害人进行心理疏导等后续帮扶。如果这一块缺失，往往出现法院作出判决后，受害人却自杀了。因此，正义要求检察官的，不仅仅是一次审判，还需要做更多。

● 前些天，在公园的儿童游乐区，一位老人一面推着儿童车从里面出来，一面转过头探望。旁边的老太太问：侬往里厢看啥事体？老人狐疑地说："刚才在滑滑梯那儿，有个带着小女孩的女人，老没素质的，想不到开起口来，说得居然是阿拉上海话。"老人的神情与语气似极惊诧，恍如发现勾股定理突然失效了一般。无疑，在他看来，"阿拉上海人"的素质，该是极高的，倘素质不高的，自然不是阿拉上海人了。现在居然有个"老没素质"的女人，亦操了一口上海话。此词与物的悖逆，于老人而言，乃不啻为"三千年未有之大变局"也。老太太在旁听了，眼角闪出了一丝鄙夷的笑，说："咦，侬这人奇怪伐，说阿拉上海话，又不代表就是阿拉上海人咯，现在外地人乡下人讲上海话多了去呢。"老人若有所思地答：倒是。

• 在菜市场小龙虾摊前，有位六十多的阿姨，正踞着身子，用一双竹筷仔细挑选着小龙虾：夹出一只来，端详一下腹部，再看看两只钳子，摇摇头，放回盆里。再夹出一只来看。偶尔还要艰难地站立起来，用筷子将小龙虾举到齐眉的向光处，一面用手拭鬓角的汗，一面眯缝着眼看。摊头的地上，摆着一只红色塑料盆，爬着十几只小龙虾，看样子这些是被阿姨慧眼体检过的"宁馨儿"了。此时，另一位阿姨挤进人群，探头问：爷叔，侬这小龙虾多少钱一斤？老板答：自己挑呢，23元一斤，不挑20元一斤。阿姨闻之，乃挣了眼，尖了声，忿然道：伊拉已经把卖相好的，大块头的，都挑完了，阿拉只能挑些剩下的，怎么也23元一斤？旁边几位候补的阿姨乃此起彼伏地附和。老板皱皱眉，说：那就22元一斤吧。众皆怪然。

• 罗素夫人曾提出，在西方，"快乐的权利"已是一个被遗忘了的权利。自近代至今，这一权利向未被注意，以致西人之心灵，常被次一等的权利观念所支配，譬如国家预算表决权、选举权、隐私权等。此言颇精到。毋庸讳言，当今之世界，已然是个"权利的时代"，抑或"迈向权利的时代"，人类所争取到的各色权利，骎骎乎可编就一部权利辞典矣。但，纵便这些权利统统得到兑现与落实，我们却依旧常觉不快乐、不幸福。这说明，就人生意义而言，尚还有比权利更重要、更终极与更根本之事物，需吾人去追索、实现与捍卫。我们现今所获致的权利，本质上，乃是我们追求各自幸福的手段而已。毕竟，有了财产权，未必等于有了快乐、幸福，更遑论人生之意义。

• 近日，上海在推进垃圾分类，据说这是一项"社会新时尚"，可谓兹事体大。现在的问题倒是，每日在家，竟常为何为干垃圾、何为湿垃圾，颇费踌躇：这香蕉皮、苹果核确是湿垃圾无疑的，但按说湿纸巾该是湿垃圾吧？一查，不对，竟是干垃圾。——鸡蛋壳、山竹壳、蟹壳呢？看来非得把分子式列出来研究一番，才能定谳。昨日，在电梯里，楼上的阿姨乃巴巴向俺请教："爷叔，阿拉这包粽子叶，算干垃圾还是湿垃圾？"一时惶乱，回家再查，发现竟是干垃圾。端的天可怜见！据说餐桌上啃的骨头，亦有干湿之分，譬如猪大骨乃是干垃圾，而鸡骨鱼骨则是湿垃圾，可谓玄妙之极。垃圾分类的一个后遗症，便是人渐渐形成了一种"垃圾世界观"，但凡见到一物，心下便不由窃想：这是什么垃圾？

• 周末，带小孩去虹口公园，坐轻轨。车厢里极拥挤，便抱着他站立其间，一路摇晃，甚为不堪。到了下一站，远远地，有个人站立起来，准备下站。他对面站着一位穿红色裙子的中年妇女，便用身子护了位子，转过了头，极热心地对我说："这儿有个位子，让你小孩坐这儿吧。"我道了谢，抱孩子过去，让他坐到位子上。到了虹口足球场站，我牵孩子起来，把位子让给附近另一位带小孩的女士，便出了车厢。在下楼梯的当儿，红衣女士亦从旁经过，一面下楼，一面回头用上海话对我说："刚才出车厢时，侬勿好在前面牵着小孩走，得让小孩在前，大人在后。万一小孩的衣服被啥挂着了，车门一歇歇要关了，就危险了。"话说罢，人已下楼去了。我乃唯唯而已，心下却感动不已。

• 傍晚带孩子逛，沿途的梧桐树上，偶尔响起阵阵的蝉鸣，便一路与他讲小时候捉知了的情形，与智与勇，颇有兴味。印象至深的，是在夏夜的月光下，蹑手蹑脚地摸到池塘边，用脚猛地踹那岸边的柳树，栖在细枝上的知了们猝不及防，来不及起飞，便纷纷被震落，簌簌地掉入池塘，在水面漂旋着，大家便欢快地跃下水去，将它们一一"缉拿归案"，其数颇可观也。揣回家里，去掉尾部，留下厚实的上部，用菜油炸了吃，这竟是贫瘠时代难得的娱乐与盛宴了。不过，印象中，蝉作为一道菜或食材，至少在老家是没有的，原因大抵是原料极不稳定，倘要凑成一盘，得耗费好些午觉才行，可谓费而不惠。记得前些时候，山东的同学给我发来当地油炸蝉蛹的图片，才知道在北方的许多地方，这竟早已是一道特色的风味了。后来去北京出差，在一家饭店专门点了一道油炸金蝉，尝了尝，发觉味道了了，远不及小时候那般香脆。

• 前些天，与母亲通电话，聊了一些家里的情况。得知一个表弟发生车祸去世了，留下两个待养的孩子，姑姑、姑父悲恸之情形，自可想见。又知，另一个姑姑的女儿，我的表姐，其爱人因为癌症，亦近日离世了，心情颇沉重，发觉不惑之年后，便渐渐地迈向知天命了，人生之色调亦渐渐驳杂乃至沉重起来，自然需要一种哲学或宗教去应对之——倒未必是化解，而是去澹然地承担。前些天，抽空看了BBC的纪录片《行星》，以几近上帝的视角来看地球，看星系，看时间和空间，言下动辄万亿年与万亿光年，良可浩叹，颇觉人之一生，甚至人类的历史，简直蜉蝣一瞬都算不上，所谓迎来与送别，乃即生即死而已，岂有资格和余绪再去悼逝？进而，倘失去了永恒，意义又如何依附？抑或，按维特根斯坦的说法，将永恒理解为无时间性，则此刻活着，也就永恒。

● 站在延边州中朝边界的河岸，可以清晰地看到对岸的人生活的场景：一片片低矮简陋的平房，男人们穿着短裤在河里摸着鱼，女人们聚在河边捶洗着衣服，孩子们则光着身子在河里嬉戏……浑然一幅我们童年时代的图景。有人慨然问：他们幸不幸福？我想他们应该是幸福的。幸福与否，与物质无关，而关乎心态，关乎自己的欲望或愿景之实现程度。倘愿景与欲望简单，易于实现与满足，便易于达致幸福。但简单，也有两种：一种是明知有极高而多彩之愿景，而勉力禁欲与节欲，修其身，养其性，最后内心澹然而归于简单，此为幸福。——但从经验看，似乎还偶有反复与挣扎发生。另一种则是因视野与智识所及，本无所知，无所欲，便无所求，无所焦虑，"含哺而熙，鼓腹而游"，"不知宝马，无论奔驰"，内心安详，也是幸福。当然，还有一种，乃是积极地向外勉力实现与满足愿望与欲望，但按叔本华的意思，"生命是一团欲望，欲望不能满足便痛苦，满足便无聊，人生就在痛苦和无聊之间摇摆"，这似乎已谈不上幸福了。

● 孩子三岁多了，近来发觉脾气竟越来越"霸道"了。每次进门，家里的灯是需他来打开才行的，空调遥控也得由他来开或关，否则得重新来过。倘与哥哥捉迷藏，有时竟要指定哥哥藏于某处，并由他顺利地捉到才行。每日睡前，我给他编讲"黑猫和大灰狼"系列，亦得按照他临时提出的特定情节甚至话语，即兴创作才行。

这样的任性，无疑值得注意。特地查了一下，发现孩子这个年纪正是其建立内在秩序与规则意识的"秩序敏感期"，据说家长要做的，便是以同情与共情的态度，帮助其逐步建构起一个健全的自我认知体系，并将其对秩序的执拗，引导到对细节的注重和对完美的追求上去，提升其道德感。——看来，"严打"需缓行。

● 看到一则报道，说贵州的老干妈辣酱销量逐年下降，已渐渐呈现出颓疲的趋势。里面可反思之处颇多，窃以为创新不够是重要因素之一。记得去年在美国亚特兰大访问，听当地人介绍并第一次知道，可口可乐公司的每一种品种，在每一个洲的口味都是不一样的，譬如在非洲、亚洲和美洲等，可口可乐的口味或风味，显现出较为明显的地方性差异。其基本之理念是，不同地方文化会塑造不同的口味，因此商品的配方亦需随之调整，这无疑就是典型的市场理念。不唯口味如是，标识与图案亦然，均体现了不同时间与空间的审美与观念。同理，对于辣酱而言，不同地区的辣感亦应有其地方性特征，譬如江西的辣、湖南的辣、四川的辣，乃至东北、江浙一带的辣，均应是各具特色的，循此切入，便体现了创新与文化的关系。

● 在菜市场售卖莲子的摊头，摊主支了一个小黑板，上面用粉笔写着："如何识别新鲜莲子：1. 手抓起黏不黏手。2. 闻一闻有没有水臭味，新鲜莲子带有清香味。3. 皮壳发软，太青太嫩的不能要。"无疑，按照小黑板的定义，这个摊上的莲子自然一一合榫，堪为新鲜之最，购者亦一时如堵。可见谁控制了定义权，谁就控制了事物及其过程与结果。此摊主的营销策略，乃是提供了一套关于"理想商品"的信息或标准，以塑造、影响或干预消费者对于商品的认知——套用特朗普的口气,即"没有人比我更懂莲子了",颇具匠心。至于这"科普"是否真实全面,或经过有意无意地裁剪,则在所不问或已不重要。而其他摊点书写的,大抵是莲子"强心安神,抗癌降压"之类的功效,缺乏同业竞争的意识,宣传的是莲子,而非各该摊点的莲子,立意与效果稍逊一筹。

• 想起培根的话,即"有妻室儿女的人,行动自由就受到限制,从而成为命运的人质",事实倒是事实,但是否能由此得出要做大事,便要晚婚,乃至不婚,却亦难成立。众所皆知的是,幸福并非总要由自由或成功来评定,家庭内的忙碌亦是幸福之一种。但人常常从内心深处泛起对自由的渴望来,却也是不争的事。

• 很喜欢读古代各种小说。一来特别欣赏和享受里面那种特有的接地气的文风、言语和修辞,市井、简洁、活泼,人物活灵活现,端的呼之欲出。二来里面所谓的"思想糟粕",却是小时候一直觉得很熟悉和亲切的,市井人情,衣食住行,僧道神佛,因果报应,竟是身边常见常闻的。因之不在信仰,端在亲切而已矣。

• 人总是有些看客心态的,热衷看新闻听消息,并用"家事国事天下事,事事关心"以自勉之,使自己感觉是个与时俱进的现代人。乃随新闻之跌宕,各色情感与之,乃至数日数十日追踪之,废寝忘食,颇觉生活充实而富有意义。但其实对于大多数事件,我们本质上依旧是个抄着双手的无聊的看客。总之,还是赶路要紧。

• 人总是下意识地拒绝概念的。记得多年前,我到同济去打篮球,对方有人自告奋勇地指着我说:"我来防这个胖子。"俺闻之,一时如五雷轰顶。虽近年一直苦于自己的发福，但从未想到过竟已混成了"胖子"，而其实在旁人眼里，你确已无可挽回地成了"胖子"。但你依旧不愿接受这个概念，这便是词与物的悖逆。

● 任何形式的常规化生活，无论富足与困窘，亦是一种人生的异化。它使一种充满无限可能性的有活力的人的存在，异化成类似于物理性的存在，驽驽然成了一具"人生的枷锁"。诗人兰波说："生活在别处。"任何人，无论在内心深处或在时间与空间上，总有一种类似的冲动，这是一种人的自由本能的冲动。

● 偶尔，当你心血来潮想发表一番议论时，倘若强迫让自己一个小时再说，届时不免发现，有些话可说，而有些话则不必说。即便是可说的，亦应如此说，而不应那般说；倘若再捱过上午，你会发现那些可说的，其实亦无必要说；而倘若再捱过了一日，你或许会为昨日意欲言说之冲动而惭愧不置了。人生之玄幻，不外如此。

● 德国联邦宪法法院在某判决中对"人格尊严"作出界定："当一具体的个人，被贬抑为物体，仅仅是手段或者可代替的数值时，人格尊严已受伤害。"此定义无疑具有深刻的康德色彩，将人格尊严立足于人之自由意志，而非其他物化符号，颇切中肯綮。问题在于，以高速收费站为例，收费员每日程序化的工作，不啻"一具体的个人，被贬抑为物体"。这样的岗位，循此逻辑，乃是对人格尊严的戕害。

● 自由和幸福未必同一。自由之本质，端在选择。选择面越广，则自由越大。以吃水果为譬，种类越多，选择越广，自由度亦越高。

但，一个人倘恰好喜爱苹果，设若每日让他吃苹果，禁止吃其他水果，其幸福指数暂高，但因其无法选择，乃不自由。又设若，一个人有一百种水果可供选择，而唯其最爱之苹果不在其内，则其自由较前者为大，但未必幸福。

• 何兆武先生在访谈中说，西南联大给他最深的印象，便是自由。"对自己不感兴趣的，哪怕是专业课，学生也可以不去上；很多同学选了课，然后到外面去做个兼差，或是做点其他感兴趣的事，到了考试才去借同学笔记看，临时抱佛脚，也有个学分可以毕业。"这样的自由，散漫也似浪漫，不知现在大学能否做到，抑或值得推崇？窃以为，大学之自由，端在学习之自由与学术之自由。不学或无术的自由，端非所是。

五祺斋·读

● 读到一篇文章，乃从校园网上教师的简历照切入，比较中外大学教师之精神风貌。文章中说："浏览欧美大学的网站，大多数网站介绍教职工的网页上的大头照，他们不管美丑一般都是选有笑容的，而中国大学网站介绍教职工网页的大头照，大都是一脸严肃，科学网上的网友自己贴的大头照有笑容的也不多。其实，教职工有无笑容这一简单的表面现象，不仅可以表征出他们的精神状态，还可以反映出很多深层次的问题，包括学校的文化氛围、工作压力和人际关系等。"此言固然有一定道理，但也有过度阐释之嫌，未能真实揭示现象背后的文化与实践理性。

● 晚上看电影《宁静的热情》，由特伦斯·戴维斯执导，展现了美国传奇诗人艾米莉·狄金森的一生。近日，特地买了《宁静的激情：狄金森诗歌书信选》来读。抑或是翻译的缘故，对里面的诗歌没有特别的印象，感受不到其中的伟大之处，不过有些诗句的确让人眼前一亮——但一想到这些句子、这些词汇，不过是中文译者偶然选择的结果，倘若换个译者，或是个矫情的译者，可能就是另外一番情形，便立马索然无味了。书信倒真不错，字里行间有一种诗歌的美感在里面，笔下很精致，意绪俨然，透着一种"安静的尊严"，现代人已经很少这样认真、细致地写信了。

• 史景迁系列的主编总序里说："近半个世纪以来，西方列强对中国虽已停止了侵略殖民，但西方一般民众对中国的认识，仍然带有殖民心态与说不清道不明的迷思，三分猎奇、三分轻蔑、三分怜悯，还有一分非我族类的敌意。"按主编先生的意见，老外对于近代中国的迷思，十分里面，一分欣赏与尊敬都是没有的。但中华文明，郁郁乎文哉，我想总该有一点点吧。概而论之，欣赏与尊敬的前提，乃是了解与理解。但了解和理解过后，却未必能赢得欣赏和尊敬，甚或更不幸的，是把原本尚残存的几分猎奇与神秘，亦一并彻底地抹杀尽了。当然，今日的情形，应该好得多罢。

• 严耕望先生在《治史三书》里说："写作事实上不但是为了向外发表，贡献社会，同时也是研究工作的最后阶段，而且是最重要、最严肃的阶段。不形成文章，根本就没有完成研究工作，学问也没有成熟。常有人说'某人学问极好，可惜不写作'，事实上，此话大有问题。某人可能学识丰富，也有见解，但不写作文，他的学问就只停留在简单看法的阶段，没有经过严肃的思考与整理，就不可能有系统的真正成熟的知识……所以写作是最精细的阅读，最严密的思考，也是问题研究进程中最严肃的最后阶段，非写作成文，不能视为研究总结，至于发表不发表，就治学本身而言，反不是写作的最大作用。"严先生的意思，与培根说的"写作使人精确"（Writing makes an exact man），意旨大抵相似，颇为公允深刻。而倘无写作，发表自然无从谈起，遑论重要与否了。颇有意味的是，时下国内的各式神仙会、座谈会甚多，似乎不必有严肃的写作，亦能端坐席间,汗漫地"谈几点不成熟的想法",据说也算是发表了。

● 王士禛的《分甘馀话》里,有一段诗论:"凡为诗文,贵有节制,即词曲亦然。正调至秦少游、李易安为极致,若柳耆卿则靡矣。变调至东坡为极致,辛稼轩亚于东坡而不免稍过,若刘改之则恶道矣。学者不可以不辨。"里面演绎的,大略就是孔子的"乐而不淫,哀而不伤"的意思吧,强调的乃是一个"和"字。《中庸》云"喜怒哀乐之未发,谓之中,发而皆中节,谓之和",即是。王士禛这段话对诸词人评价之确实与否,暂且不论——倘若要从技术流的角度去剖析,倒也未必能一一证成。毕竟,诗文词曲的节制,既有情感本体的节制,亦有表现形式的节制,难有精细与客观的基准。但王氏之评论,于粗疏间透出大开大合的气象,让人叹服。

● 《三国演义》里,诸葛亮草船借箭的桥段,展现了诸葛孔明的智慧和气度,广为流传,成为美谈。但在小说里,此创意其实首次实施于东吴的孙坚,却鲜被人提及。在第七回里,孙坚与黄祖樊城一战,"黄祖伏弓弩手于江边,见船傍岸,乱箭俱发。坚令诸军不可轻动,只伏于船中来往诱之;一连三日,船数十次傍岸。黄祖军只顾放箭,箭已放尽。坚却拔船上所得之箭,约十数万。当日正值顺风,坚令军士一齐放箭。岸上支吾不住,只得退走"。这也是借箭的一种形式,可见孙坚也并非如评者所言那般有勇而无谋。惜乎此君横死在第七回,"寿止三十七岁",戏份不多,以致事迹湮没不彰也。

● 尼采在《善恶之彼岸》里说:"所有深沉的东西,莫不爱面具……任何深刻的精神都需要一个面具,何况,任何深刻的精神的周围，都在持续地生长面具，因为他说的每一个语词，采取的每一步骤，给出的每一生活标志，一直被错误而浅薄地解释。"这话说得的确很精彩，透着一种"片面的深刻"。但是，倘若从美国社会学家戈夫曼的观点来看，人生本来就是演戏，无论深刻的人，还是浅薄的人，都是戴着假面具生活着的。这个假面具，和尼采的意见基本一致，乃是与社会公认的价值、规范、标准相一致的"前台行为"，是一种角色面孔。当然，戴面具的动机、样式以及面具背后隐藏起来的东西，还是会有至大的区别吧。

• 索尔仁尼琴在《古拉格群岛》中提及，一位囚犯对劳改营官员控诉："你可以告诉上头的那个老家伙，只要不把人们所有的东西都剥夺得一干二净，你就能控制他们。一个人，一旦你夺走了他的一切，他就不再受你控制，他又自由了。"此言极铿锵，但真正"夺走了他的一切"之情形，还是极少。毕竟，对一些人甚或对常人而言，只消残喘尚在，便保命要紧。可见，能彻底自由者，还是不多。

• 《蒋廷黻回忆录》的最后有一段感想，颇为切中肯綮："像中国这样古老的国家应该把聪明用在研究人类心理和实际管理人方面，就私人关系方面说，我认为中国已经达到相当高的文化水准，但在公共生活方面，我却不敢说已经达到理想地步……中国对人的管理一向是依靠道德理想主义的，历代的领袖人物都高唱牺牲精神和无条件忠于长官。"这一段评论比较深刻。倘若引申出去，正是因为私人关系领域比较发达，因此其中的理念、原则、规则及其技术被适用到了公共生活领域，导致公共生活领域的关系呈现出私人化的趋向，或者是私人关系领域逐渐扩张，将公共生活领域吞并了。

总体的结果便是,在中国的公共生活领域呈现出一种私人关系领域的特征,这是有目共睹的。按照当年意识形态的界定,这种现象亦被称为"封建"之残余,窃以为至少在以私人(私法)关系中的原则来建构公共领域或国家领域这层意义上,是较为合理的。

• 里尔克在写给青年诗人卡卜斯的第一封信里,特别强调"走向内心"的重要性:"你向外看,是你现在最不应该做的事。没有人能够给你出主意,没有人能够帮助你。只有一个唯一的办法:请你走向内心。探索那叫你写的缘由,考察它的根,是不是盘在你心的深处。你要坦白承认,万一你写不出来,是不是必得因此而死去。这是最重要的:在你夜深最寂静的时刻,问问自己:我必须写吗?你要在自身内挖掘一个深的答复。"里尔克的这个建议特别诗化,比曾子的"吾日三省吾身"更为本质,更为彻底。对于任何即将从事或已在从事某项职业或事业的人而言,都极为重要。其典型之范式就是:"我必须如此吗?抑或倘不如此,毋宁死哉?"当然,这种追问对于年轻人来说,意义或许更重大一些。问题是,真的有一个既在"我"之内又在"我"之外,纯净的、神圣的、具有某种本体色彩的,就像《大话西游》里的白晶晶轻松一跃便可进入其中的"内心",让我们不断去重返吗?

• 钱穆先生在《政学私言》里说:"若依卢梭的《民约论》,谓西国政治权之理论来源为由于民众之契约,则中国传统政权之理论来源乃在民众之信托,若目西国政权为'契约政权',则中国政权乃一种'信托政权'……若论代表民意机关,则中国传统政制本与西方异趣,西国政府如一商铺,商铺经理特为店主经营业务,经理之黜陟及其设施营为,凡一商铺之股东皆有权过问,中国政府如一学校,学校师傅对其子弟负有教诲护导之责,而师傅之所以为教诲护导者,则不能转听命于子弟。"这两点理论意欲解释与辩护之事物,皆可理解,也有一些解释力。但,倘按照信托政权论,中国传统政权来源于民众之信托,那民众信托委托之契约又在何时何地?没有委托,何来信托?倘若按照政府学校论,那师为何为师,徒为何为徒?是否应该有一个合意的契约在前?可见,这两个理论依旧未能在"被统治者同意"的基础上,解决政权的合法性问题。

● 溽暑蒸郁,意绪索然,就读王小波。在《绿毛水怪》里,他通过陈辉的嘴,说了一段买书的乐趣:"我尽情先看了一通,翻了有八九本,然后挑了一本《无画的画册》,大概不到一毛钱吧,然后又挑了一本《马尔夏斯的芦笛》,我咒写那本破书的阿尔巴尼亚人不得好死!这本破书花了我四毛钱,可是写了一些狗屁不如的东西在上面……我到收款处把带着体温的,沾着手汗的钱交了上去,心里很为我的没气派害羞。可是过了一会,我就兴高采烈地走了出去,小心眼地用手捂着书包里那两本心爱的书。我想,我就是被车压死,人们也会发现我书包里放着两本好书的,心里很为书和我骄傲。"买了本好书,即便出门被车轧死,也死而无憾,与有荣焉。这种说法,很精彩。

● 《晋书》卷四十三里讲王衍,特别精彩:"衍既有盛才美貌,明悟若神,常自比子贡。兼声名藉甚,倾动当世。妙善玄言,唯谈老庄为事。每捉玉柄麈尾,与手同色。义理有所不安,随即改更,世号'口中雌黄'。朝野翕然,谓之'一世龙门'矣。"古人喜好挥麈谈玄,装神弄鬼,神神道道,这个很酷。按照王导的说法,"拂秽清暑,虚心以俟"。麈者,大略就是拂尘吧。想象一下,当年文人雅士们一面坐而论道，谈玄论虚，一面挥舞拂尘驱蚊扫灰，颇有带入感——毕竟，山里蚊子也多。倘若到了赤练仙子李莫愁女士手里，这拂尘就了不得了，乃是人挡杀人佛当杀佛的大杀器。再后来，到了李莲英先生之流手里，这拂尘也就是个摆设，恐怕连驱蚊扫灰都用不着了。可惜。

● 笛卡尔在《第一哲学沉思集》里说："由于很久以来我就感觉到我自从幼年时期起就把一大堆错误的见解当做真实的接受了过来，而从那时以后我根据一些非常靠不住的原则建立起来的东西都不能不是十分可疑、十分不可靠的，因此我认为，如果我想要在科学上建立起某种坚定可靠、经久不变的东西的话，我就非在我有生之日认真地把我历来信以为真的一切见解统统清除出去，再从根本上重新开始不可。"笛卡尔的这个想法和志向肯定是好的，但最后的结果，我想除了一些纯属必要的摒弃与修正外，剩下的——至少在人生哲学上，无外乎是新的偏见代替旧的偏见，中年、老年之我怀疑和否定青年、少年之我而已。不如是，更如何？

● 罗曼·罗兰在《约翰·克里斯朵夫》卷七初版序里说："每个生命的方式是自然界一种力的方式。有些人的生命像沉静的湖，有些像白云飘荡的一望无际的天空，有些像丰腴富饶的平原，有些像断断续续的山峰。我觉得约翰·克里斯朵夫的生命像一条河……而那条河在某些地段上似乎睡着了，只映出周围的田野跟天色。但它照旧在那里流动，变化；有时这种表面上的静止藏着一道湍激的急流，猛烈的气势要以后遇到阻碍的时候才会显出来……等到这条河积聚了长时期的力量，把两岸的思想吸收了以后，它将继续它的行程，——向汪洋大海出发，向我们大家归宿的地方进发。"这段对于克里斯朵夫的描写多么形象和有力！普罗众生，其生命之形态和姿态各异，而生命像一条河的，背后自然需要有磅礴的生命力与强大的意志力，浩浩荡荡，奔流不息。于凡夫俗子而言，起初抑或同是一条河，最后"在某个地段上似乎睡着了"，渐渐地，再渐渐地，便真的睡着了，积滞成了一汪"沉静的湖"，只映着周围的田野与天色，浮云与飞鸟。——默然相对，寂静欢喜。

● 在雅克·勒戈夫《中世纪的知识分子》里，有一段关于十三世纪大学入学仪式的叙述，颇有意思："在进大学时要经历的入学仪式。我们是通过在15世纪末才出现的一份引人注目的文献《学者宣言》（*Manuale Scolarium*）了解这些仪式的，从中我们能够获悉这些大学生风俗早年的起源。引导新生入学，称为'清扫'典礼，意即去掉年轻人粗俗的习气，或者甚至他们野蛮的兽性。人们取笑新生身上有类似牲口的怪味，迷惘的目光，长长的耳朵，使人想起野猪的獠牙。人们要卸掉他想象中的双角和肉瘤，给他洗澡，挫掉他的门牙。在一个滑稽摹仿的忏悔仪式中，他终于招认了那些希奇古怪的坏习惯。这样，未来的知识分子摆脱了他的来历，他的这种来历与当时讽刺文学中的农民形象与粗野的笨伯形象非常相似。从野蛮到开化，从粗野到城市文明，在这种仪式中，原始的蒙昧被分解了，差不多成为内容被掏空了的躯壳显露出来……"

● 关于开学典礼致辞，冯友兰先生曾在《三松堂自序》里特别提到一件事，是关于狂士辜鸿铭的："在一九一五年九月初，我到北京大学参加开学典礼，由胡仁源主持，他作了一个简短的开幕词以后，当时的英文门（即现在的系）教授辜鸿铭也坐在主席台上，就站起来发言。我不知道这是预先安排好的，还是他自己临时冲动。

他的发言很长，感情也很激动，主要的是骂当时的政府和一些社会上的新事物。他说，现在做官的人，都是为了保持他们的饭碗。接着说，他们的饭碗，可跟咱们的饭碗不同，他们的饭碗大得很，里面可以装汽车、姨太太……他大概讲了一个钟头，都是这一类的漫骂之词。"当时的政府，众所周知，是北洋政府。

• 据希罗多德记载，在埃及，每候宴会行将结束，饮酒狂欢的人正处高潮之际，仆人们便会用担架抬着骷髅走进宴会厅，并在饭桌之间穿行。遗憾的是，希罗多德并未进一步介绍这种指涉死亡主题的行为艺术，究竟给那些正觥筹交错的人以何种之影响。情形无外乎两种：一种是由此顿然理解了人终有一死之宿命，自兹更要珍惜活着的当下，而决意玩得更嗨一些。另一种是自兹发觉了生命之弥足珍贵，而以时不我待之精神，去做一些于己更为重要、更有意义，甚或可进入无限与永恒的事。但我想，无论何种之情形，都逃脱不了人类固有之美德——健忘。好在宴席总是永不停歇的，所以骷髅亦须一次次抬出来才行，但最后的命运，未免依旧要沦为一件供人赏鉴的艺术品的。——"昨晚卡尔纳克饭店抬出的那副骷髅，颜色与造型都是极好的。"

• 意大利作家亚米契斯的《爱的教育》续篇里，有"种诗的人"一节。里面舅舅对安利柯说："安利柯，舅舅还想和你谈呢，请听我说。饮食、睡眠、衣着……一切健康上所必要的，可以说是生命的面包。至于怀念、爱、思考，却是生命的葡萄酒。像我这样年老的人，葡萄酒常比面包更来得重要。我不是诗人，从没写过一首诗，却想在人生的平凡琐事上种下诗去。一经种下了诗，任何平凡的事物也会生长出爱与幻想，一切都会含有别样的情趣，把人心温暖起来。"——"在人生的平凡琐事上种下诗去",这句话说得多好。与海子的"给每一条河每一座山取一个温暖的名字",意绪颇类似。

• 欧阳修的《归田录》里,有个关于石延年的段子:"石曼卿磊落奇才,知名当世,气貌雄伟,饮酒过人。有刘潜者,亦志义之士也,常与曼卿为酒敌。闻京师沙行王氏新开酒楼,遂往造焉。对饮终日,不交一言。"酒店王老板惊为天人,"稍献肴果,益取好酒,奉之甚谨"。"二人饮啖自若,至夕殊无酒色,相揖而去。"段子之酷,就酷在两人饮酒之专与诚,"对饮终日,不交一言"。至于其酒量,倒不必太较真。毕竟,宋代尚未普及白酒(烧酒),酒桌上喝的,多是黄酒、果酒、药酒或常见的酿造酒,度数在 6 度左右,顶多 10 多度吧,也就青岛啤酒的水平。所谓对饮终日,今朝亦不乏其人矣。——有本事换上青岛小瑯高试试。

• 购得《梁漱溟日记》上下卷。上卷是自 1932 年到 1965 年的记录,下卷是自 1966 年到 1981 年的记录。假期几日,有空翻了一些。文极简洁,排日而记,彻底的流水之账,评论与感怀文字极少。里面涉及不少人与事:谁来坐过,谁来聊过,写了什么,读了什么。记录颇全,近乎琐屑。对于相关研究者,或可与其他史料相互印证与阐发。日记对自己身体的一些不便,亦坦然记载。譬如 1966 年 1 月 5 日、14 日及 2 月 26 日,多次提及"大便遗于裤内""忽又遗矢于裤内""就寝后中夜遗矢"等,或是梁氏肠疾所致,无足为怪。还有就是梁氏读书之勤,令人印象深刻。年近古稀之年的日记,第一句大抵是"早起看《印度通史》""早起阅《世界文化史》""早起阅《印哲概论》""早起阅《生命起源》"等。许多人都希望能读到梁氏关于与伟人辩论事件的日记文字，但不免会失望。我就是。

• 《论语》里说："食不语，寝不言。"这个要求颇符合现代文明礼仪，据说亦合乎卫生。但从语境来看，里面说的，应该是祭祀过程中的礼仪。北宋邢昺《论语正义》里释义："此一节论齐祭饮食居处之事也。"至于在其他场合，似乎未必如是。至少在古代文人墨客的笔下，边吃边聊、高谈阔论之情形，比比皆是。否则，一班人在那儿吃饭，默默无言，想想亦觉得瘆得慌。记得在《红楼梦》第三回，林黛玉和迎春、探春、惜春等几个姐妹陪贾母用饭时，书中用了四个字"寂然饭毕"，说明当时也是"食不语"的。这或许是曹雪芹为了彰显黛玉初入贾府，所见识到贾母的排场与威严，而特地渲染的。毕竟，在这部小说的其他场合里，吃饭时嘻嘻哈哈、打打闹闹的情形，是常常能见到的。譬如刘姥姥进大观园一节，即是。

• 《巢林笔谈续编》里有一则"陆清献息讼示"，中云："往见村民言及官吏，俱有怖色，此风最好；今则不然，家小裕，便与胥吏亲热，遇细故，辄控吏一二事，遂视公庭如熟路。乡村如此，城市可知，案牍之所以日繁也。昔陆清献公两治剧邑，几于无讼。其在灵寿时示息讼云：'健讼之风，最为民间大患。欲争气，则讼之受气愈多；欲争财，则讼之耗财愈甚。即幸而胜，亦成一刻薄无行之人，况未必胜耶？且如有一事，我果无理，固当开心见诚，自认不是；我果有理，亦当退让一步，愈见高雅。与其争些些之气，何如享安静之福？'"陆清献公这个理念的确高迈，甚至浪漫，其用心亦可谓良苦。但按此推演，倘若有莽汉平白扇了陆公一个耳光，抑或强占了他的私田，不知陆公是否亦能够做到"我果有理，亦当退让一步,愈见高雅"?我看难。

• 在董桥先生的《英华沉浮录》卷二里,读到一则趣闻,说和尚头顶烫十二个香疤,又叫烧香洞,乃起源于元代,是元代统治者为防止汉人伪装僧尼进行反抗活动,而想出来的辨伪之法。如此看来,在唐宋乃至以前,以及印度、缅甸、尼泊尔等国,和尚们的头顶该是没香疤的。记得前几年,看一部西游题材的电影,里面玄奘的头顶,便有几溜艺术化处理过的香疤,可见不确。——据查,亦有源于梁武帝之说。直至1982年,江苏西园寺的方丈明开法师诸人,据现行宪法之规定,"任何人不得利用宗教进行破坏社会秩序、损害公民身体健康、妨碍国家教育制度的活动",联名建议不再在新戒头顶烧香疤,僧尼受戒后,由佛教协会统一发戒牒以资证明即可。次年,提案得以通过,烫香疤之旧制遂止。

• 读到《陆稼书判牍》里的一则妙判,颇觉有趣。清代陆陇任知县时,有兄弟为争财产讼于县衙。陆知县受理后,"不言其产之如何分配,及谁曲谁直,但令兄弟互呼","此唤弟弟,彼唤哥哥","未及五十声,已各自泪下沾襟,自愿息讼"。此审判场景颇有既视感,其做派亦有"灵魂深处爆发革命"之效矣。陆陇在判词里写道:"夫同气同声,莫如兄弟,而乃竟以身外之财产,伤骨肉之情,其愚真不可及也。"这个判词,广为播扬,一时颂为妙判,可见在古代亦属稀奇,未必具有典型性。——按当下之说法,洵非可复制可推广之例。窃想,倘若兄弟互呼五十声、一百声后,依旧嚼穿龈血,金刚怒目。不知陆老爷更要上何种手段?抑或让他们一直互唤下去吧,直至良心发现。当然,最后的结果一定是能良心发现的。否则怎么办?

• 读到苏力接受《华商报》记者的采访文字，问："将来，你希望被后人记住一个什么样的苏力？"他答："这种希望，无论是哪一个，都太自我了，都是一些自命不凡的知识分子的坏毛病……记住不记住，那是别人的事儿。记得不记得，其实你都不可能知道，你不可能死后还总站在一边看着自己。我只要求自己做一些别人还没做的，做些别人绕不过去的，并且因此在这个意义上可能不可代替的研究。但我特别讨厌'装'，我特别欣赏王朔，他把知识分子这个毛病看得太透了。"仔细想想，苏力这番话还是颇为剀切而深刻的，吾人亦颇为赞同。但苏力说的，希望做一些别人绕不过去的研究，其潜意识里或言下之意，似乎还是希望被后人记住的。换个正式些的话说，骨子里还是有些自觉的历史感或历史意识的。否则，绕不绕得过去，在我看来，亦是不必去考虑的，自己只管兴味盎然地低头做就是。——但苏力今后绕不过，该是无疑的。

• 前些天，读凯瑟琳·卡尔的《美国女画师的清宫回忆》，其中回忆了其在清宫替慈禧画像期间的见闻，字里行间对慈禧极尽粉饰，自是见仁见智。其中提及光绪的若干细节，让人印象深刻。据卡尔回忆，光绪习惯于早起，常常凌晨两点便已起身，"每天的时间大多用来学习，其中也包括学习英文……不仅读中国文学和古典书籍，而且爱看外文译作。据说政务余暇，他每天要读上一本书"。"皇帝还会音乐，能演奏各种中国乐器，甚至还学过钢琴"，"光绪皇帝单独执政期间，习惯在凌晨三点上朝召见官员。据说，这样做是由于他性格腼腆，同时也喜欢早起的缘故"。看来古代做皇帝，至少在清朝，不容易、不简单，这也说明光绪还是有追求、有情怀的。记得在其他场合，看到清代皇子们的作息表，每日五点即起，开始学习各种经典,直至下午两点半方止,然后再练习骑射,每年的休息日不超过五日,可见走的是素质教育路线。这样看来,做皇子也不容易。

● 海塞林克的《新的欧洲法律文化》里说:"对于很多欧洲国家的私法学者而言,最为典型和最能获得学术声名的活动,就是为法律(法典)的某一部分撰写评论,或编写手册。通过此种方式,该学者可望成为与(最高)法院建立或多或少之直接联系的权威。在评论中表达的观点为法院援引或接纳的越多,作为一名法律评注者获致的成功也就越大。"这种现象在中国学界似乎也有,但不甚常见。主要是以法院,特别是最高院法官的评注为主,一则肥水不流外人田。毕竟,出版的释义作品,无论稿费还是版税,都是杠杠的。二则权威不流外人田,"法律是啥意思,是你说了算,还是我说了算,我看还是我说了算"。当然,在中国大陆,学者评注的积极性不高,亦事出有因。按海塞林克的说法,这活儿"并非是一种激发原创与引致批判的诱因",常有被人目为"学术含量不高"之虞。其实,未必。

● 这几日,在断断续续读《大明首相》,一部关于高拱的传记。作者的文史功底和文字功夫都很扎实,厚重雅致。而且前期功课做得很足,循了历史小说的"大事不虚,小事不拘"和"不求真有,但求会有"的原则来写,显得饱满生动,绘形绘色,镜头感特别强。有个初步的感受,即,小说在写明代官场人物的心境与心态、推理与思维,以及政治手腕与行政技艺等方面,或明或潜地彰显了某些当代政治的理念、价值、风格、思维和技艺。这其实也不算什么瑕疵。毕竟,每个时代的政治,都有其独特的气息和印记,隔开一定的时间和空间,是极难做同情的理解的。即便有此雄心,亦属一厢情愿。看简历,作者长期担任一定级别的行政职务,因之,本人的立场与价值,经验与经历,避不了故意或过失地走私进去。这或许恰恰是小说最值得品读之处。

• 美国作家罗斯·特里尔在《毛泽东传》里,提及一则关于宪法与戏法的逸事:上海有数不清的街道会议。在一次街道会议上,要一位文盲老太太谈谈她对新宪法草案的看法。在上海方言里,"宪法"和"戏法"两词的发音相同。整个讨论在老太太听来都是要"支持什么魔术师变的新戏法"。在一位主持会议的党员的催促下,她站起来大声说:"我活到73岁了,记得只看过一次戏法。现在人民政府要表演新戏法,我完全拥护,一定要去看看。"会议主持人很恼火。结果会议一直开到半夜,直到这位老太太讲出几句热烈拥护宪法的话才作罢。想想,老太太竟把宪法当作戏法对待,真的是个可爱的误会。有趣归有趣,幸是讲在新中国成立之初,倘再往后推十几年,后果则不堪设想矣。

• 汉奸一词,黄兴涛教授的《重塑中华》一书,梳理颇详。最早出现,应不迟于元代。原指汉朝之奸臣,与汉贼相类。明朝末年,多以指称土司叛乱中的不法汉人。雍正时期,"汉奸"大量出现于圣训、实录与起居注中。鸦片战争前,汉奸一词,大率用于谴责与"生苗""野番""逆夷"等勾结作乱之汉人。至晚清,则延伸至对外关系中,范畴亦逐渐自汉族而扩大至出卖国家利益之国人。抗战时期,偶有"蒙奸""回奸"等见之报端,意旨与"汉奸"庶几类之。民国时代,有论者撰文提出,应以"华奸""国奸"等代替"汉奸"一词。原因端在,我中华民族乃一复合民族,里通外国者,概以"汉奸"目之,"似乎遗忘了中华民族的成因",且易致误会。颇言之有理。但"华奸"一词,流通究竟有限,乃至今日不彰。如今,五十六个民族,煊煊然五十六朵花矣。是汉奸,还是华奸,抑或国奸,似仍有继续探究之必要。

• 人类学家李亦园先生的《文化与修养》一书中记载,在巴西亚马孙流域的印第安土著中,流行一种奇怪的风俗,叫 couvade,译曰"产翁"。也即,妻子分娩后,不是她在家里"坐月子",而是丈夫代替她"坐月子",坐月子的丈夫被称之 couvade(产翁)。按理说,按咱们的理说,分娩以后,最需调养的乃是妻子。丈夫坐月子,显然与此目的无涉。据人类学家的研究,此种程序,有其文化的独特意义。在亚马孙印第安人眼里,为人之父,乃是一件极为严肃的事儿,丈夫在此关键时期需要一段心理适应期,让他"坐月子"或闭关,使其有一段与社会关系屏蔽的空白期,俾以一个月后再以崭新姿态横空出世,好让别人承认他的新角色。因之,坐月子的仪式,无疑具有分界之象征意义。不过,产翁们的月子餐与咱们的野鲫鱼汤、老母鸡汤或七孔蹄髈汤等,大约是无缘的。

• 唐君毅先生在《我们的精神病痛》中说:"我们这一代的中国知识分子之所以不行,则其症结所在,即在其既失去真正中国文化的陶养,亦未受佛教或基督教之陶养。由此而精神不能向内向上,而总是向外向下。这个病痛,实在深入骨髓,我自己亦不能自外,总觉收摄不住,提挈不起。所以不能显出真正的内在的精神力量。这是一时代的共同病痛。"唐先生这代人,犹发此浩叹,而再往后的知识分子,包括当代,其先天不足后天失调之情状,更未知伊于胡底也。当然,因为尚不知何为应然,便不能有所反思,倒也不觉分裂，自然亦无由痛苦。

• 苏东坡的《东坡志林》里，有"记六一语"一则，记云："顷岁孙莘老识欧阳文忠公，尝乘间以文字问之，云：'无它术，唯勤读书而多为之，自工。世人患作文字少，又懒读书，每一篇出，即求过人，如此少有至者。疵病不必待人指摘，多作自能见之。'此公以其尝试者告人，故尤有味。"欧阳修的写作心得，勤读勤写而已矣，颇为剀切，余深以为然，且与英国培根之"阅读使人充实，讨论使人机智，写作使人精确"意旨近之。有趣的是，西人大率重视谈话与讨论甚至辩论对于治学与修身的重要性，而国人则颇注重独自向内探求，"反求诸己"——虽发明有"砥砺"一词，亦不过指同人间的相互勉励而已。原因或在公共领域与公共生活的匮乏吧。

• 徐珂的《清稗类钞》"风俗类"中，载有"粤西荡子赠簪"一节："广西某县女子之未字者，率有外遇，家人知之，不之禁也。凡荡子与所欢订交，如系室女，必赠以簪，或金或银均可。欢愈多，簪愈伙，群相稽察，不许假冒，嫁则携以去。盛妆时，俱插之于鬓，妯娌亲戚间竞相夸示，以多为贵，簪之多者，且可骄其夫。"《清稗类钞》记载的这风俗，许多年前我曾读到，颇觉有趣，在法理学课上，谈及道德的多元性与地方性之时，亦曾多次向学生提及。近日浏览，发现因记忆漫漶，竟将广西讹为甘肃了，惭愧之至。又，粤西，为广西古代之称谓。在明清古籍中，广西别称"粤""粤西""西粤""粤右"等，亦屡见不鲜矣。

• 林语堂自传里，有一节专门提及在圣约翰大学就读之情形，有两处令人印象深刻。一是苏州河边捉鳝鱼:"……我向来对课程不大认真,凡做什么事我一生都不愿居第一的,这也许是由于我血液里含有道教徒的元素,结果无论在家还是在校,每当考试的一星期,其他学生正在三更灯火五更鸡之时,我却逍遥游荡,到苏州河边捉鳝鱼,而且搅风搅雨引诱别的好友一同去钓鱼。"苏州河边还能钓鱼、捉鳝鱼,于华东政法大学学子而言,此洵为脑洞大开的事儿。二是关于金老夫子。"记得一位金老夫子,身材约四尺十寸高,费了整个学期的时间只教了我们四十页大字印刷的《中国民法》,我十分愤怒。每一点钟,他只讲解其实不必讲解的十行……其他时间他却作为佛家坐禅入定之用,眼睛不望着学生,不望着书卷,也不望着墙壁。"圣约翰大学以英语为主打,但还授中国民法,竟在意料之外。另,此金老夫子之行状极酷,倘去考证,应能知其大名。

● 冯梦龙的《智囊全集》卷三里载:曹玮久在秦州任职,多次上书朝廷派人来接替他,"累章求代"。宋真宗询诸王旦,王推荐了"谨厚有行检"的李及,"众皆疑之"。最后事实证明,李去秦州后,循规蹈矩,处变不惊,把秦州治理得有条不紊。同侪极佩王旦的知人之明,乃请教之。王说:"玮处边事已尽宜矣。使他人往,必矜其聪明,多所变置,败玮之成绩。所以用及者,但以及重厚,必能谨守玮之规模而已。"大意是,曹玮已把秦州的规划做好了,基础也打好了,下面就是"一张蓝图干到底"了。倘若派个有想法有闯劲的干部去,一定会"自矜聪明",把现有的规划推倒重来,搞自己的一套,那么秦州现在的发展成果便功亏一篑。因此,接替者只消选个厚重的守成之士即可。无疑,王旦的这种干部观和用人理念,值得我们深思。

● 钱穆先生在《中国历代政治得失》前言里讲:"本来政治应该分为两方面来讲:一是讲人事,一是讲制度。人事比较变动,制度由人创立亦由人改订,亦属人事而比较稳定,也可以规定人事,限制人事……要讲一代的制度,必先精熟一代的人事。若离开人事单来看制度,制度只是一条条的条文,似乎干燥乏味,无可讲。而且亦是明日黄花,也不必讲。"这话颇深刻。制度是人制定的,亦是人执行的;人是遵守制度的,也是评价与修订制度的。什么样的人决定了什么样的制度,什么样的制度适于并塑造什么样的人。人与制度的互动与配合,才是活的政治,真实的政治。割裂了两者来谈政治,皆难窥堂奥。忽然,忆及当年之"这种制度和法律不因领导人的改变而改变,不因领导人的看法和注意力的改变而改变"诸论,颇感慨系之。

● 读到中国政法大学许身健教授的一篇文章,题目叫《一流大学的卫生间该是什么样子》,里面说道:"一天,我陪同校领导会见美国某法学院院长及副院长,女副院长是个坐轮椅的残疾人,她举止得体,落落大方,除了轮椅让人感到她是个残疾人外,其他地方和常人无异,想想她坐飞机近万里到中国出差,一路无障碍设施给她提供了诸多便利,美国《残疾人权益法案》是世界上目前最全面的残疾人权益保障法。会见结束后,她向工作人员提出要去卫生间,这一下,工作人员犯了难,说实话,包括我在内,一时想不出来,在这栋大楼里,哪里有无障碍卫生间。一时间,宾主都很尴尬,想到这位残疾女士面临的不便,真令人感到无地自容。"

● 卢梭在《爱弥儿》第二卷里谈到法律时说:"有两种隶属:物的隶属,这是属于自然的;人的隶属,这是属于社会的。物的隶属不含有善恶的因素，因此不损害自由，不产生罪恶；而人的隶属则非常紊乱，因此罪恶丛生，正是由于这种隶属，才使主人和奴隶都互相败坏了。如果说有什么方法可以医治社会中的这个弊病的话，那就是要用法律来代替人，要用那高于任何个别意志行动的真正力量来武装公意。如果国家的法律也像自然的规律那样不稍变易，不为任何人的力量所左右，则人的隶属又可以变成物的隶属；我们的国家中就可以把所有自然状态和社会状态的好处统一起来，就可以把使人免于罪恶的自由和培养节操的道德互相结合。"卢梭的这种思路不可谓不精巧，但，仅仅是"看上去很美"。——甚至，是想得美！

• 蒙田在其随笔《论书籍》里说："我的目的是悠闲地而不是辛劳地度过余生。没有一样东西我愿意为它呕心沥血，即使做学问也不愿意，不论做学问是一桩多么光荣的事。我在书籍中寻找的，也是一个岁月优游的乐趣。若搞研究，寻找的也只是如何认识自己，如何享受人生，如何从容离世的学问。"

• 《醒世姻缘传》第十六回里有段刻画邢皋门的文字，倒是十分的潇洒："……走到邢皋门的书房，正见桌上摊了一本《十七史》，一边放了碟花笋干，一碟鹰爪虾米，拿了一碗酒，一边看书，一边呷酒"。遇人登访，便自况道："我喜欢仙乡去处，文物山水，甲于天下，无日不是神游。"君子固穷，其姿态确是不俗。

• 《随园诗话》里读到一节：某太史掌教金陵，告诫其门人，诗要学韩苏大家（韩愈、苏东坡），一读温李（温庭筠、李罳），"便终身入下流矣"。袁枚颇不以为然，辩之曰："韩苏官皆尚书、侍郎，力足以传其身后之名。温李皆末僚贱职，无门生故吏为之推挽，公然名传至今，非其力量尚在韩苏之上乎？"此洵妙论也。

• 尼布尔说："在整个人类共同体中，群体越大，就越必然地要自私地表现自己。群体越有力，就越能反抗人类心灵所设定的任何社会限制，亦即越不服从内在的道德约束。"（《道德的人与不道德的社会》）其实这还是人多力量大的意思，人多，做好事的力量大，干坏事的力量也大，而道德偏偏又是多数人说了算的。

• 叔本华在《论独思》里说："大量单纯的阅读会使精神丧失其全部灵敏而变得迟钝起来，并且，只有在连续不断的刺激和推动下，才可能保持一种活力。一个人若不想耗费脑筋，思考问题，那么，他无须做任何事情，最好的办法就是时时刻刻手中拿着一本书。这正解释了博学多识何以反倒使大多数人变得更加愚蠢糊涂。"这不就是"学而不思则罔"？

• 法国社会学家皮埃尔·布迪厄在《实践感》一书的绪论里指出："在一个时代的难以设想的事物中，有的因缺少考虑和重视这类事物的道德或政治态度而难以思考，还有的因缺少提问方法、概念、方法和技术这类思考工具而无法思考。"不宁时代唯是，我想现时代人际间的诸多理解，恐怕亦缺乏上述之立场与工具。

• 韩非子讲"君人南面之术"，所谓"君无见其所欲"，"去好去恶，臣乃见素"，"君见恶，则群臣匿端；君见好，则群臣诬能"，云云。此乃防守之君道，不足为奇。最凶险的，乃是"倒言反事以尝所疑"，即故意正话反说或正事反做，以试探臣下。此招祭出，臣下乃防不胜防,最后死得很难看。翻翻历史,殷鉴不远。

• 莱辛的小说《天黑前的夏天》里,有个细节让我颇有印象,凯特在结婚之际,送给丈夫迈克尔一本书,即罗素的《幸福之路》,而迈克尔送给她维尔德的《理想的婚姻》。这种馈赠,相较于钻石对戒而言,更让人感到温馨。维尔德的这本书,多年前似乎便有中译本,没读过。罗素的《幸福之路》倒读过,恍如心灵鸡汤。

• 读到台湾作家王鼎钧先生的一篇文章,里面说,人不可无友,而朋友之中,须要有医生,有律师,还须有和尚。此观点颇新颖,却极切实。想想人之一生,常常最直接面对并急需解决的,岂不就是肉体的问题、人际的问题与灵魂的问题?与此颇为相合的是,人类最早的学科亦正是神学、医学与法学矣。遗憾的是,律师和医生,倒是不难找到,大不了,循着电线杆上的广告,也能找到几个。可恼的是,这和尚实在不可多得,更遑论交友了。古代的文人士大夫们倒是有与和尚结交的传统的,吃喝酬唱,倒也潇洒,其动机倒非为了心理咨询或治疗,端在寻求一种精神上的超脱,兼要透出一些隐逸的意思来,俾作人生之调剂。至于作秀的成分,要说一丝也没有,倒未必。

• 《清稗类钞》外交类记载:"国际赔款,始于道光壬寅《中英江宁条约》……然吾国公私文书,则每每讳赔偿为抚恤。中日甲午开战,吴大澄奉命督师,书生言兵,檄文中历叙天朝深仁厚泽,柔远有经,而于道光壬寅、光绪甲申两次战事之赔款,谓系中国战胜外夷,抚恤远人,恩威并用之至意。此文传至沪,《申报》首先登载,继由各西报译登。英、法领事即致书诘问,谓赔款约章俱在,何得肆为侮讦。卒由苏松太道复书道歉而事始寝。"把赔款说成抚恤,算得上是精神胜利之一种吧。不过,这老外也忒较真了些,真金白银都收了,也不让人家把面子糊一下,有点过分。不过,话又说回来,抚恤这个词儿,的确狠了点。其实呢,各自如何对外表述,按外交惯例,似乎也是可以谈的。窃以为,不妨仿效北宋澶渊之盟的说法,叫"助军旅之费"。

• 唐代段成式的《酉阳杂俎》卷八有"黥部"一章,提及湖北某文身达人,脖子以下,乃遍刺白居易之诗,图文兼之,可谓天下一人矣。载曰:荆州街子葛清,勇不肤挠,自颈以下,遍刺白居易舍人诗。成式常与荆客陈至呼观之,令其自解,背上亦能暗记。反手指其剳处,至"不是此花偏爱菊",则有一人持杯临菊丛。又"黄夹缬林寒有叶",则指一树,树上挂缬,缬窠锁胜绝细。凡刻三十余处,首体无完肤,陈至呼为"白舍人行诗图"也。看来,这小葛算得上骨灰级的"白粉"了。不过,这样的文身法,盛夏尤可,倘在凛冬之际,总不免要脱个精光,方能揽诗画之全貌,竟是不便。另,这般图文并茂的人皮,堪称艺术珍品,倘遇到《沉默的羔羊》里的"野牛比尔",恐怕要在劫难逃了。

• 关于读书与做家务,清初郑日奎有过一番议论,云:"凡人谓治生事最妨读书事,故读书人不可理家务……余谓读书只是要心无所累耳,理家治生,虽繁琐猥杂,但当随分因顺,事至则应,事过则已,不以一毫留滞胸中,与读书何妨之有?"看老郑的意思,读书和做家务,似是两不相碍的。譬如你在书斋读书,内子喊你收拾饭桌、洗涤碗筷及垃圾分类等。按老郑的意见,汝"当随分因顺,事至则应",全套家务活儿做完,"心无所累",继续读你的书,

"不以一毫留滞胸中"。这境界、标格甚高，似与吾人之经验颇捍格。翻翻老郑的《醉书斋记》提及其读书之情形，"……随意抽书一帙，据坐批阅之。倾至会心处，则朱墨淋漓渍纸上，字大半为之隐。有时或歌或叹，或笑或泣"，后面一句很关键，"婢子送酒茗来都不省取"。——果然是个饭来张口的主儿。

• 《红楼梦》里的用词，特别是神态与情绪的用词，有时候会反复使用，出现频率最多的是"冷笑"。数来数去，似乎大家都喜爱"冷笑"。还有就是"闷闷的"。譬如，仅以第二十五回为例，宝玉一早起来，想直点名唤红玉来使用，又怕袭人等寒心，"心下闷闷的，早起来也不梳洗，只坐着出神"。随后，袭人让红玉去借喷壶，红玉远远看见贾芸坐在山子石上，"待要过去，又不敢过去，只得闷闷的向潇湘馆取了喷壶回来"。林黛玉待在潇湘馆，"见宝玉出了一天门，就觉闷闷的，没个可说话的人"。后来，贾宝玉被蜡油烫伤以后，林黛玉去看他，"坐了一回，闷闷的回房去了……饭后看了两篇书，自觉无趣，便同紫鹃雪雁做了一回针线，更觉烦闷"。总之，仅这一章，便足以"闷倒驴"了。

• 前天，读到法学院一位校友的随笔，回忆其在印度法律学院——据说是全印顶尖的法学院——攻读 LLM 学位的情形，生活与学习兼之，颇为有趣。其中有两段文字令人印象深刻，其一是印度法律学子的宪法意识和宪法思维："我发现法律专业出身的同学们普遍熟悉本国的宪法，尤其对宪法规定的基本权利了然于心，遇到一个问题首先就会想到这是否违反了宪法规定的基本权利，违反了哪一条。条文多达 395 条，约 14.5 万字的印度宪法，在印度法律人心中神圣不可侵犯，是护身符。"其二是印度大学录取中的平权措施:"印度的升学录取非常有意思,通常分为好几个大类。很多学校除了招收普通类学生,还要给残疾人、No Creamy layer OBC(非富裕的其他落后种姓)、scheduled caste(列表上种姓)、scheduled tribes(列表上部落)、来自查谟和克什米尔的学生预留录取席位。考生考试的时候,就要填好录取类别。"

• 在《董必武法学文集》里,读到董老的一个观点:"党员应当自觉地遵守所领导的政府的法令。如果违反了这样的法令,除受到党纪制裁外,应当比群众犯法加等治罪。为什么呢,因为群众犯法有可能是出于无知,而我们党员是群众中的觉悟分子,觉悟分子犯罪是决不能宽恕,是应当加重处罚的。"窃以为,这个观点,比照党的性质及对党员的要求,还是有些道理的。当然细节尚需细化,譬如区分故意与过失等。另,董老1952年在《给中共中央各中央负责同志的信》里,就司法队伍的补充问题提出两个方案。首先,从各城市"五反"运动中涌现的一批工人店员积极分子中选拔,"既可解决一部分失业工人的问题,又加强了法院的组织"。其次,从革命残废军人学校中,"抽调一些适宜于做法院工作的轻残废学员(只要清白、愿做司法工作),加以短期培养训练,充实法院机构……为轻残废军人开辟了参加国家建设的道路,对他们将是个很大的鼓励"。新中国司法发轫之不易,可见一斑。

• 唐代李德裕所撰《次柳氏旧闻》,主要记载玄宗朝遗事或传说。曾载:姚崇为相,尝于上前请序进郎吏,上顾视殿宇不注,崇再三言之,冀上少售,而卒不对。崇益恐,趋出。高力士奏曰:"陛下初承鸿业,宰臣请事,即当面言可否。而崇言之,陛下不视,臣恐宰臣必大惧。"上曰:"朕既任崇以庶政,事之大者当白奏,朕与共决之；如郎署吏秩甚卑，崇独不能决，而重烦吾耶？……朝廷闻者，皆以上有人君之大度，得任人之道焉。"——说是这么说，但玄宗之做派，未免小器，难言大度。既然宰臣基于尊重与慎重，当面向他请示了，纵是小事一桩，大可微颔首，说一句：这种事儿你们来定，即可也，似无必要搞出一副天威难测的颜色来，"顾视殿宇不注"，给人家难堪与疑惧，以致连高力士也看不下去。"人君之大度"恐算不上，大概率是对人选不满意，而默否而已。倘若老姚信以为真，自兹真的动辄擅定，后果恐怕也好不到哪里去。

· 读到一篇文章，恕俺识拙，第一次知道，原来湖北监利等地，竟有早酒之风俗。当地人一早起来，便三五知己，聚到早酒摊点，摆开桌子，叫一瓶白酒，点上几个菜，边喝、边扯淡，其乐融融矣。下酒菜亦颇讲究，素的荤的，烧的炒的凉拌的，都有。"只要能想到的下酒菜，在喝早酒的地方几乎都能找到"，像那粤人早茶一般热闹。据说，从起源看，早酒习俗乃是当地码头文化的产物。遥想荆州当年，码头的搬运工或渔夫，经一夜辛劳，早晨收工，则聚到一起喝点酒，放松放松，意兴阑珊之际，乃返家睡大觉也。此解说，似有理，但不确实。查了一下，敝乡的泰和，亦有早酒风俗。此习俗最初源于乡村，农民下地前，炒几个菜，喝几盅白酒，活活血，以壮劳作形色。渐渐地，亦形成了当地独特的早酒风俗。想想颇怪诞，早上醒来，洗罢脸，刷好牙，清清爽爽，竟喝白酒去也。此做派，且不论有违"早酒晚茶"之戒，酒过三巡，然后呢——上班去？

· 洪迈的《容斋五笔》卷三里记载："朱新仲舍人常云：人生天地间，寿夭不齐，姑以七十为率：十岁为童儿，父母膝下，视寒暖燥湿之节，调乳哺衣食之宜，以须成立，其名曰生计；二十为丈夫，骨强志健，问津名利之场，秣马厉兵，以取我胜，如骥子伏枥，意在千里，其名曰身计；三十至四十，日夜注思，择利而行，位欲高，财欲厚，门欲大，子息欲盛，其名曰家计；五十之年，心怠力疲，俯仰世间，智术用尽，西山之日渐逼，过隙之驹不留，当随缘任运，息念休心，善刀而藏，如蚕作茧，其名曰老计；六十以往，甲子一周，夕阳衔山，倏尔就木，内观一心，要使丝毫无慊，其名曰死计。"朱氏的"人生五计"，揆诸今人经验，除却人之寿限外，大略还是真确的。至于"三观"正否，自不必去计较了。唯一的缺憾，便是这"死计"，似乎不合是人生最后的一个阶段，而该是贯穿人的一生的。按海德格尔的意见，我们每个人并非一步步地走向死亡的，而是在我们的"走向"本身中死亡便已确然存在了。这叫向死而生。

● 余英时在《师友记往》里评钱钟书道："我觉得钱先生是一个绝顶聪明的人。他知道在事变中怎么样适应，而同时能够保持自己原有的价值系统、原有的原则，不会做出很不好看的样子，或者像冯友兰那样一再骂自己，他都没有做过。这就是他能够继续不断的学问，继续做学问……他有自己的价值系统跟思想，也可以说思想系统都已经确定了，不会因为政治局面改变、新的意识形态有强烈的要求，他就要去适应。他基本上不大适应的。他也不是说完全不适应，就是说适应得不大看得见。"这里面有两个论判很有意思，一是"不会做出很不好看的样子"，二是"适应得不大看得见"，两者之间似乎还有一种因果关系，即因为"不会做出很不好看的样子"，所以"适应得不大看得见"，总之，段位极高，非常人所及。

• 陆士谔的谴责小说《新上海》第一回第一段，便对晚清时期的上海做了特别富于辩证的揭示，颇有英伦小说家狄更斯之概。"……各种事业，都由上海发起，各种新笑话，也都在上海闹出。说他文明，便是文明；人做不出的，上海人都能做得出。上海的文明，比了文明的还要文明。说他野蛮，便是野蛮；做不到的，上海人都做得到。上海的野蛮，比了野蛮还要野蛮。并且在别处地方呢，'文明''野蛮'四个字是绝对相反的。文明了，便不会野蛮；野蛮了，便不能文明。上海则不然，野蛮的人，霎时间可化为文明；文明的人，霎时间可变为野蛮。做文明事情的，就是这几个野蛮人；做野蛮事情的，也就是这几个文明人。不是极文明的人，便不能做极野蛮的事。"这是对开埠初期上海的刻写，自然不足为凭。但综观今日之世界与历史，以野蛮为文明开路，抑或以文明为野蛮张目者，甚至晓晓申言"文明即野蛮""野蛮即文明"者，亦屡见不鲜矣。不过，作为世情小说，此文明野蛮辩证论，对于吾人观察与体认人世与人事、人性与人心，倒也不无裨益。

• 考夫曼说："纯粹技术性的法学不过是一个妓女，可以为任何人服务，也可以被任何人利用。人们早就说过，每个受到良好训练的法学家基本上都能证明任何其想要的结果，反而是那些并非法学家的正派人士不愿意利用这一技能。"现在最炫的，就是那些技术流了。因为凭着精湛的技艺，他们可通往任何方向，达致任何目标，提供任何服务。

• 李敖在《给谈中西文化的人看看病》一文里，曾讲到一个小故事。他说：一个英国探险家，在探险中碰到一个有吃人肉风俗的蛮人，等到他发现这个蛮人竟是英国大学出身的，他大为惊奇。他问这个蛮人说:"你难道还吃人肉吗?"这个蛮人的答话可妙了,他说:"我现在用西餐叉子来吃了!"用极文明的做派,来做极野蛮之事,这大约也是人类文明互鉴的成果之一吧。

• 马叙伦的《石屋余渖》有"官僚解"一节,曰:"今人斥人为官僚者,恶之之词也。然凡作过官者皆目之为官僚,虽于名义无碍,而实不同。盖斥之为官僚者,言其以官为业,去此不能生活,而其居官则唯诺以保禄位,无所建白,故可恶也。"做官做到后面,万事俱废,只精通了一门官场学,一旦离开官场,则一无所长,一无是处。悲乎?据说现在有了专家型官员,颇有兼顾之意,又岂可得乎?

• 苏轼的《东坡志林·卷二》云:僧谓酒为"般若汤",谓鱼为"水梭花",鸡为"钻篱菜",竟无所益,但自欺而已,世常笑之。人有为不义而文之以美名者,与此何异哉!一件事物倘被人故意地改变了"名",或做了类型化处理,便意味着有人准备要干点其他什么了。好的,或坏的,都有。鲁迅的《准风月谈·抄靶子》里说:"黄巢造反,以人为粮,但若说他吃人,是不对的,他所吃的物事,叫作'两脚羊'。"

• 拉德布鲁赫说:"某些法律职业人在其学习期间,也许终其一生都还不一定知道:法不仅是生活之需,而且也是一种精神;法律学术,不仅是一门手艺,而且也是一种陶冶价值;不能说这是对立的:严肃者,法术,轻快者,艺术;也有些法律学术,它们本身也是轻快的艺术,是法学经典作家写的法律庆典之书,人们读这些书不是为了工作,而是为了陶冶身心,愉悦性情。"这话说得特别漂亮，不过，作为一名法哲学家，拉德布鲁赫眼中的法律学术与阅读，充满了某种浪漫主义的审美情怀，自在情理之中。问题是，倘若换作一位税法或者票据法专家，对于法律学术与阅读，是否亦会发出如是之感叹或共鸣，堪值深究。

• 尼采在《权力意志》里说："思想启蒙运动，是一种必要的手段，使人变得更无主见、更无意志、更需要成帮结伙。简言之，在人们中间促进群畜的发展。这也就是过去一切伟大的统治艺术家在以往统治本能的极盛时期，他们也利用过思想启蒙的原因。"这种对于启蒙的认识，和我们理解的"洗脑"轩轾难分。似乎不同的启蒙，不过是不同的人以不同的思想来洗脑而已。而按康德的理解："启蒙所需要的，不是别的，仅仅是自由……是能够在一切事务上公开地运用理性的自由"，并且"公开地运用自己的理性必须享有永久的自由，仅此一点就能够在人类中间带来启蒙"。在中国，我们经常见到的启蒙者，大抵是第一种，是凛然在上的先知和导师们。而后一种启蒙的结果，乃是培育了一种反思与批评的精神，最后超越并颠覆了启蒙者本身。我们现在需要的，是启蒙"启蒙者"。

• 美国学者赫尔佐格在《欧洲法律简史》一书中指出："为了真正了解历史，我们不只需要了解过去发生了什么，而且尤其需要了解发生在过去的那些事情是如何被重构、被利用、被理解的。为此，我们需要重视亲身经历过那些事情的前人，同样需要认真对待并没有经历过那些事情的后人。因为无论前人还是后人，他们之所以会追溯那些事情，完全是基于自己时代的考虑。法律在历史的洪流中不停地上下翻滚，创制、再创制，然后从头再来，数不尽的来自个人、社群以及各种机构的观念和愿望相互交织着，不停地重复着建构、再建构，应对、再应对的过程，规则由此锻造成形，并反过头来，约束着众人的行动。"这番论说，视野深远，颇具洞识，不愧为横跨历史和法律两界的双料学者。不过，修辞之间，竟透出了较为浓重的后现代主义的气息来。

• 德人西美尔说："对于比较深刻的人来说，根本只有一种把生命维持下去的可能性，那就是保持一定程度的肤浅。因为，如果他要把对立的、无法和解的冲动、义务、欲求、愿望统统按他们的本质所要求的那样深刻地、绝对彻底地深思下去，则他就必然会精神崩溃，疯狂错乱，越出生命以外去。在某个深度界限的彼岸、存在、愿望和应当这几根线条是那样的分明和强烈，以致它们必然会把我们扯碎。只有当仁不让它们深入于那个界限的彼岸时，人才能把它们远远地隔开，从而使生命成为可能。"总之，悠着点，别累着。犹太人以赛亚·伯林看得就很透彻，活得也很安详，他曾意味深长地说："别人不晓得我总是活在表层上。"按照生活世界的经验，活在表层上，总是要敞亮与丰富一些的：温暖的阳光，新鲜的空气，郁葱的草地，以及微风、浮云、河流、飞鸟等各种美好之物……活在表层，即是活在时间里。一切活在时间里的东西，虽是有限的，却是真实的。

• 英人阿克顿勋爵在《自由史论》里写道："在每一个时代，自由的进步都被它的自然的敌人——无知与迷信、征服欲与爱安逸、强人对权力的渴望和穷人对食物的渴望——围困着而举步维艰。……在所有时代，自由的真诚的友人都是很稀少的，它取胜一直要归功于少数人，是由这少数人联合其他一些目标常常和他们并不一致的人而取得的，这种总是潜存危险的联合通过给敌手提供恰恰是反对自己的基地，以及在成功时的腐化引起的争端，有时竟致是灾难性的。"——多么痛的领悟！揆诸史乘，自由为同路人所利用、所误甚或所害之经历与事例，不胜枚举，令人太息。罗兰夫人曾叹道，"自由，多少罪恶假汝之名以行"，可谓入木三分。而自由之名为形形色色的同路人所假，并为其倒行逆施背书者，亦非"古而有之"了。"为了自由"，已是一个令人爱恨交织乃至百味杂陈的词儿了。

• 《歧路灯》第 105 回里，谭绍闻以军功由兵部引见，兵部书办以各种理由"刁难一万个死"。谭颇动气。其友盛希瑗劝解曰："成事不足，败事有余，胜之不武，不胜为笑。这是书办们的十六字心传，他仗的是这。"此言极剀切。翻成白话：帮不上你，却可以害你，你跟他计较嘛，显得小家气；不计较嘛，他又很得意。

• 吴学昭在《吴宓与陈寅恪》中，披露其父与陈寅恪在哈佛的若干对话，陈氏云："我侪虽事学问，而决不可倚学问以谋生，道德尤不济饥寒。要当于学问道德以外，另求谋生之地。经商最妙，honest means of living。若作官以及作教员，决不能用我所学，只能随人敷衍，自侪于高等流氓，误人误己，问心不安。"

• 钱穆的《师友杂记》里，最让人心动的，是隐居于宜良岩泉下寺县长别墅那段日子：泉水流经楼前石阶，淙淙有声。一佣负责膳食，一荤一素一汤。白日在楼上撰《国史大纲》，晨暮则散步于深林。周日，"携《陶渊明诗》一册，一路吟诵去温泉"。浴后裸身，作日光浴，"浓茶一壶，陶诗一册，反复朗诵，尽兴始去"。

后　记

　　这是继《众神喧哗的年代》后，我收入"黑骏马法学漫丛"的第二本书了。按丛书的定位，乃是"以法学之视域与趣味，观览人世与人事，阐释人生与人心"，无疑，这是一个高拨的理想和境界。于我而言，态度是，且只能是，"虽不能至，然心向往之"，这就够了。

　　关于书名，倒是较为随意的。法意者，说的自然是法律的精神和姿态。记得孟德斯鸠的《论法的精神》，曾被严复译为《法意》，其意蕴庶几类之。法象者，乃是对自然界一切事物现象的总称。《易·系辞上》里说"法象莫大乎天地"，即是。书名的寓意，大致呼应了丛书的定位，旨在揆诸法意而观乎法象而已矣。

　　书里面收录的篇什，东鳞西爪，烦言碎语，总而统之，端在呈现一种存在方式。即，在特定之时空和情境里，自己曾以一种思考的姿态，思考了及如何思考了一些什么样的问题，并得出一些什么样的体认。当然，这些体认的真理性并不重要，重要的是真实和真诚，就像哈贝马斯说的。

　　因此，这样的文字很难说有个清晰的定位，譬如想写什么，或为谁而作，等等。毕竟，文本是向读者敞开的，它不是其他，就是它本身，或者说，它就在那儿呢。不过，按我的理解，人之一生，流光易逝，总要留下一些痕迹来，表明曾来过一遭，并度过了这样的一日。因之倘定要有个定位，便算是日札之一种吧。

前些天，断断续续检读了部分书稿，作为"读者"，因脱域于时空，阅读中竟亦生发了一些新的理解或不理解，认同或不认同，以及惭怍与惊喜，这是一种特别新奇的体验。无疑，这般阅读，亦在不断增进自我理解，进而重构自洽的自身，自是一桩特别有意思和有意义的事情。

拉拉杂杂，就写这些吧。需特别致谢的，是我的研究生谷明杰、储可凡两位同学，她们先后替我整理了初稿，付出心力甚夥。另需感谢的，是本书的责任编辑唐仲江先生，我们这次的合作愉快而高效。还有更多需要致意的，限于篇幅，更唯恐遗漏，索性在此一并谢过了。